westermann

Dominik Barth, Volker Barth, Gerd Baumann, Michael Baumgart, Werena Busker,
Alfred Geltinger, Axel Jähring, Volker Kähler, Kay Sanmann, Inka Schliebner, Jörg Strube

Arbeitsheft Gut – Güter – Logistik

Fachlageristen und Fachkräfte für Lagerlogistik vom 1. bis 3. Ausbildungsjahr

4. Auflage

Die in diesem Produkt gemachten Angaben zu Unternehmen (Namen, Internet- und E-Mail-Adressen, Handelsregistereintragungen, Bankverbindungen, Steuer-, Telefon- und Faxnummern und alle weiteren Angaben) sind i. d. R. fiktiv, d. h., sie stehen in keinem Zusammenhang mit einem real existierenden Unternehmen in der dargestellten oder einer ähnlichen Form. Dies gilt auch für alle Kunden, Lieferanten und sonstigen Geschäftspartner der Unternehmen wie z. B. Kreditinstitute, Versicherungsunternehmen und andere Dienstleistungsunternehmen. Ausschließlich zum Zwecke der Authentizität werden die Namen real existierender Unternehmen und z. B. im Fall von Kreditinstituten auch deren IBANs und BICs verwendet.

westermann GRUPPE

© 2021 Bildungsverlag EINS GmbH, Köln, www.westermann.de

Das Werk und seine Teile sind urheberrechtlich geschützt. Jede Nutzung in anderen als den gesetzlich zugelassenen bzw. vertraglich zugestandenen Fällen bedarf der vorherigen schriftlichen Einwilligung des Verlages. Nähere Informationen zur vertraglich gestatteten Anzahl von Kopien finden Sie auf www.schulbuchkopie.de.

Für Verweise (Links) auf Internet-Adressen gilt folgender Haftungshinweis: Trotz sorgfältiger inhaltlicher Kontrolle wird die Haftung für die Inhalte der externen Seiten ausgeschlossen. Für den Inhalt dieser externen Seiten sind ausschließlich deren Betreiber verantwortlich. Sollten Sie daher auf kostenpflichtige, illegale oder anstößige Inhalte treffen, so bedauern wir dies ausdrücklich und bitten Sie, uns umgehend per E-Mail davon in Kenntnis zu setzen, damit beim Nachdruck der Verweis gelöscht wird.

> **Die Seiten dieses Arbeitshefts bestehen zu 100 % aus Altpapier.**
>
> Damit tragen wir dazu bei, dass Wald geschützt wird, Ressourcen geschont werden und der Einsatz von Chemikalien reduziert wird. Die Produktion eines Klassensatzes unserer Arbeitshefte aus reinem Altpapier spart durchschnittlich 12 Kilogramm Holz und 178 Liter Wasser, sie vermeidet 7 Kilogramm Abfall und reduziert den Ausstoß von Kohlendioxid im Vergleich zu einem Klassensatz aus Frischfaserpapier. Unser Recyclingpapier ist nach den Richtlinien des Blauen Engels zertifiziert.

Druck und Bindung: Westermann Druck GmbH, Braunschweig

ISBN 978-3-427-**31986**-3

Inhaltsverzeichnis

Lernfeld 1:   Güter annehmen und kontrollieren 9

Arbeitsblatt 1:	Warenannahme...	9
Arbeitsblatt 2:	Abgleich von Bestellung mit Lieferschein............................	11
Arbeitsblatt 3:	Waren kontrollieren	12
Arbeitsblatt 4:	Codierung...	15
Arbeitsblatt 5:	Umgang mit Transportverpackungen	16
Arbeitsblatt 6:	Sicherheit am Arbeitsplatz	18

Lernfeld 2:   Güter lagern 22

Arbeitsblatt 1:	Aufgaben der Lagerhaltung...	22
Arbeitsblatt 2:	Voraussetzungen für eine ordnungsgemäße Lagerung.......	23
Arbeitsblatt 3:	Unterscheidung nach der Betriebsart	25
Arbeitsblatt 4:	Unterscheidung nach dem Lagerstandort	26
Arbeitsblatt 5:	Unterscheidung nach der Bauweise	28
Arbeitsblatt 6:	Eigenlagerung – Fremdlagerung	29
Arbeitsblatt 7:	Gesetzliche Grundlagen bei der gewerblichen Einlagerung..	30
Arbeitsblatt 8:	Kostenvergleich bei der Eigenlagerung und der Fremdlagerung ..	31
Arbeitsblatt 9:	Bodenlagerung	32
Arbeitsblatt 10:	Blocklagerung oder Reihenlagerung	33
Arbeitsblatt 11:	Sicherheitsvorschriften bei der Bodenlagerung	34
Arbeitsblatt 12:	Die Lagereinrichtung – Regale	35
Arbeitsblatt 13:	Organisation der Einlagerung...	43
Arbeitsblatt 14:	Nutzungsgrade eines Lagers	44
Arbeitsblatt 15:	Gesetze und Verordnungen zum Arbeits- und Umweltschutz ..	46
Arbeitsblatt 16:	Gefahrstoffverordnung...	47
Arbeitsblatt 17:	Brandgefahr und Diebstahlgefahr	50

Lernfeld 3:   Güter im Betrieb bearbeiten 52

Arbeitsblatt 1:	Kontrolle der Güter auf Qualität......................................	52
Arbeitsblatt 2:	Kontrolle der Güter auf Quantität...................................	54
Arbeitsblatt 3:	Was sind Kosten und welche Kosten fallen im Lager an? ...	58
Arbeitsblatt 4:	Wie können die Lagerkosten minimiert werden?...............	61
Arbeitsblatt 5:	Welche Lagerkennziffern gibt es und was sagen diese aus?	64

Lernfeld 4:   Güter im Betrieb transportieren 73

Arbeitsblatt 1:	Innerbetrieblicher Materialfluss......................................	73
Arbeitsblatt 2:	Der Einsatz von Förderhilfsmitteln und Fördermitteln.......	74
Arbeitsblatt 3:	Der Gabelstapler...	80
Arbeitsblatt 4:	Sicherheit und Gesundheitsschutz beim innerbetrieblichen Transport.....	88

© Westermann Gruppe

Lernfeld 5: Güter kommissionieren ... 93

Arbeitsblatt 1:	Gründe für Warenentnahmen	93
Arbeitsblatt 2:	Grundbegriffe der Kommissionierung	93
Arbeitsblatt 3:	Kommissionierfehler	95
Arbeitsblatt 4:	Berechnungen zur Ermittlung von Kommissionierfehlern	96
Arbeitsblatt 5:	Informationssysteme	97
Arbeitsblatt 6:	Materialfluss-System	99
Arbeitsblatt 7:	Organisationssystem	100
Arbeitsblatt 8:	Wegstrategien beim Kommissionieren	106
Arbeitsblatt 9:	Kommissionierzeiten	107
Arbeitsblatt 10:	Kennzahlen zur Ermittlung der Kommissionierleistung	108

Lernfeld 6: Güter verpacken ... 113

Arbeitsblatt 1:	Fachbegriffe aus dem Verpackungsbereich	113
Arbeitsblatt 2:	Funktionen der Verpackung	114
Arbeitsblatt 3:	Beanspruchung der Verpackung	115
Arbeitsblatt 4:	Vorsichtsmarkierungen auf der Verpackung	116
Arbeitsblatt 5:	Packmittelarten	118
Arbeitsblatt 6:	Packmittel aus Holz	118
Arbeitsblatt 7:	Packmittel aus Karton bzw. Pappe	119
Arbeitsblatt 8:	Packmittel aus Kunststoff oder Metall	120
Arbeitsblatt 9:	Paletten	121
Arbeitsblatt 10:	Container	125
Arbeitsblatt 11:	Packhilfsmittel	126
Arbeitsblatt 12:	Kosten der Verpackung	129
Arbeitsblatt 13:	Verpackungen für gefährliche Stoffe/Güter	130
Arbeitsblatt 14:	Vermeidung und Entsorgung von Verpackungen	131
Arbeitsblatt 15:	Zusammenfassender Test zum Lernfeld „Güter verpacken"	133

Lernfeld 7: Touren planen ... 134

Arbeitsblatt 1:	Die Erde	134
Arbeitsblatt 2:	Arbeiten mit Kartenmaterial	136
Arbeitsblatt 3:	Wirtschaftszentren und Verkehrswege	139
Arbeitsblatt 4:	Vorbereitung der Tourenplanung	141
Arbeitsblatt 5:	Planung einfacher Auslieferungstouren	147
Arbeitsblatt 6:	Eine Auslieferungstour mit mehreren Verkehrsträgern planen	152
Arbeitsblatt 7:	Einen Frachtauftrag bearbeiten	154
Arbeitsblatt 8:	Einen CMR-Frachtbrief ausfüllen	157

Lernfeld 8: Güter verladen ... 160

Arbeitsblatt 1:	Rechtliche Grundlagen der Ladungssicherung	160
Arbeitsblatt 2:	Physikalische Grundlagen der Ladungssicherung	162
Arbeitsblatt 3:	Schritte bei der Ladungssicherung und formschlüssige Ladungssicherung	166

Arbeitsblatt 4:	Kraftschlüssige Ladungssicherung und Kippgefahr	168
Arbeitsblatt 5:	Lastverteilungsplan	170
Arbeitsblatt 6:	Mittel zur Ladungssicherung	172
Arbeitsblatt 7:	Beladung von Containern	174
Arbeitsblatt 8:	Gefahrgut	177

Lernfeld 9: Güter versenden — 181

Arbeitsblatt 1:	Der Güterverkehr in der Wirtschaft	181
Arbeitsblatt 2:	Transportrecht	182
Arbeitsblatt 3:	Haftung für Transportschäden	184
Arbeitsblatt 4:	Güterkraftverkehr	186
Arbeitsblatt 5:	Kurier-, Express- und Paketdienst	187
Arbeitsblatt 6:	Eine Sendung per Nachnahme versenden	190
Arbeitsblatt 7:	Schienengüterverkehr	192
Arbeitsblatt 8:	Schifffahrt	195
Arbeitsblatt 9:	Luftverkehr	201
Arbeitsblatt 10:	Internationaler Versand	204

Lernfeld 10: Logistische Prozesse optimieren — 208

Arbeitsblatt 1:	Einführung in die Logistik	208
Arbeitsblatt 2:	Unternehmenslogistik	209
Arbeitsblatt 3:	Optimierung von Geschäftsprozessen	211
Arbeitsblatt 4:	ABC-Analyse	214
Arbeitsblatt 5:	Eigen- und Fremdlagerung	216

Lernfeld 11: Güter beschaffen — 219

Arbeitsblatt 1:	Bedarfsermittlung	219
Arbeitsblatt 2:	Mengenplanung	222
Arbeitsblatt 3:	Zeitplanung	224
Arbeitsblatt 4:	Anfrage und Angebot	229

Lernfeld 12: Kennzahlen ermitteln und auswerten — 237

Arbeitsblatt 1:	Rechnungswesen/Buchführung	237
Arbeitsblatt 2:	Inventur	238
Arbeitsblatt 3:	Inventar	239
Arbeitsblatt 4:	Bilanz	241
Arbeitsblatt 5:	Buchen auf Bestandskonten	242
Arbeitsblatt 6:	Ableitung von Konten aus der Bilanz	244
Arbeitsblatt 7:	Der Buchungssatz	245
Arbeitsblatt 8:	Die Verbuchung anhand von Belegen	247
Arbeitsblatt 9:	Abschluss eines Kontos	248

© Westermann Gruppe

Fachrechnen … 250

1. Wirtschaftsrechnen: Teil I … 250

Arbeitsblatt 1:	Der allgemeine Dreisatz …	250
Arbeitsblatt 2:	Der zusammengesetzte Dreisatz …	252
Arbeitsblatt 3:	Die Prozentrechnung …	253
Arbeitsblatt 4:	Die Prozentrechnung im und auf Hundert …	255
Arbeitsblatt 5:	Die Bezugskalkulation …	257
Arbeitsblatt 6:	Flächen-, Körper- und Umfangberechnung …	259
Arbeitsblatt 7:	Die Verteilungsrechnung …	261
Arbeitsblatt 8:	Die Durchschnittsrechnung …	262

Wirtschaftsrechnen: Teil II (nicht für den Beruf des Fachlageristen) … 265

Arbeitsblatt 9:	Metrische Maße und Gewichte …	265
Arbeitsblatt 10:	Nicht metrische Maße und Gewichte …	266
Arbeitsblatt 11:	Währungsrechnen …	268
Arbeitsblatt 12:	Zinsrechnung …	270

2. Frachtrechnen: Teil I … 273

Arbeitsblatt 13:	Güterkraftverkehr …	273
Arbeitsblatt 14:	Frachtrechnen – DB AG …	277

Bildquellenverzeichnis … 279

Vorwort

Für wen ist das Arbeitsheft gedacht?

Das vorliegende Arbeitsheft wurde für Auszubildende der Ausbildungsberufe „Fachlagerist/Fachlageristin" und „Fachkraft für Lagerlogistik" erstellt und soll das Fachbuch „Gut – Güter – Logistik" (Bestellnummer 31980) ergänzen. Das Arbeitsheft deckt weitgehend alle Lernfelder der KMK-Rahmenlehrpläne beider Ausbildungsberufe ab.

Welche Ziele verfolgt das Arbeitsheft?

Das Arbeitsheft ist so aufbereitet, dass es von den Lehrkräften zur Erarbeitung des Unterrichtsstoffes und zur Lernzielsicherung des vermittelten Wissens eingesetzt werden kann. Außerdem kann es zum selbstständigen Erarbeiten, Wiederholen und Vertiefen des Lernstoffs sowie zur Vorbereitung auf die Zwischen- und Abschlussprüfung genutzt werden.

Es ist gleichermaßen für Einzel- und Gruppenarbeit verwendbar. Sein Einsatz in der Klasse erspart der Lehrkraft Vorbereitungszeit und Kopierarbeit. Für Schülerinnen und Schüler vermindert es zeitaufwendige Schreibarbeit.

Wie sind die einzelnen Lernfelder strukturiert?

Die verwendeten Aufgabenarten erhöhen die Methodenkompetenz und ermöglichen den Auszubildenden ein abwechslungsreiches Arbeiten. Neben offenen Fragen sind Lückentexte, Prüfungsfragen bzw. Multiple-Choice-Fragen, Zuordnungs-, Reihenfolge- und Rechenaufgaben oder fachliche Kreuzworträtsel zu lösen sowie Abbildungen, Schaubilder, Landkarten und Gesetzestexte zu bearbeiten.

Ein Teil der Aufgaben ist ohne Hilfe zu lösen, bei anderen Aufgaben soll das Fachbuch zur Hand genommen werden. Rechenhilfen unterstützen das Lösen der Rechenaufgaben. Das Bearbeiten praxisnaher Situationsaufgaben soll die Handlungsorientierung fördern. Selbstverständlich bleibt es der Lehrkraft überlassen, weitere Schaubilder, Texte, Tabellen, Situationsaufgaben und Themenbereiche in den Unterricht einfließen zu lassen.

Allgemeines

Aus Gründen der Einfachheit wird in diesem Arbeitsheft nur die männliche Schreibweise verwendet.

Das Autorenteam ist für Anregungen und Kritik dankbar und hofft, Lehrkräften, Dozentinnen und Dozenten, Auszubildenden und Umschülern mit diesem Arbeitsheft eine Erleichterung ihrer täglichen Arbeit geschaffen zu haben. Wir wünschen allen einen erfolgreichen Einsatz dieses Arbeitsheftes.

Das Autorenteam

Lernfeld 1

Güter annehmen und kontrollieren

Arbeitsblatt 1: Warenannahme

Situation

Onno macht seine Ausbildung als Fachlagerist bei der Firma Johann Kruse GmbH & Co. KG in Emden, einem Großhandel für Bürotechnik. Gerade ist ein Lkw der Ems-Jade-Logistik vorgefahren. Der Fahrer legt einen Speditionsauftrag vor.

Ems-Jade-Logistik GmbH Mellumer Str. 47 26382 Wilhelmshaven		Speditionsauftrag Nr.	337/12
Empfänger Johann Kruse GmbH & Co. KG Bürogroßhandel Am Delft 15 26721 Emden		Versender Oldenburger Bürotechnik OHG Nadorster Straße 83 26123 Oldenburg	
Versender-Nr.	4457033	Versanddatum	22.03.20..
Freivermerk	frei Haus	Nachnahme	- - - -

Position	Nr.	Anzahl Kolli	Inhalt	Verpackung	Gewicht in kg
1	3345-77-B12	2	4 Aktenschränke	Europalette	280
2	12-45K5567	2	8 Bürostühle	Europalette	320
3	333/56-99	4	2 Schreibtische	Einwegpalette	240
gesamt					840

Sendung vollzählig in einwandfreiem Zustand übernommen		Lkw-Kennzeichen *WHV-EJ 333*	Transportversicherung Vers.-Summe: 4000,00 €
22.03.20.. Datum	*Bartels* Unterschrift Frachtführer	erhalten: *4* Europaletten ___ Gitterboxpaletten	übergeben: *4* Europaletten ___ Gitterboxpaletten
Sendung in einwandfreiem Zustand erhalten		 Ort u. Datum	 Unterschrift Empfänger

© Westermann Gruppe

Lernfeld 1: Güter annehmen und kontrollieren

1. Beschreiben Sie, welche Prüfungen Onno in Anwesenheit des Fahrers vornehmen muss.

2. Welche Begleitpapiere könnten statt des Speditionsauftrags vorgelegt werden?

3. Nachdem der Lagerleiter, Herr Martens, die Ware mit dem Gabelstapler abgeladen hat, will der Fahrer weiterfahren, weil er noch andere Kunden zu beliefern hat. Worauf wird der Fahrer bestehen, wenn alles in Ordnung war?

4. Warum wird die Ware nur unter Vorbehalt angenommen?

5. Die Ware wurde auf Paletten angeliefert. Muss die Ware abgepackt werden, damit der Fahrer die Paletten wieder mitnehmen kann? Erläutern Sie die Vorgehensweise bei Warenanlieferung auf Paletten.

Arbeitsblatt 2: Abgleich von Bestellung mit Lieferschein

Situation

Die Firma Johann Kruse & Co. KG bestellt bei der Bremer Lichttechnik GmbH folgende Artikel:

Johann Kruse & Co. KG, Emden		Lieferant	Bestellung Nr. 47445/67
Angebot vom	12.03.20..	Bremer Lichttechnik GmbH Weserstraße 47–51 28757 Bremen	
Bestelldatum	15.03.20..		
Lieferzeit	5 Werktage		
Position	Artikelnr.	Artikel	Menge
1	23L3356/89	Deckenlampe Orion, weiß	15 Stück
2	34L5678/06	Wandlampe Aladin	10 Stück
3	56L4453/54	Schreibtischlampe Labor, silbern	12 Stück
4	88L7623/22	Kabelboy, automatic	20 Stück
5	90L6674/17	Leuchtmittel 20 L	120 Stück

Vereinbarungsgemäß wird die Ware per Lkw am 22.03.20.. geliefert. Die Ware wird unter Vorbehalt angenommen.

1. Überprüfen Sie, ob die gemäß Lieferschein gelieferten Waren mit den bestellten übereinstimmen. Tragen Sie eventuelle Abweichungen im Lieferschein unter Bemerkungen ein.

Lieferschein				Nr. 335678	
Absender: Bremer Lichttechnik GmbH Weserstraße 47–51 28757 Bremen			Empfänger: Johann Kruse GmbH & Co. KG Bürogroßhandel Am Delft 15 26721 Emden		
Versanddatum	23.03.20..		Bestellung Nr.		47445/67
Versandart	Lkw		Bestellung vom		15.03.20..
Kolli	16 Schachteln		Lieferbedingung		frei Haus
Pos.	Artikelnr.	Artikelbezeichnung	Menge	Einheit	Bemerkungen
1	23L3356/87	Deckenlampe Orion, silbern	15	Stück	
2	34L5678/06	Wandlampe Aladin	10	Stück	
3	56L4453/54	Schreibtischlampe Labor, silbern	10	Stück	
4	88L7623/22	Kabelboy, automatic	40	Stück	
5	90L6674/07	Leuchtmittel 30 L	120	Stück	

© Westermann Gruppe

Arbeitsblatt 3: Waren kontrollieren

Situation

Onno hilft dabei, die auf Paletten angelieferten Büromöbel der Firma Oldenburger Bürotechnik OHG aus der Warenannahme ins Lager[1] zu schaffen. Dort werden die Paletten abgepackt und die Möbel genauer kontrolliert. Onno hilft dem Mitarbeiter Gerd Ackermann bei der Kontrolle der Waren. Beim Auspacken stellen sie mehrere Mängel fest, die von Gerd Ackermann in einem bereits von der EDV vorbereiteten Mängelprotokoll festgehalten werden.

Mängelprotokoll		*Johann Kruse GmbH & Co. KG*	
Lieferant	Oldenburger Bürotechnik OHG Nadorster Straße 83 26123 Oldenburg	Lieferzeit	22.03.20..
Lieferschein	337/12	Bestellung vom	27.02.20..
Artikelnummer	**Artikelbezeichnung**	**Festgestellte Mängel**	
3345-77-B12	Aktenschränke	*Ein Aktenschrank weist starke Kratzer am linken Seitenteil auf.*	
12-45K5567	Bürostühle	*Bei vier Bürostühlen sind die Bezüge aus minderwertigem Stoff.*	
333/56-99	Schreibtische	*Zwei der vier Schreibtische sind grau statt weiß.*	
Emden, den	*23.03.20...*	Unterschrift:	*G. Ackermann*

1. Welche Prüfunterlagen könnte Gerd Ackermann verwenden, wenn er feststellen will, ob die gelieferten Waren den bestellten entsprechen?

   _____

   _____

   _____

---

[1] Der Plural (Mehrzahl) von Lager ist Lager. Meint man aber in der Kaufmannssprache die Warenvorräte, so heißt es im Plural „Läger".

Arbeitsblatt 3

2. Wann müssen diese Mängel dem Lieferanten gemeldet werden?
   _____

3. Wann müssen Mängel, die sich erst später bei Gebrauch zeigen, spätestens dem Lieferanten angezeigt werden?
   _____
   _____

4. Wo sollten die beanstandeten Waren bis zur Klärung mit dem Lieferanten gelagert werden? Begründen Sie Ihre Antwort.
   _____
   _____
   _____

5. Der Kunde hat bei Schlechtlieferung zunächst vorrangig das **Recht auf Nacherfüllung**. Zählen Sie auf, wie sich dieses Recht konkret darstellen kann (Formen der Nacherfüllung).
   - _____
   - _____
   - _____
   - _____

6. Welche vorrangigen Rechte sollten gegenüber dem Lieferanten in diesen Fällen in Anspruch genommen werden? Bitte ergänzen Sie die folgende Tabelle.

Artikel	Mängel	Mängelart	Eingeforderte Rechte
3345-77-B12 Aktenschrank	Die linke Seite eines Aktenschrankes ist stark zerkratzt.		
12-45K5567 Bürostuhl	Bei vier Bürostühlen sind die Bezüge aus einem minderwertigen Stoff.		
333/56-99 Schreibtisch	Zwei Schreibtische wurden in grau statt in weiß geliefert.		

© Westermann Gruppe

Lernfeld 1: Güter annehmen und kontrollieren

7. Unter welchen Umständen können die nachrangigen Rechte des Käufers bei Schlechtlieferung in Anspruch genommen werden?

_____
_____
_____
_____
_____

8. Erklären Sie, unter welchen Bedingungen die folgenden nachrangigen Rechte vom Käufer in Anspruch genommen werden können.

Rücktritt vom Vertrag	
Minderung des Kaufpreises	
Schadenersatz neben der Leistungserfüllung	
Schadenersatz statt der Leistung	

Arbeitsblatt 4: Codierung

Kreuzworträtsel rund um die Codierung

1. Code, der eine große Menge an Daten aufnehmen kann
2. besitzt einen elektronischen Speicher und eine Sende-/Empfangsantenne
3. Daten mithilfe eines Lesegerätes eingeben
4. Code, der Daten durch unterschiedliche Anordnung und Dichte von Strichen speichern kann
5. Code, der aus mehreren übereinander angeordneten Strichcodes besteht
6. kleiner elektronischer Grundbaustein
7. zu speichernde Informationen
8. mit seiner Hilfe kann jedes Packstück weltweit eindeutig identifiziert werden
9. soll einen reibungslosen Informations- und Warenfluss gewährleisten
10. mithilfe dieser Technik können Informationen gesendet und empfangen werden
11. Aufkleber mit wichtigen Informationen (englische Version)
12. Aufkleber mit wichtigen Informationen (deutsche Version)
13. Abkürzung für Technik, die mit „Tags" arbeitet
14. allgemeiner Begriff für Mitwirkende

Lösungswort:

© Westermann Gruppe

Arbeitsblatt 5: Umgang mit Transportverpackungen

Situation

Im Lager sieht es chaotisch aus. Vor der Einlagerung in Fachbodenregale wurde angelieferte Ware ausgepackt. Die Versandverpackungen liegen jetzt herum. Onno bekommt den Auftrag, die Verpackungen wegzuräumen. Zunächst macht er sich daran, die Einwegverpackungen von den Mehrwegverpackungen zu trennen.

1. Entscheiden Sie in den folgenden Fällen, ob es sich um Einweg- oder Mehrwegverpackungen handelt.

Transportverpackungen	Einwegverpackung	Mehrwegverpackung
Euroflachpalette		
Gitterboxpalette		
Industriepalette (1,00 m × 1,20 m)		
stabile Schachteln		
Kunststoffbehälter, zusammenlegbar		
Inka-Palette		

Situation

Im Bürogroßhandelsbetrieb werden nicht nur Waren angeliefert, sondern auch an Kunden ausgeliefert. Hierzu werden Versandverpackungen benötigt, u.a. Packmittel, in die die Ware hineingelegt werden kann, und Packhilfsmittel als Füllstoff oder Verschlussmittel. Wenn die beim Wareneingang anfallende gebrauchte Versandverpackung für den eigenen Warenversand wieder verwendet werden kann, können die Kosten für Transportverpackungen gesenkt werden.

2. Entscheiden Sie, was mit folgenden gebrauchten Verpackungen geschehen soll.

Verpackungen	Wieder verwendbar als Packhilfsmittel	Packmittel	Entsorgung als Wertstoff
Styroporchips			
Schrumpffolie			
Holzpalette 1 m × 1 m			
Papiertüten			
Schachtel aus Wellpappe			
Stahlumreifungen			
Kantenschutz aus Kunststoff			
Stretchfolie			

Informieren Sie sich im zugehörigen Lehrbuch (Bestellnummer 31980) in Lernfeld 6, S. 250 ff., über die verschiedenen Arten der Verpackung.

Arbeitsblatt 5

Situation

Onno beobachtet, dass bei der Warenannahme nicht alle Europaletten getauscht werden. Sein Ausbilder erklärt ihm, dass die Europaletten bestimmte Bedingungen erfüllen müssen, um tauschfähig zu sein.

3. Wer legt fest, unter welchen Bedingungen die Paletten getauscht werden können?

   _____

   _____

4. Stellen Sie fest, welche Europaletten tauschfähig oder nicht tauschfähig sind.

Beschreibung des Zustandes der Europaletten	Tauschfähig	Nicht tauschfähig
Die Palette weist leichte Absplitterungen am Rand eines Brettes auf.		
Der linke vordere Klotz fehlt.		
Es ragen mehrere Nägel aus der Palette heraus.		
Die Palette ist erkennbar unsachgemäß repariert worden.		
Die Palette ist leicht verschmutzt.		
Es fehlt ein Brett in der Mitte der Palette.		
Die Klotzmarkierungen sind nicht mehr zu erkennen.		
Die Palette ist teilweise morsch.		
Die Palette ist sehr nass.		

5. Welche Vor- und Nachteile haben Einweg- bzw. Mehrwegtransportbehälter?

	Einwegtransportverpackung	Mehrwegtransportverpackung
Vorteile	• _____ • _____	• _____ • _____
Nachteile	• _____ • _____	• _____ • _____

© Westermann Gruppe

Lernfeld 1: Güter annehmen und kontrollieren

Arbeitsblatt 6: Sicherheit am Arbeitsplatz

Situation

Im Bürogroßhandelsbetrieb Johann Kruse GmbH & Co. KG sind mehrere Europaletten angeliefert worden. Auf den Paletten befinden sich Schachteln, die durch Umreifung mit Stahlband vor dem Herunterfallen gesichert sind. Ottos Kollege Karl Janssen ist damit beschäftigt, die Stahlbänder zu lösen. Dabei verletzt er sich die linke Hand an einem scharfkantigen Stahlband. Die Wunde blutet stark. Onno hat dies beobachtet und eilt seinem Kollegen zur Hilfe.

1. Beschreiben Sie, welche Maßnahmen Onno in diesem Fall ergreifen muss.

___

2. Der Verletzte wird zum Unfallarzt gebracht. Dieser schreibt ihn für eine Woche krank. Welche Maßnahmen müssen seitens des Arbeitgebers jetzt ergriffen werden?

___

3. Nennen Sie Beispiele für Gefahren am Arbeitsplatz und die entsprechenden persönlichen Schutzausrüstungen zur Verhütung von Unfällen.

Gefahren	Schutzausrüstung

4. Sicherheitszeichen geben Hinweise darauf, wie die Mitarbeiter sich verhalten sollen,

- um Unfälle oder Brände zu verhindern,
- wenn ein Brand ausgebrochen ist.

Ergänzen Sie die Tabelle entsprechend.

Sicherheitszeichen	Hintergrund	Umrandung	Symbol	Form
	weiß	rot	schwarz	rund
Warnzeichen	gelb		schwarz	
	blau	keine	weiß	
		keine	weiß	rechteckig
Brandschutzzeichen				quadratisch

5. Wenn die Verletzungen des Kollegen so schwer sind, dass Sie entscheiden, den Notarzt zu rufen, sollten Sie die 5 Ws beachten. Bitte nennen Sie die Bedeutung der „W-Wörter".

_____
_____

Situation

Onno ist Zeuge des Unfalls seines Kollegen Karl Janssen. Der Ausbilder Günther Martens hat den Auftrag, eine Unfallanzeige an die Berufsgenossenschaft auszufüllen, und bittet Onno, ihm dabei zu helfen. Folgende Daten hat Günther Martens sich hierfür aus der Personalabteilung besorgt:

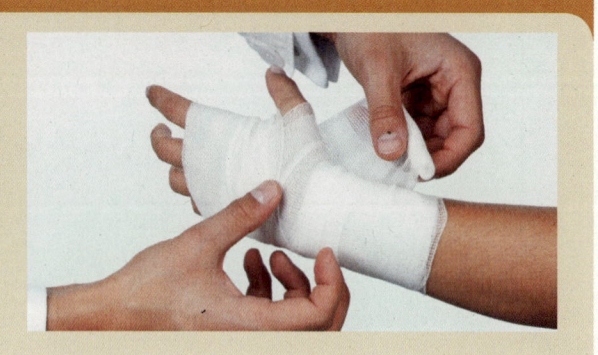

Zuständige Berufsgenossenschaft:	Berufsgenossenschaft Handel und Warendistribution Falkenstraße 7 28275 Bremen
Arbeitgeber:	Johann Kruse GmbH & Co. KG Am Delft 15 26721 Emden
Unternehmensnummer bei der Berufsgenossenschaft:	234JKE33579
Verletzte Person: Geboren am: Beschäftigt als/seit: Wohnhaft: Krankenversichert:	Karl Janssen 15.03.1980 Fachlagerist seit 01.07.2003 Emder Straße 15, 26736 Krummhörn AOK Emden
Tägliche Arbeitszeit: Unfallzeitpunkt: Art der Verletzung: Behandelnder Notarzt:	07:30 – 16:45 Uhr 12.06.20.., 9:15 Uhr tiefe Schnittwunde in der linken Hand Unfallarzt Dr. Robert Kramer, Emden

6. Füllen Sie die Unfallanzeige auf der S. 21 aus.

Arbeitsblatt 6

UNFALLANZEIGE

1 Name und Anschrift des Unternehmens	2 Unternehmensnummer des Unfallversicherungsträgers

3 Empfänger/-in

4 Name, Vorname der versicherten Person	5 Geburtsdatum	Tag	Monat	Jahr

6 Straße, Hausnummer	Postleitzahl	Ort

7 Geschlecht ☐ Männlich ☐ Weiblich	8 Staatsangehörigkeit	9 Leiharbeitnehmer/-in ☐ Ja ☐ Nein

10 Auszubildende/-r ☐ Ja ☐ Nein	11 Die versicherte Person ist ☐ Unternehmer/-in ☐ Gesellschafter/-in Geschäftsführer/-in	mit der Unternehmerin/dem Unternehmer: ☐ verheiratet ☐ in eingetragener Lebenspartnerschaft lebend ☐ verwandt

12 Anspruch auf Entgeltfortzahlung besteht für ___ Wochen	13 Krankenkasse (Name, PLZ, Ort)

14 Tödlicher Unfall? ☐ Ja ☐ Nein	15 Unfallzeitpunkt Tag Monat Jahr Stunde Minute	16 Unfallort (genaue Orts- und Straßenangabe mit PLZ)

17 Ausführliche Schilderung des Unfallhergangs (Verlauf, Bezeichnung des Betriebsteils, ggf. Beteiligung von Maschinen, Anlagen, Gefahrstoffen)

Die Angaben beruhen auf der Schilderung ☐ der versicherten Person ☐ anderer Personen

18 Verletzte Körperteile	19 Art der Verletzung

20 Wer hat von dem Unfall zuerst Kenntnis genommen? (Name, Anschrift)	War diese Person Augenzeugin/Augenzeuge des Unfalls? ☐ Ja ☐ Nein

21 Erstbehandlung: Name und Anschrift der Ärztin/des Arztes oder des Krankenhauses	22 Beginn und Ende der Arbeitszeit der versicherten Person Beginn Stunde Minute Ende Stunde Minute

23 Zum Unfallzeitpunkt beschäftigt/tätig als	24 Seit wann bei dieser Tätigkeit? Monat Jahr

25 In welchem Teil des Unternehmens ist die versicherte Person ständig tätig?

26 Hat die versicherte Person die Arbeit eingestellt?	☐ Nein	☐ Sofort	Später, am Tag Monat Stunde

27 Hat die versicherte Person die Arbeit wieder aufgenommen?	☐ Nein	☐ Ja, am Tag Monat Jahr

28 Datum	Unternehmer/-in (Bevollmächtigte/-r)	Betriebsrat (Personalrat)	Telefon-Nr. für Rückfragen

U 1000 0717 Unfallanzeige Muster

Quelle: Deutsche Gesetzliche Unfallversicherung: Muster einer Unfallanzeige, Zugriff am 01.10.2020 unter: www.dguv.de/medien/formtexte/unternehmer/u_1000/u1000.pdf

© Westermann Gruppe

Lernfeld 2

Güter lagern

Arbeitsblatt 1: Aufgaben der Lagerhaltung

1. Welche Aufgabe der Lagerhaltung ist im jeweiligen Beispiel beschrieben bzw. in der Abbildung sichtbar?

    a) Durch die steigenden Bauxitpreise beschließt der Einkauf, die 1,5-fache Menge Bauxit einzukaufen.
    _____

    b) Wein wird in Fässern zur Reifung gelagert, um seine Qualität zu steigern.
    _____

    c) Die im Sommer zusammengesetzten Streusalzsäcke werden bis zur erwarteten Nachfrage in den Wintermonaten im Lager aufbewahrt.
    _____

    d) Der Lagerbestand an Skiern wird erhöht, um die Lieferbereitschaft für die nächste Saison zu verbessern.
    _____

    e) Im Fertigwarenlager einer Werkzeugfabrik werden verschiedene Schraubendreher, Zangen und Bohrer gemäß der Bestellung eines Kunden entnommen und zu einem Sortiment verpackt.
    _____

    f) Schon im Dezember werden die Osterhasen gelagert.
    _____

    g) _____

© Westermann Gruppe

h) Vor den Feiertagen werden bei vielen Warengruppen die Bestände erhöht.

_____

i) _____

2. Im Lager wird eine Mischung Streichfarbe von 6 Litern im Verhältnis 2:1 (Farbe A = 2 Anteile, Farbe B = 1 Anteil) gemischt. Wie viel Liter werden jeweils für A und B benötigt?

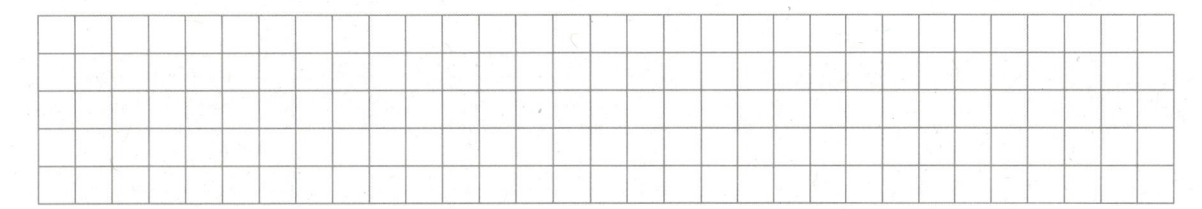

3. 10 kg Tee werden wie nachfolgend gemischt:
   2 Anteile Teesorte A,
   4 Anteile Teesorte B,
   14 Anteile Teesorte C.
   Wie viel Gramm werden jeweils für die Teemischung gebraucht?

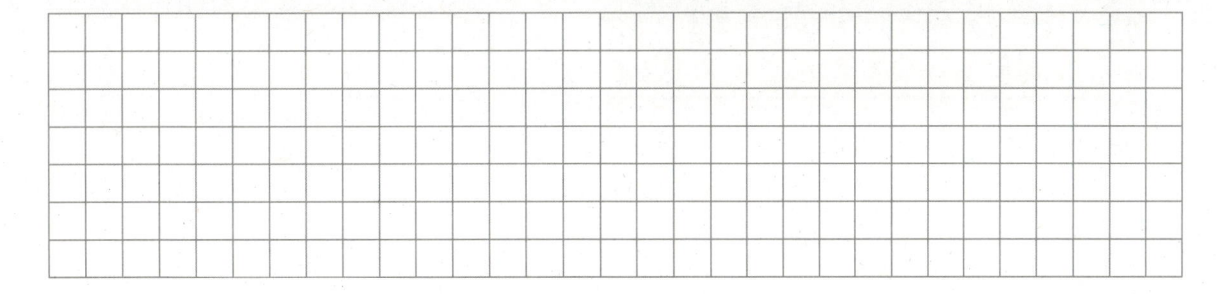

Arbeitsblatt 2: Voraussetzungen für eine ordnungsgemäße Lagerung

1. Nennen Sie die drei Grundsätze ordnungsgemäßer Lagerhaltung.

_____

_____

_____

© Westermann Gruppe

2. Nennen Sie drei Vorteile eines sauberen Lagers.

_____
_____
_____
_____
_____
_____

3. Nennen Sie zwei Maßnahmen, die der Übersichtlichkeit im Lager dienen.

_____
_____
_____
_____
_____
_____

4. Welche Bedeutung haben Hinweisschilder z. B. im Lagerbereich?

Heizöl-Lagerraum

Hinweisschild

_____
_____
_____
_____
_____

5. Nennen Sie sechs typische Lagerzonen, die mit Hinweisschildern versehen werden können.

_____
_____
_____
_____
_____
_____

6. Vor welchen Gefahren müssen die folgenden Güter geschützt werden? Ergänzen Sie hierzu folgende Tabelle.

Eingelagerte Ware	Gefahren für die eingelagerte Ware
Frischobst	
Eis	
Laptops	
T-Shirts mit Aufdruck	
Druckerpapier	
Weizen	

7. Nachfolgend sind Lagerbereiche beschrieben, die fachsprachlich gekennzeichnet werden müssen.

Fachsprachliche Bezeichnung des Lagerbereiches	Beschreibung des Lagerbereiches
	Hier werden die Kundenaufträge zusammengestellt.
	Die Ware wird hier zur Abholung bereitgestellt und auf entsprechende Transportmittel verladen.
	Lager- und Bewegungsprozesse werden hier gesteuert und kontrolliert.
	Der Auftrag wird zu einer beförderungssicheren Einheit verpackt und evtl. gekennzeichnet.
	Hier erfolgen das Abladen der Ware, die Warenerfassung, die Annahme der Ware, die Wareneingangskontrolle und die Vorbereitung der Ware für die Einlagerung.
	Dieser Bereich dient z. B. der Zeitüberbrückung, der Sicherung der Lieferbereitschaft oder der Veredelung.

Arbeitsblatt 3: Unterscheidung nach der Betriebsart

1. Sortieren Sie die Begriffe Industriebetrieb, Großhandel, Einzelhandel und Spedition den nachfolgenden Beschreibungen sachgerecht zu.

Begriffe	Beschreibungen
	Verkauft Waren in großen Mengen an den Einzelhändler.
	Ist mit der Produktion von Gütern beauftragt.
	Ein Dienstleister, der die Versendung von Waren mit Verkehrsträgern oder Frachtführern organisiert.
	Verkauft die Ware direkt an den Endverbraucher.

2. Sortieren Sie die nachfolgend aufgeführten Lagerarten den Lagebeschreibungen zu:
Zwischenlager, Auslieferungslager, Betriebsstofflager, Ersatzteillager, Fertigwarenlager, Handlager, Kommissionslager, Packmittellager, Reservelager, Rohstofflager, Umschlaglager, Verkaufslager, Büromateriallager.

Lagerbeschreibungen	Lagerarten
Hier werden Stoffe gelagert, die im Fertigungsprozess als Hauptbestandteile in das Erzeugnis eingehen, wie z. B. Holz in der Holzindustrie.	
Hier werden Stoffe gelagert, die nicht direkt in das zu fertigende Produkt eingehen, aber den Produktionsprozess unterstützen, wie z. B. Schmieröle und Fette.	
Wenn Produkte mehrere Fertigungsstufen durchlaufen und eine zwischenzeitliche Lagerung notwendig wird, werden sie hier gelagert.	
Können die hergestellten Endprodukte nicht sofort verkauft werden, lagert man sie vorübergehend hier ein.	
Hier werden Kartons, Collicos, Holzkisten und andere bedeutsame Packmittel aufbewahrt.	
Hier lagern vornehmlich Teile z. B. für Reparaturen oder Wartungsarbeiten.	
Hier werden für die Verwaltung Kopierpapier, Druckerpatronen und Schreibgeräte gelagert.	
Diese Lager werden in der Regel bei den Kunden eingerichtet, um die Lieferzeiten und Transportkosten zu reduzieren.	
Hierbei stellt der Lieferant seinem Kunden auf eigene Kosten Ware zur Verfügung. Die Ware bleibt Eigentum des Lieferanten, lagert aber beim Kunden. Die Kapitalbindung verringert sich.	
Dies ist der Verkaufsraum, in dem die Ware dem Kunden zum Verkauf angeboten wird.	
Dies ist ein kleines Lager in direkter Nähe zum Arbeitsplatz, in dem häufig benötigtes Kleinmaterial (Schrauben, Dübel, Nieten usw.) gelagert wird.	
Dieses Lager schützt vor Lieferengpässen im Warenfluss.	
Hier werden Güter sortiert, umverteilt und oft direkt wieder weiterverladen.	

Arbeitsblatt 4: Unterscheidung nach dem Lagerstandort

Unter einem Zentrallagerkonzept wird verstanden, dass ein Unternehmen ein zentrales Lager (z. B. in der geografischen Mitte Deutschlands) betreibt, von dem aus alle Kunden beliefert werden.

1. Führen Sie drei Vorteile dieses Konzeptes auf.

_____

_____

_____

_____

Arbeitsblatt 4 27

_____
_____
_____
_____
_____
_____

2. Dezentrale Lager haben sowohl Vor- als auch Nachteile. Begründen Sie dies.

_____
_____
_____
_____
_____
_____
_____
_____
_____

3. Das abgebildete Zentrallager befindet sich in Hamburg. Führen Sie vier Vorteile auf, die der Standort Hamburg bezüglich seiner Verkehrsinfrastruktur besitzt.

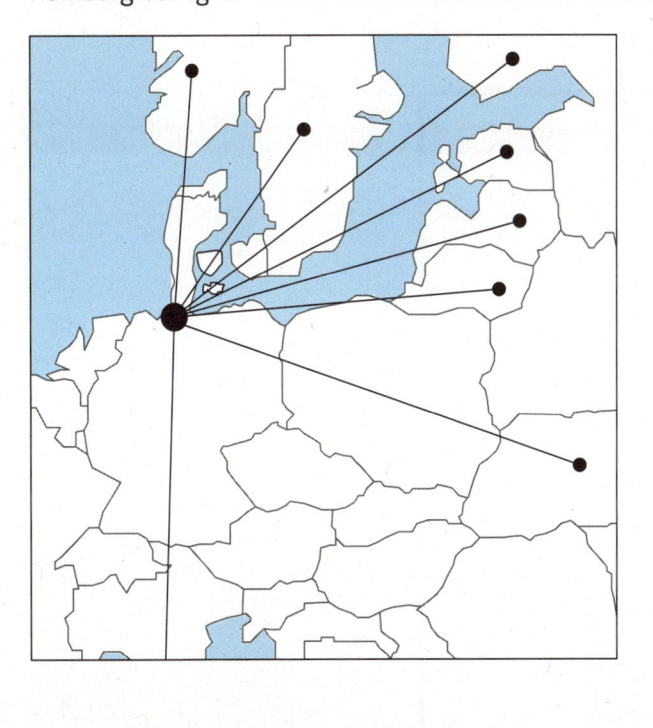

_____
_____
_____
_____

© Westermann Gruppe

Arbeitsblatt 5: Unterscheidung nach der Bauweise

1. Wodurch unterscheiden sich offene, halboffene und geschlossene Lager baulich? Ergänzen Sie nachfolgende Tabelle in den freien Feldern.

Lagerart	Beschreibung der Lagerart	Beispiele
offenes Lager	ein Lager im Freien mit evtl. einer Umzäunung	
halboffenes Lager		

2. Berechnen Sie den Zaunumfang in m des abgebildeten Lagers (dicke schwarze Linie). Ein quadratisches Kästchen hat eine Seitenlänge von 1 m.

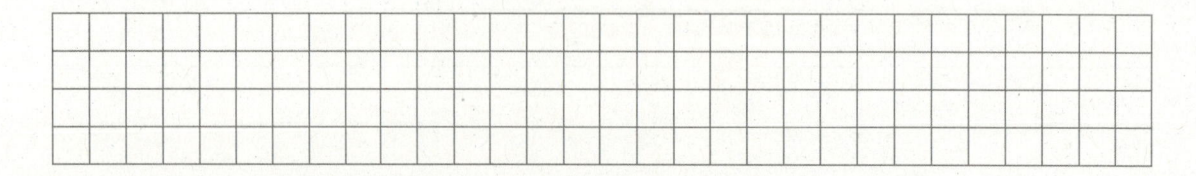

3. Berechnen Sie die Fläche in Quadratmetern des abgebildeten offenen Lagers.

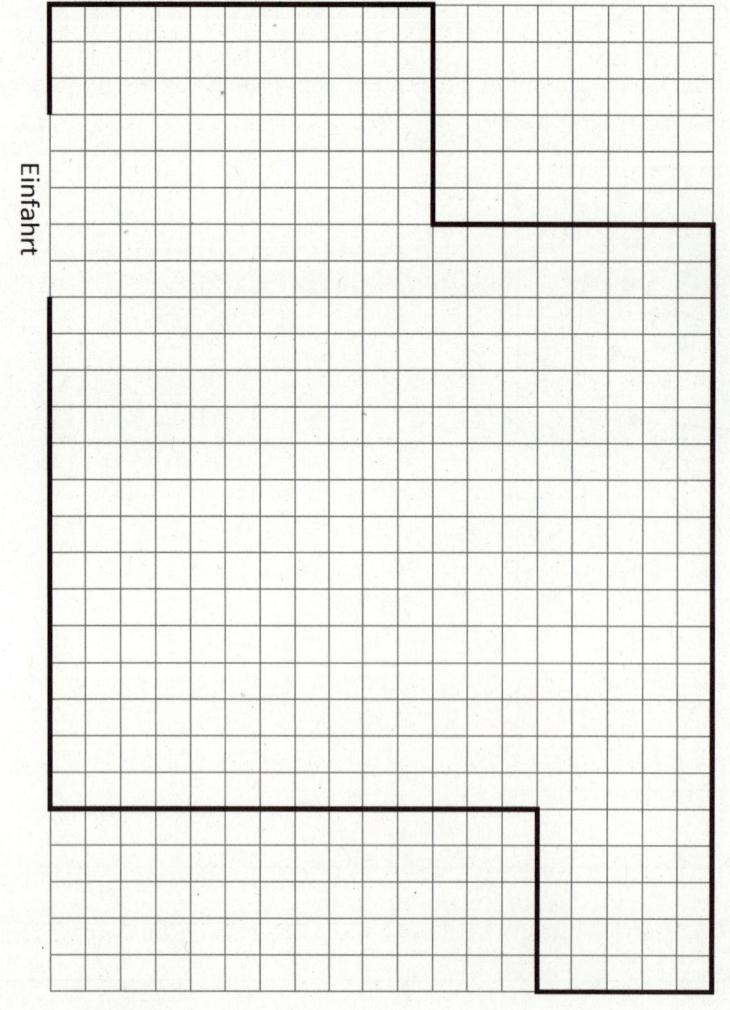

Lagerskizze

4. Ordnen Sie die Bauhöhen ≤ 7 m, 7–12 m und ≤ 50 m sowie die Begriffe Flachlager, Hochflachlager und Hochregallager sachgerecht einander zu.

Bezeichnung	Beschreibung	Bauhöhe
	eingeschossiges Lager	
	Lager mit einer Bauhöhe von über 12 m	
	eingeschossiges Lager	

Hochregal

Arbeitsblatt 6: Eigenlagerung – Fremdlagerung

1. Erklären Sie den Begriff Eigenlagerung.

   _____

2. Erklären Sie den Begriff Fremdlagerung.

   _____

3. Kreuzen Sie die Vor- und Nachteile der Eigen- und Fremdlagerung in nachfolgender Tabelle sachgerecht an.

Vor- und Nachteile	Eigenlagerung	Fremdlagerung
bessere Kontrolle des Lagerbestandes	X	
höhere Kosten bei großen Lagerbeständen		
geringere Kosten bei kleinen Lagerbeständen		
Speziallager		
geringe Kosten bei hohen Lagerbeständen		
ständiger Zugriff auf die gelagerte Ware		
keine Investitionskosten		

© Westermann Gruppe

4. Es werden drei Arten der Fremdlagerung unterschieden. Erklären Sie diese.

Arten der Fremdlagerung		
Trennungslagerung	Sammellagerung	Mietlagerung

5. Wie nennt sich der Fachbegriff für das Auslagern von Dienstleistungen?
___

6. Ein Lagerschein wird auch als Warenwertpapier bezeichnet. Erklären Sie dies.
___
___
___
___
___
___
___
___

Arbeitsblatt 7: Gesetzliche Grundlagen bei der gewerblichen Einlagerung

1. Welches Gesetzbuch regelt die Rechte und Pflichten eines Lagerhalters?
___

2. Definieren Sie den Begriff Lagerhalter.

_____

_____

3. Nennen Sie drei Rechte und drei Pflichten eines Lagerhalters.

Rechte des Lagerhalters	Pflichten des Lagerhalters

4. Es werden drei Arten von Lagerscheinen unterschieden: Orderlagerschein, Namenslagerschein und Inhaberlagerschein. Sortieren Sie die Arten der Lagerscheine den Erklärungen sachgerecht zu.

Arten der Lagerscheine		
Das Lagergut wird nur an die im Lagerschein **namentlich** erwähnte Person ausgehändigt.	Das Lagergut wird an den jeweiligen **Inhaber** des Lagerscheins ausgehändigt.	Der Lagerschein kann durch einen Übertragungsvermerk (Indossament) auf eine andere Person **übertragen** werden.

Arbeitsblatt 8: Kostenvergleich bei der Eigenlagerung und der Fremdlagerung

1. Ermitteln Sie zeichnerisch mithilfe der Daten aus nachfolgender Tabelle den Verlauf des Fremdbezuges, der Eigenherstellung und der Fixkosten.

	Kosten der Eigenlagerung			Fremdlagerung
Menge	Fixkosten	Variable Kosten	Gesamtkosten Eigenlagerung	
10 Stück	2 000,00 €	200,00 €	2 200,00 €	400,00 €
50 Stück	2 000,00 €	1 000,00 €	3 000,00 €	2 000,00 €
100 Stück	2 000,00 €	2 000,00 €	4 000,00 €	4 000,00 €
150 Stück	2 000,00 €	3 000,00 €	5 000,00 €	6 000,00 €

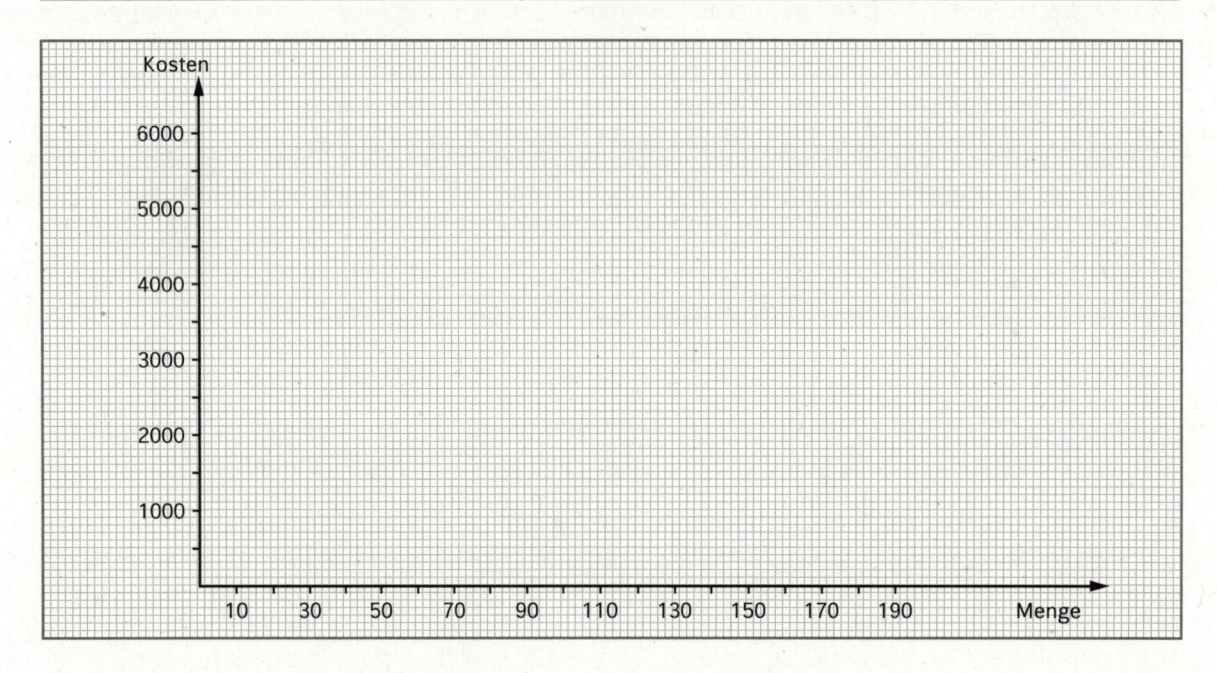

2. Berechnen Sie die Menge, bei der Eigen- und Fremdlagerung gleich viel kosten. Daten: Fixkosten 2 000,00 €; variable Kosten der Eigenlagerung 20,00 €; Fremdlagerung 40,00 €.

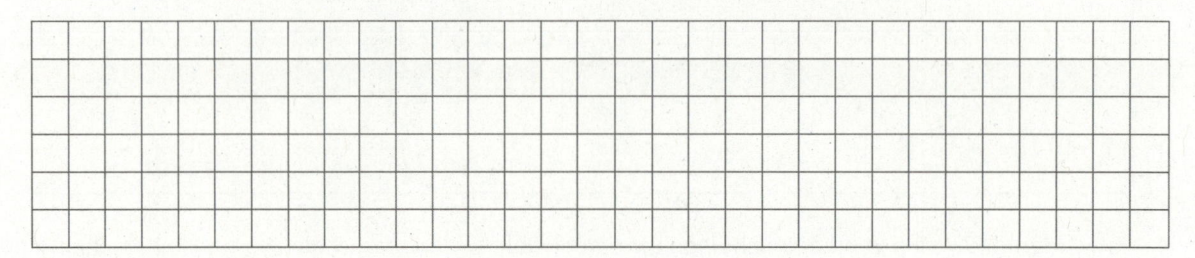

Arbeitsblatt 9: Bodenlagerung

1. Erklären Sie die Bodenlagerung.

2. Führen Sie zwei Vor- und zwei Nachteile der Bodenlagerung im Block auf.

   Vorteile:

_____
_____

Nachteile:

_____
_____
_____
_____

3. Wie viele Paletten können in Bodenlagerung dreilagig gestapelt werden, wenn das Lager ein Innenmaß von 5,86 m Länge und 2,34 m Breite besitzt?

4. Wie viele Paletten können zweilagig gestapelt in Bodenlagerung gelagert werden, wenn das Lager eine Länge von 5,86 m Länge und 2,44 m Breite hat?

5. Wovon ist die maximale Stapelhöhe bei der Bodenlagerung abhängig?

- _____
- _____
- _____
- _____

Arbeitsblatt 10: Blocklagerung oder Reihenlagerung

1. Wie nennt man die abgebildete Lagertechnik? Kreuzen Sie die richtige Antwort an.

   Reihenlagerung ☐

   Blocklagerung ☐

   Querlagerung ☐

© Westermann Gruppe

2. Welchen Vor- und Nachteil hat die auf der S. 33 abgebildete Art der Lagerung?

Vorteil: _____

Nachteil: _____

3. Welchen Vor- und Nachteil hat die rechts abgebildete Art der Lagerung?

Vorteil: _____

Nachteil: _____
_____
_____

Reihenlagerung mit schrägem Zugriff

Arbeitsblatt 11: Sicherheitsvorschriften bei der Bodenlagerung

1. Nachfolgend sind Sicherheitsvorschriften aufgeführt. Kreuzen Sie die sechs richtigen Sicherheitsvorschriften an.

a) Stapel dürfen vielfach auf unebenem Boden errichtet werden. ☐

b) Stapel dürfen nur auf ebenem Untergrund errichtet werden. ☐

c) Gitterboxen dürfen höchstens fünffach gestapelt werden. ☐

d) Gitterboxen dürfen höchstens sechsfach gestapelt werden. ☐

e) Die Schlankheit von Stapeln, also das Verhältnis der Höhe zur Schmalseite der Grundfläche, darf nicht größer als 6:1 sein. ☐

f) Die Schlankheit von Stapeln darf nicht größer als 5:1 sein. ☐

g) Stapel sind lotrecht zu errichten (maximal 3 % Neigung). ☐

h) Stapel sind lotrecht zu errichten (maximal 2 % Neigung). ☐

i) Beim Stapeln leichte Lasten unten und schwere Lasten oben lagern. ☐

j) Beim Stapeln schwere Lasten unten und leichte Lasten oben lagern. ☐

k) Die unterste Europalette im Stapel darf bei vollflächiger, ebener und horizontaler Auflage maximal das Fünffache der zulässigen eigenen Palettenlast aufnehmen. ☐

l) Die unterste Europalette im Stapel darf bei vollflächiger, ebener und horizontaler Auflage maximal das Vierfache der zulässigen eigenen Palettenlast aufnehmen. ☐

Arbeitsblatt 12: Die Lagereinrichtung – Regale

1. Lösen Sie das Kreuzworträtsel zum Thema Regalarten.

1 Regal mit separater Ein- und Auslagerung von hintereinander liegendem Ladegut, das sich durch Schwerkraft oder mittels Antriebselementen zum Auslagerungspunkt bewegt.

2 Regal, das sich aus Rahmen und eingehängten Fachböden zusammensetzt.

3 Bei diesem Regalsystem werden die Vorteile der Regallagerung und der Blockstapelung verbunden.

4 Regal zur Lagerung von palettierten Gütern. Diese Regale enthalten meist keine Böden, sondern Auflageträger.

5 Dieses Regal besteht aus einem Ständer mit zu einer Seite oder beiden Seiten herausragenden Metallarmen.

6 Regal zur Lagerung von Langgut. Die Waren werden von der Stirnseite des Regals eingebracht.

7 Bewegliche Regalanlage. Die Beschickungs- und Entnahmestation liegt an einer festen Stelle.

8 Über Lauf- und Führungsschienen können Regale samt dem Lagergut bewegt werden.

9 Regale mit bis zu 10 m Höhe. Die Ein- und Auslagerung wird über ein Kettenhubgerät gesteuert.

10 Die palettierten Ladeeinheiten werden auf Rollbahnen mit einer Neigung von bis zu 5 % gelagert. Das Ein- und Auslagern erfolgt von derselben Regalseite.

11 Regale mit Bauhöhen von bis zu 45 m. Die Bedienung erfolgt in der Regel über automatische Regalbediengeräte.

Lösungswort:

1	2	3	4	5	6	7	8	9	10

© Westermann Gruppe

2. Sortieren Sie die nachfolgenden Regalbezeichnungen sachgerecht den Abbildungen zu: Paternosterregal, Einschubregal, Kragarmregal, Einfahrregal, Hochregal, Fachbodenregal, Durchlaufregal, Palettenregal, Wabenregal, Karussellregal, Turmregal, Verschieberegal.

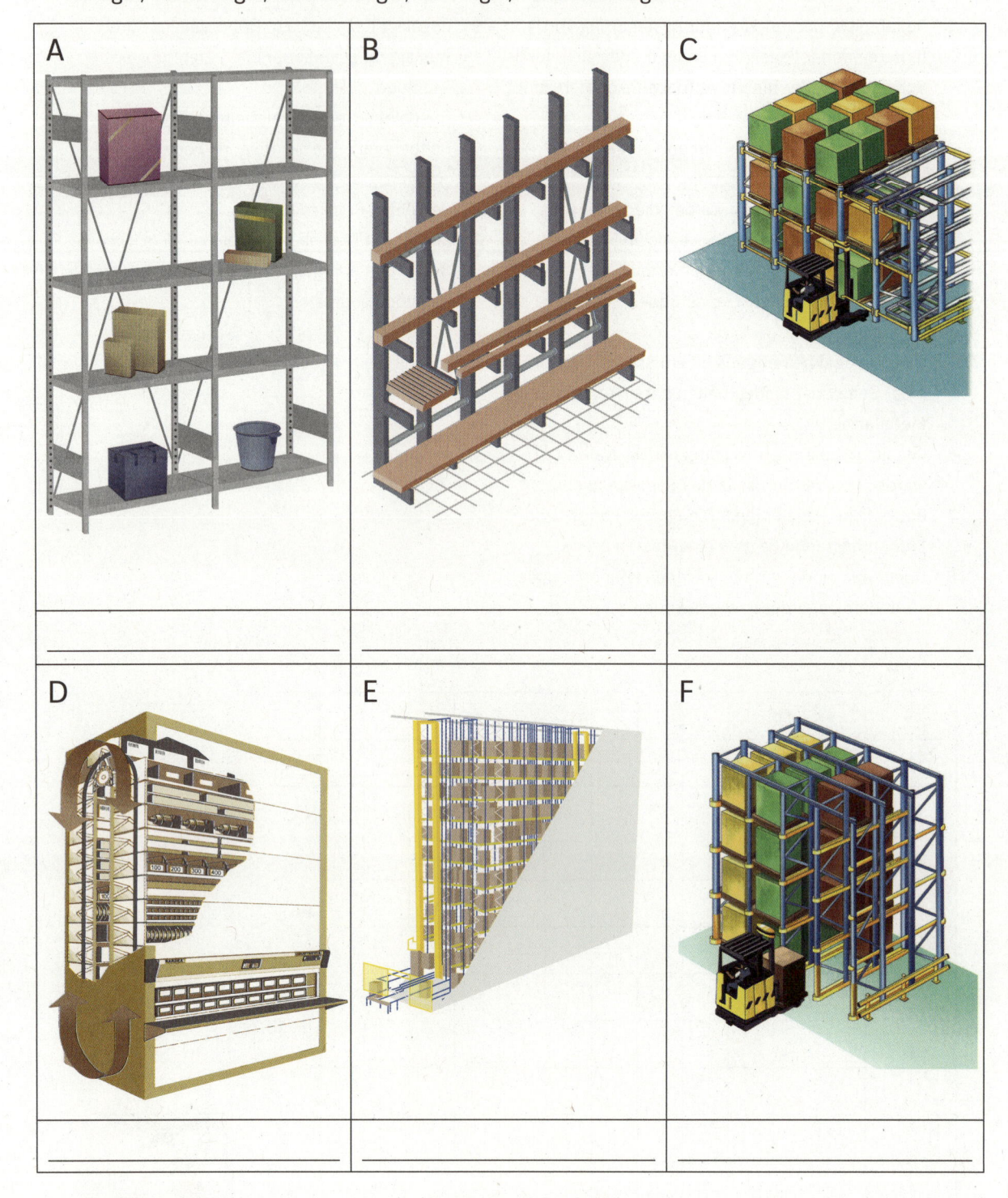

A _____

B _____

C _____

D _____

E _____

F _____

G	H	I
___	___	___

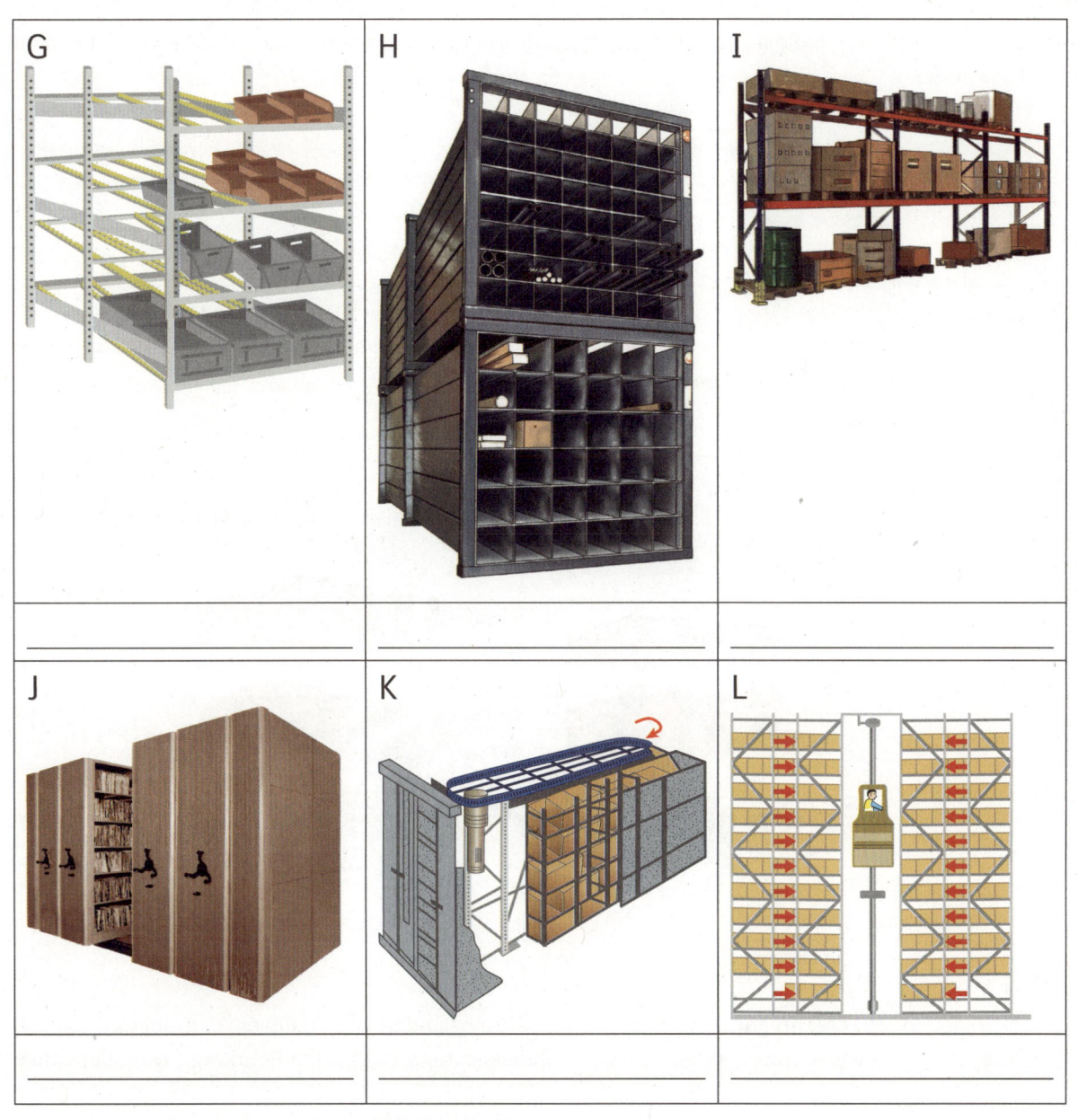

J	K	L
___	___	___

3. Ein **Fachbodenregal** besteht aus fünf Fachböden.

Fachbodenregal

a) Wie hoch ist die Feldlast, wenn die Fachlast von 125 kg je Fachboden voll ausgenutzt wird?

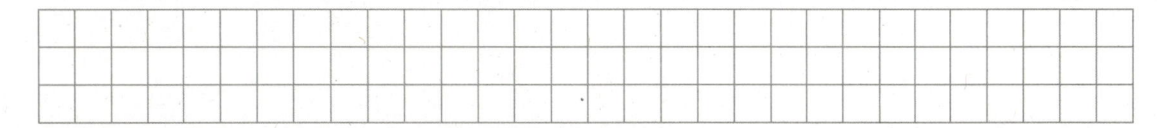

b) Die maximale Feldlast beträgt 875 kg. Wie viele Fachböden können zusätzlich montiert werden?

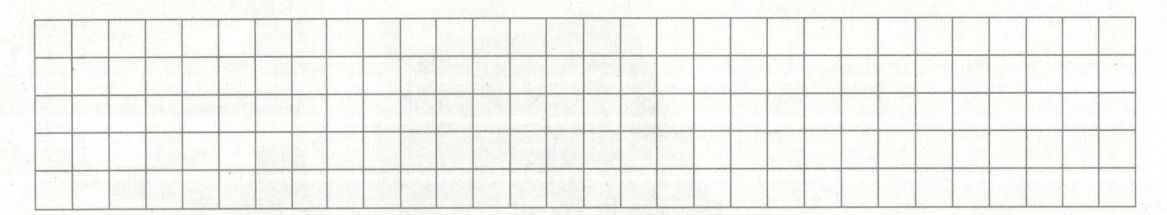

4. Welche „Antriebsart" bzw. „Antriebskraft" sorgt in den abgebildeten **Durchlaufregalen 1 und 2** mit Rollenbahnen für ein Nachrücken der Ware an den Regalanfang?

Durchlaufregal 1 *Durchlaufregal 2*

5. Nachfolgend sind drei **Kragarmregale** abgebildet. Dabei handelt es sich um ein einseitiges Kragarmregal, ein zweiseitiges Kragarmregal und ein einseitiges Kragarmregal mit Rohrkragarmen. Benennen Sie die Kragarmregale fachgerecht.

a) _____

b) _____

c) _____

6. Die Berufsgenossenschaft stellt an die Beschaffenheit von Kragarmregalen eine konkrete Anforderung.

  a) Wie lautet diese Anforderung?

  _____
  _____
  _____
  _____
  _____
  _____

  b) Was bezweckt die Berufsgenossenschaft mit dieser Forderung?

  _____
  _____
  _____
  _____
  _____

7. **Verschieberegale** gehören zu den variablen Regalanlagen.

   a) Verschieberegale sind u.a. einzusetzen als Fachboden-, Kragarm- oder Palettenregale. Ordnen Sie diese drei Begriffe den Abbildungen zu.

   _____

   _____

   _____

   b) Nennen Sie drei Antriebsarten, um die Regale zu verschieben.

   - _____
   - _____
   - _____

c) Stellen Sie die Vor- und Nachteile von Verschieberegalen gegenüber.

Verschieberegale	
Vorteile	Nachteile

d) Ein Verschieberegal hat einen Flächenbedarf von 120 m². Für dieselbe einzulagernde Warenmenge benötigt ein Fachbodenregal 360 m².

- Wie viel Quadratmeter mehr Fläche ist für das Fachbodenregal erforderlich?

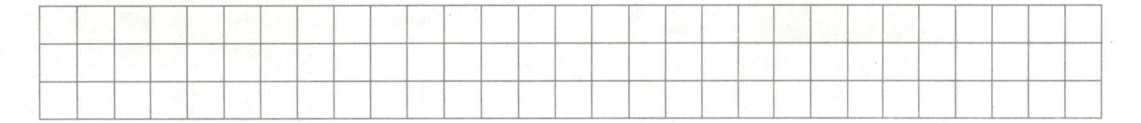

- Wie viel Prozent mehr Fläche ist für das Fachbodenregal erforderlich?

8. Hochregallager haben einen zentralen Punkt, um die Abmessungen der einzulagernden Güter zu kontrollieren.

Hochregallager

a) Wie nennt man diese Art der Kontrolle?

b) Erklären Sie, welche Vorteile diese Kontrolle hat.

c) Erklären Sie den Begriff „Doppelspiel".

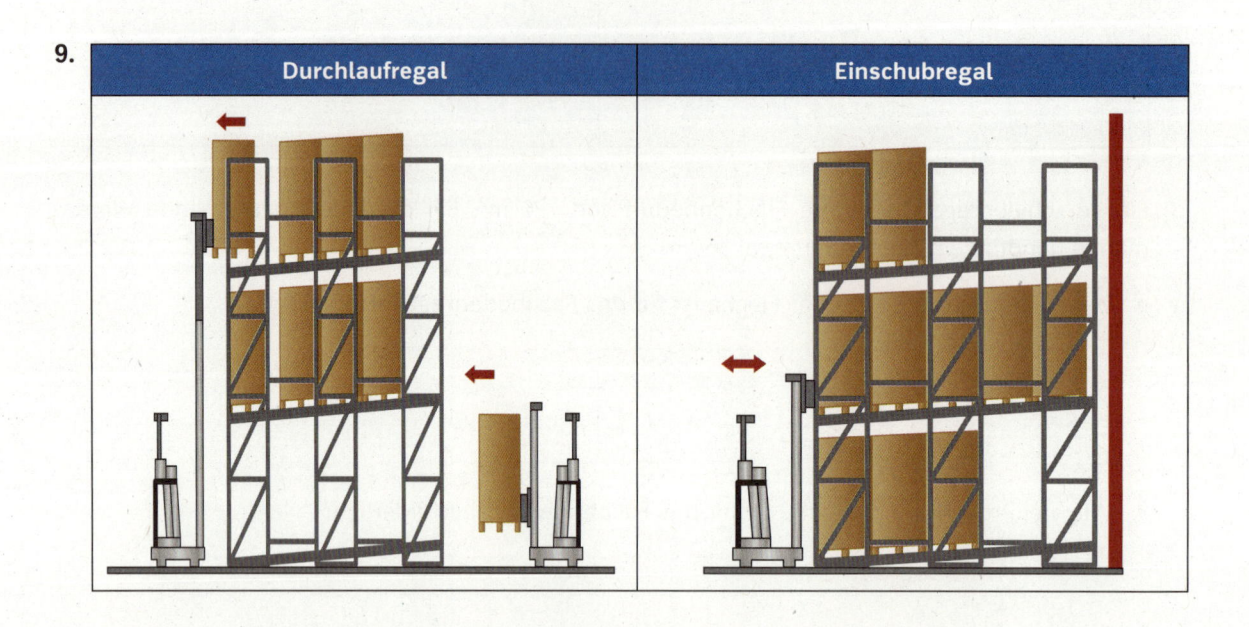

9.

| Durchlaufregal | Einschubregal |

a) Nennen Sie drei Vorteile von Durchlaufregalen.

b) Nennen Sie drei Nachteile von Einschubregalen.

Arbeitsblatt 13: Organisation der Einlagerung

Situation

In einem Lager benutzt man verschiedene Einlagerungssysteme. Im Kommissionierbereich sind feste Lagerplätze vergeben. Im Vorratsbereich sind die Lagerplätze nach dem Freiplatzsystem organisiert. Die Kommissionierung erfolgt mit Beleg.

Lagerplatzvergabe am 24.09.20..

1. Listen Sie die Vor- und Nachteile des Festplatzsystems und des Freiplatzsystems auf.

	Festplatzsystem	Freiplatzsystem
Vorteile		
Nachteile		

44 Lernfeld 2: Güter lagern

2. Erklären Sie, warum man die Lagerplätze im Kommissionierbereich nach dem genannten Prinzip vergeben hat.

_____

_____

_____

_____

3. Zeichnen Sie eine mögliche Lagerplatzvergabe am 26.09.20.. auf. Verwenden Sie dazu die Farben aus der Abbildung der Ausgangssituation.

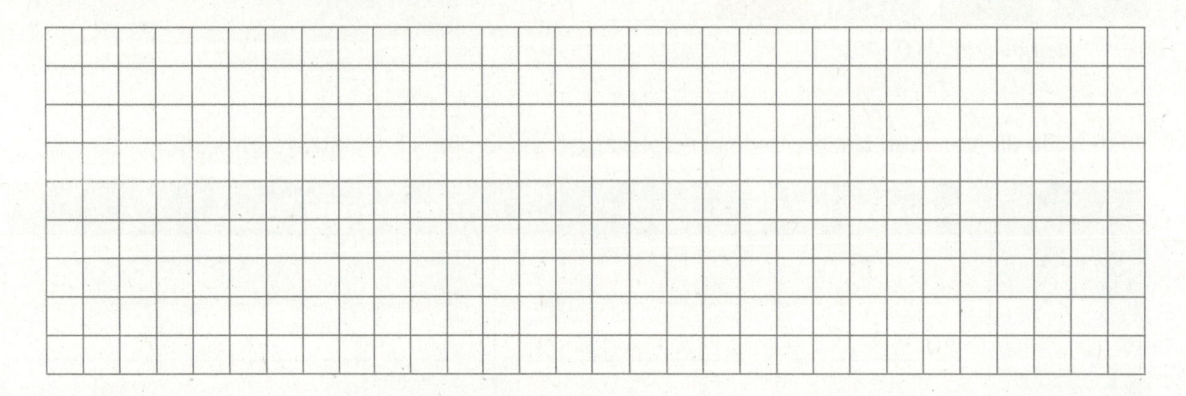

Arbeitsblatt 14: Nutzungsgrade eines Lagers

Situation

Ein Lagergebäude der Länge 45 m, der Breite 15 m und der Höhe 8 m soll für die Lagerung von Getränken eingerichtet werden. Ein Teil der Getränke wird in Bodenlagerung, ein anderer Teil in Palettenregalen eingelagert. Alle Getränke werden auf Europaletten angeliefert und eingelagert.

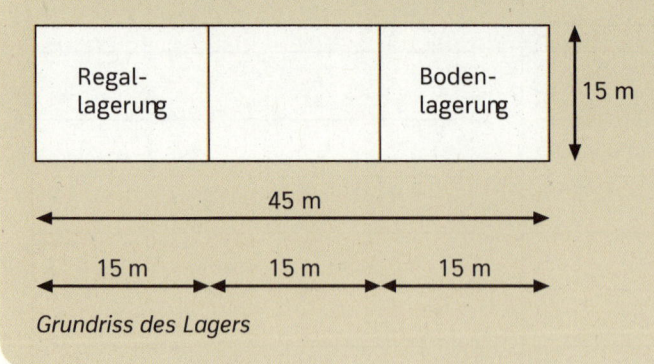

Grundriss des Lagers

- Regallagerung (15 m)
- (15 m leer)
- Bodenlagerung (15 m)
- Gesamtlänge: 45 m
- Breite: 15 m

1. Berechnen Sie die Gesamtfläche und das Gesamtvolumen des Lagers.

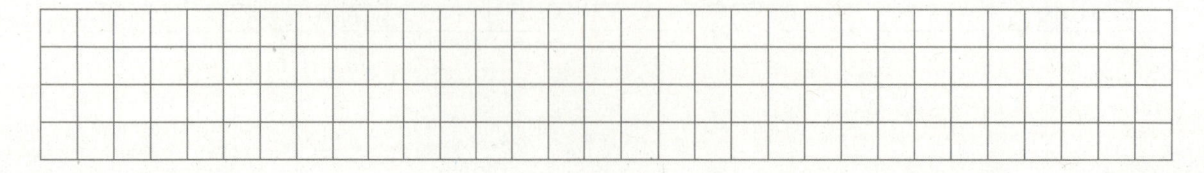

Arbeitsblatt 14

2. Berechnen Sie die genutzte Fläche und das genutzte Volumen bei der Blocklagerung, wenn zehn Blöcke mit je elf Paletten dreifach gestapelt gelagert werden. Die Höhe einer Palette beträgt 2,20 m. In einem Block lagern 33 Paletten.

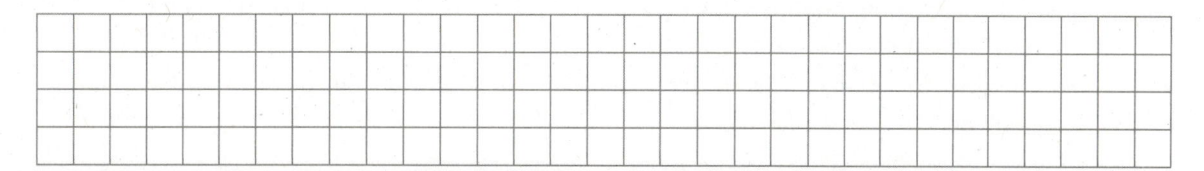

3. Berechnen Sie den Flächennutzungsgrad und den Raumnutzungsgrad für den Bereich der Blocklagerung, wenn Sie von einer zur Verfügung stehenden Gesamtlagerfläche von 15 m × 15 m ausgehen.

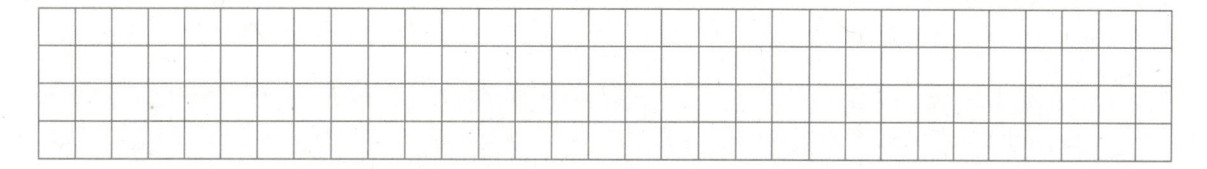

4. Sie überlegen im Team die Reihen bei der Blocklagerung um jeweils einen Stellplatz zu erweitern (statt 11 sollen 12 Stellplätze zur Verfügung stehen).

   a) Geben Sie an, um wie viele Stellplätze sich die Lagerkapazität erhöht.
   b) Geben Sie an, wie sich diese Maßnahme allgemein auf den Flächennutzungsgrad und den Raumnutzungsgrad auswirkt.

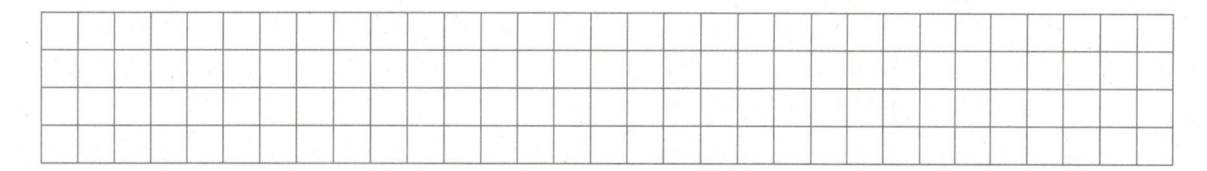

5. Berechnen Sie die Stellfläche der Regale, wenn drei Regale mit einer Länge von 15 m und einer Breite von 2,50 m aufgestellt sind. Berechnen Sie den genutzten Lagerraum, wenn die Regale 7,50 m hoch sind.

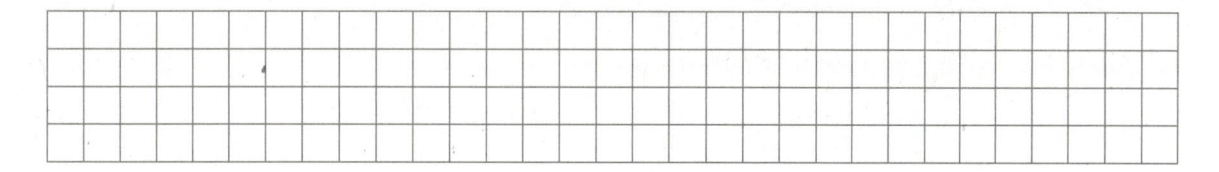

6. Berechnen Sie den Flächennutzungsgrad für das gesamte Lagergebäude, wenn die Einlagerung wie in den vorherigen Aufgaben erfolgt.

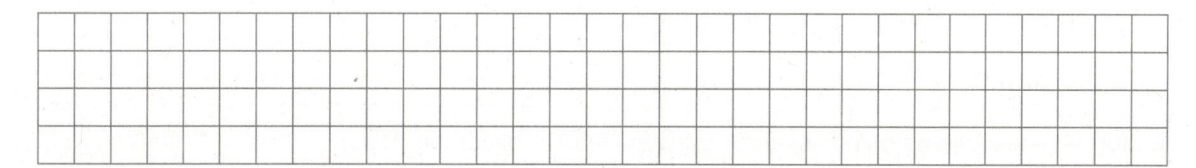

7. Berechnen Sie den Raumnutzungsgrad für das gesamte Lagergebäude.

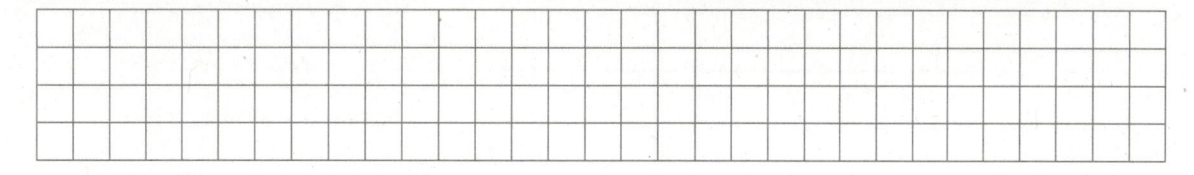

© Westermann Gruppe

Arbeitsblatt 15: Gesetze und Verordnungen zum Arbeits- und Umweltschutz

Ergänzen Sie die wichtigsten Angaben aus den Gesetzen zum Arbeits- und Umweltschutz.

1. Arbeitsschutzgesetz: Ergänzen Sie in der Tabelle die wesentlichen Pflichten des Arbeitgebers und des Arbeitnehmers.

Pflichten des Arbeitgebers	Pflichten des Arbeitnehmers
• _____	• _____
• _____	• _____
• _____	• _____
• _____	

2. Arbeitsstättenverordnung: Ergänzen Sie die folgenden Sätze.

    Arbeitsstätten sind so einzurichten und zu betreiben, dass von ihnen _____ _____ der Beschäftigten ausgehen. Die Arbeitsstättenverordnung umfasst _____ von Arbeitsräumen, Sozialräumen und Verkehrswegen.

3. Produktsicherheitsgesetz: Wozu sind Händler, Hersteller und Importeure von Arbeitsmitteln grundsätzlich verpflichtet, wenn diese in Verkehr gebracht werden sollen?

    _____
    _____
    _____

4. Berufsgenossenschaftliche Regeln: Ergänzen Sie den folgenden Satz.

    Die DGUV-Regel 108–007 regeln _____
    _____ z. B. _____
    _____

© Westermann Gruppe

5. Bundes-Immissionsschutzgesetz:

   a) Tragen Sie in der Tabelle die Bedeutung der Begriffe Emission und Immission ein.
   b) Nennen Sie drei Beispiele für Emissionen und die sich daraus ergebenden Folgen (Immissionen).

Emission	Immission
Beispiele:	Folgen:
▪ _____	▪ _____
▪ _____	▪ _____
▪ _____	▪ _____

6. Wasserhaushaltsgesetz: Worauf muss Ihr Unternehmen im Sinne des Gesetzes beim Umgang mit wassergefährdenden Stoffen achten?

   _____
   _____
   _____
   _____
   _____

Arbeitsblatt 16: Gefahrstoffverordnung

1. In Ihrem Betrieb sollen in Zukunft Gefahrstoffe gelagert und umgefüllt werden.

   Welcher gesetzlichen Vorschrift unterliegen diese Tätigkeiten?

   _____
   _____

2. Wozu ist der Arbeitgeber vor der Aufnahme der Tätigkeiten mit Gefahrstoffen verpflichtet?

   _____
   _____

© Westermann Gruppe

Lernfeld 2: Güter lagern

3. Welche Personen dürfen diese Beurteilung durchführen?

   _____
   _____

4. Welche Pflichten hat der Arbeitgeber einzuhalten, um die Beschäftigten vor gesundheitlichen Gefahren beim Umgang mit Gefahrstoffen zu schützen?

   _____
   _____
   _____
   _____
   _____
   _____
   _____

5. Welcher Grundsatz ist hinsichtlich der Verwechslung bei der Auswahl einer Verpackung zum Abfüllen von Gefahrstoffen unbedingt zu beachten?

   _____
   _____
   _____

6. Gefahrstoffe sind nach dem GHS-System mit Symbolen zu kennzeichnen.

   a) Tragen Sie die Bedeutung der Symbole und die offizielle Benennung nach GHS-Verordnung in die Tabelle ein.
   b) Ordnen Sie den Symbolen die folgenden Gefahren und Vorsorgemaßnahmen zu, indem Sie die entsprechenden Eintragungen ergänzen.

   Gefahren
   - Zerstörung lebenden Gewebes bei Kontakt mit Chemikalien, Metalle werden zerstört
   - Stoffe sind entzündbar, Flüssigkeiten bilden mit der Luft explosionsfähige Mischungen
   - gesundheitliche Schäden, Substanzen reizen Augen, Haut oder Atemwegsorgane

   Vorsorgemaßnahmen
   - Kontakt vermeiden, Schutzbrille und Handschuhe tragen
   - bei Hautreizungen oder Augenkontakt mit Wasser oder geeignetem Mittel spülen
   - von offenen Flammen und Wärmequellen fernhalten
   - Wärmeentwicklung vermeiden, nicht reiben oder stoßen

© Westermann Gruppe

Arbeitsblatt 16

Piktogramm/Symbol	Offizielle Bezeichnung nach GHS-Verordnung	Gefahr	Vorsorgemaßnahmen
explosiv	_____	Explosionsgefahr durch Feuer, Schlag, Reibung, Erwärmung	_____
_____	_____	_____	_____
_____	_____	_____	_____
_____	_____	_____	_____

Piktogramm/Symbol	Offizielle Bezeichnung nach GHS-Verordnung	Gefahr	Vorsorgemaßnahmen

Arbeitsblatt 17: Brandgefahr und Diebstahlgefahr

Situation

Durch Schweißarbeiten an einem defekten Regal entsteht ein Schwelbrand an eingelagerten Verpackungsmaterialien aus Papier. Noch bevor sich der Brand ausbreiten kann, wird durch die starke Rauchentwicklung automatisch Feueralarm ausgelöst. Durch umsichtiges Handeln kann der Brand mit den im Lager befindlichen Handfeuerlöschern bekämpft werden.

1. Welche Bedingungen treffen zusammen, damit das Feuer entstehen kann?

   _____
   _____

2. Durch welche automatische Feuermeldeeinrichtung wird die Alarmierung ausgelöst?

   _____
   _____

3. Welche Feuermeldeeinrichtung dient der manuellen Alarmierung?

   _____
   _____

4. Begründen Sie, ob dieser Feuerlöscher mit der abgebildeten Kennzeichnung für die Brandbekämpfung in der geschilderten Situation eingesetzt werden darf.

   _____
   _____
   _____
   _____

5. Nach welcher Verhaltensregel verfahren Sie, wenn Sie einen Brand entdecken?

1.	2.	3.

6. Tragen Sie im Tabellenkopf die Oberbegriffe der Sicherungsmaßnahmen zum Schutz von Gütern, Werkzeugen und Lagereinrichtungen gegen Diebstahl ein. Ordnen Sie den Sicherungsmaßnahmen je drei Beispiele zu.

_____ Maßnahmen	_____ Maßnahmen	Sicherungsmaßnahmen _____

7. Welche arbeitsrechtlichen und strafrechtlichen Folgen kann Diebstahl in einem Lager für den Täter haben?

8. In Ihrem Betrieb sind hochwertige Geräte einzulagern. Sie erhalten die Anweisung, die neutralen Umverpackungen erst bei der Auslagerung der Geräte zu entfernen. Erläutern Sie, wie diese Maßnahme zum Diebstahlschutz beiträgt.

© Westermann Gruppe

Lernfeld 3

Güter im Betrieb bearbeiten

Arbeitsblatt 1: Kontrolle der Güter auf Qualität

1. Die Güterpflege im Lager hängt einerseits von der Betriebsart und andererseits von der Güterart ab. Die Güterpflege beinhaltet die Kontrolle der Güter auf Qualität und Quantität.

   a) Unterscheiden Sie die Begriffe Qualität und Quantität voneinander.

   b) Was versteht man unter qualitativer Güterpflege?

   c) Warum ist die qualitative Güterpflege wichtig?

2. Jeder kennt es, jeder schaut regelmäßig darauf – und jeder ärgert sich darüber, wenn es abgelaufen ist: das Mindesthaltbarkeitsdatum (MHD). Begründen Sie, warum viele Lebensmittel nach Ablauf des Mindesthaltbarkeitsdatums verzehrt werden können.

_____
_____
_____
_____
_____
_____

3. Um die Qualität der Güter während ihrer Lagerung erhalten zu können, ist es notwendig, die Eigenschaften der Güter und die Pflegevorschriften, aber auch die Gefahrenquellen und ihre Folgen zu kennen. Was gehört zusammen?

	Gefahrenquelle
1	Druck
2	Erschütterungen
3	Hitze
4	Kälte
5	Feuchtigkeit
6	Trockenheit
7	Lichteinwirkungen
8	Staub
9	Lebewesen

Folgeschäden	Lösung
Ausbleichen von Textilien	
Druckstellen an Obst	
Rosten von Metallen	
Schmelzen von Schokolade	
Anfressen von Lebensmitteln	
Verderben von Gemüse	
Verdunsten von Flüssigkeiten	
Bruch bei Glas	
Verschmutzen von Gütern	

4. Um die Güter vor Gefahrenquellen zu schützen, müssen Pflegemaßnahmen im Lager durchgeführt werden. Lösen Sie das Kreuzworträtsel, indem Sie die richtigen Begriffe zu den Beschreibungen finden.

1 Sie bewirkt ein Ausbleichen von Textilien.
2 Die Qualität bezeichnet die ... bzw. Güte eines Gutes.
3 Das Vergleichen der Artikelbezeichnung und -nummer sind Arbeitsschritte, die zum Vergleich der ... gehören.
4 Sie kann mit einem Hygrometer gemessen werden.
5 Lebensmittel dürfen jetzt nicht mehr verzehrt werden.
6 Die Gewähr des Herstellers für das Produkt läuft ab.
7 In Kühlräumen sollte sie maximal 7 °C betragen.
8 Die ... (Fifo, Lifo und Hifo) sind einzuhalten.
9 Sie ermöglicht einen Sauerstoffaustausch.

54 Lernfeld 3: Güter im Betrieb bearbeiten

ä, ü und ö bleiben; ß wird zu ss

Arbeitsblatt 2: Kontrolle der Güter auf Quantität

1. Was versteht man unter Inventur?

_____
_____
_____
_____

2. Nennen Sie die vier Inventurarten.

_____
_____
_____

© Westermann Gruppe

Arbeitsblatt 2   55

3. Die körperliche Bestandsaufnahme kann in einem Betrieb auf unterschiedliche Art und Weise erfolgen.

   a) Bestimmen Sie für jede der in der unten stehenden Situation genannten Personen die durchgeführte Inventurart. Begründen Sie ihre Entscheidung.

   Mark, Hanna, Lea und Frank befinden sich in der Ausbildung zur Fachkraft für Lagerlogistik. Heute haben sie Berufsschule. Sie sitzen in der Pausenhalle und unterhalten sich.

   Hanna: Morgen bin ich wieder für die Inventur der Warengruppe I zuständig.
   Mark: Morgen Inventur? Wir haben doch erst August. Wieso führt ihr denn jetzt schon eine Inventur durch?
   Hanna: Also wir führen das ganze Jahr über Inventuren zu verschiedenen Warengruppen durch.
   Mark: In meinem Ausbildungsbetrieb findet die Inventur immer erst zum Ende des Jahres statt. Dann darf keiner Urlaub nehmen und das Geschäft wird sogar geschlossen.
   Lea: Mein Ausbilder hat mir gesagt, dass wir die Inventur bei bestimmten Gütern ab dem 2. Oktober durchführen werden und bei anderen Gütern erst Ende Januar bis Ende Februar. Warum, weiß ich allerdings auch nicht.
   Frank: Bei uns führen wir die Inventur mithilfe von mathematischen Verfahren durch.
   Mark: Also jetzt verstehe ich gar nichts mehr. Ich dachte immer, eine Inventur kann nur am Ende des Jahres durch Zählen, Messen und Wiegen erfolgen?

	Inventurart	Begründung
Hanna		
Mark		
Lea		
Frank		

   b) Ordnen Sie den Beschreibungen je eine Inventurart zu. Jede Inventurart kommt zweimal vor.

Der Bestand der Vermögensgegenstände wird mithilfe anerkannter mathematisch-statistischer Methoden aufgrund von Stichproben ermittelt.	
Die körperliche Bestandsaufnahme erfolgt zu einem beliebigen Zeitpunkt.	

© Westermann Gruppe

Lernfeld 3: Güter im Betrieb bearbeiten

Die Bestandsaufnahme aller Vermögenswerte und Schulden erfolgt zu einem bestimmten Zeitpunkt (= Stichtag). Da eine Inventur selten an einem Tag zu bewältigen ist, gesteht die Einkommensrichtlinie eine zeitnahe Inventur zu, wobei unter zeitnah rund zehn Tage zu verstehen sind.	
Die Erfassung aller Vermögenswerte und Schulden des gesamten Geschäftsjahres erfolgt fortlaufend, d.h., die Inventur kann zu verschiedenen Zeitpunkten während eines Geschäftsjahres für die einzelnen Vermögensgruppen durchgeführt werden.	
Bei ihr muss die Inventur innerhalb der letzten drei Monate vor bzw. zwei Monate nach dem Geschäftjahresende durchgeführt werden. Danach sind sämtliche Fortschreibungen auf den Stichtag fortzuschreiben bzw. zurückzurechnen.	
Aufgrund von Stichproben werden die Bestände errechnet.	
Die Inventur erfolgt zwischen dem 1. Oktober und dem 28. bzw. 29. Februar.	
Die Inventur wird zwischen dem 21. Dezember und dem 10. Januar vorgenommen.	

4. Bei zwei verlegten Inventuren gab es folgende Werte:

a) Ermitteln Sie den jeweiligen Stichtagswert zum 31.12. bei der verlegten Inventur am 11.10.

Wertabgänge 11.10. – 31.12.	2 560 000,00 €
Bestandswert am Zähltag 11.10.	1 200 000,00 €
Wertzugänge 11.10. – 31.12.	1 480 000,00 €

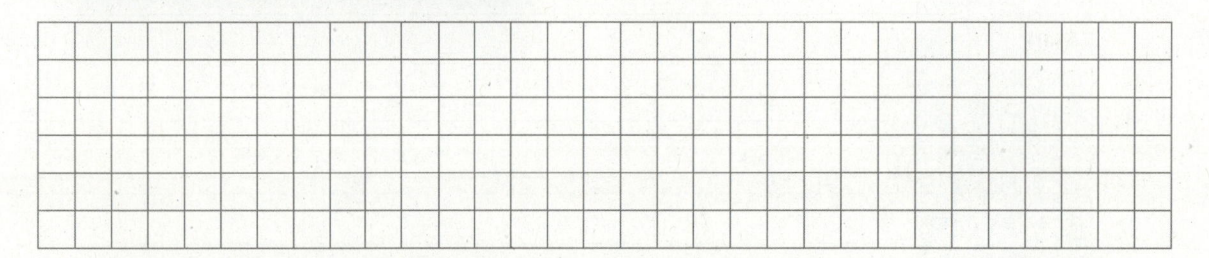

Bestandswert am Zähltag 11.10.: 1 200 000,00 €
+ Wertzugänge 11.10. – 31.12.: 1 480 000,00 €
− Wertabgänge 11.10. – 31.12.: 2 560 000,00 €
= Stichtagswert 31.12.: 120 000,00 €

b) Ermitteln Sie den jeweiligen Stichtagswert zum 31.12. bei der verlegten Inventur am 25.02.

Wertabgänge 31.12. – 25.02.	960 000,00 €
Wertzugänge 31.12. – 25.02.	490 000,00 €
Bestandswert am Zähltag 25.02.	1 400 000,00 €

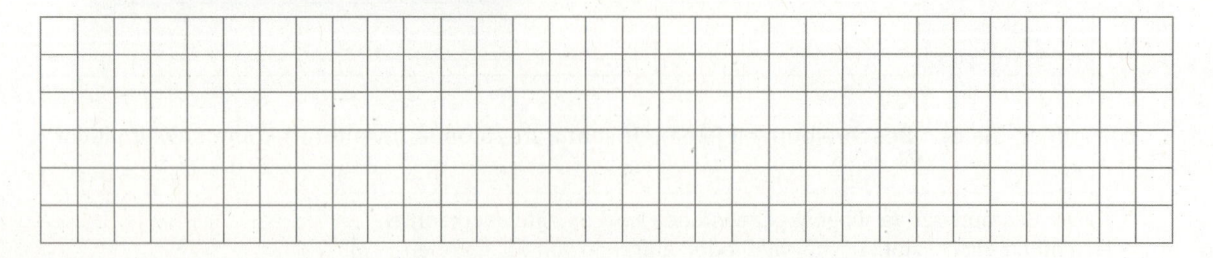

Bestandswert am Zähltag 25.02.: 1 400 000,00 €
+ Wertabgänge 31.12. – 25.02.: 960 000,00 €
− Wertzugänge 31.12. – 25.02.: 490 000,00 €
= Stichtagswert 31.12.: 1 870 000,00 €

5. Lösen Sie das Rätsel. Das Lösungswort von oben nach unten gelesen bezeichnet den 31. Dezember. An diesem Tag endet laut HGB (Handelsgesetzbuch) das Geschäftsjahr.

1 Verkauf oder Verbrauch von Gütern
2 jährliche Bestandsaufnahme
3 Ursachen hierfür sind z. B. Diebstahl, Schwund und Gewichtsverlust, falsche Einlagerungen
4 Bei dieser Inventur wird die körperliche Bestandsaufnahme auf das Geschäftsjahr verteilt. Es handelt sich um die … Inventur.
5 Dieser Bestand wird auch als Buchbestand bezeichnet.
6 Einkauf von Gütern
7 Wertsteigerungen dürfen nicht berücksichtigt werden.
8 tatsächlicher Bestand
9 Unter der … versteht man die Güte und die Beschaffenheit von Gütern.
10 Die … Bestandsaufnahme erfolgt durch Zählen, Messen oder Wiegen.
11 Die … Bestandsaufnahme erfolgt über Belege wie z. B. Rechnungen und Kontoauszüge.
12 Die … Inventur erfolgt innerhalb von zehn Tagen vor oder nach dem Bilanzstichtag.
13 die Menge betreffend
14 Bei der … Inventur erfolgt die Bestandsaufnahme an einem festgelegten Tag innerhalb der letzten drei Monate vor dem Bilanzstichtag oder innerhalb der ersten zwei Monate nach dem Bilanzstichtag.

ä, ü und ö bleiben; ß wird zu ss

Arbeitsblatt 3: Was sind Kosten und welche Kosten fallen im Lager an?

1. Die Firma Neumann OHG betätigt sich als Lagerhalter. Pro eingelagerte Palette kalkuliert die Firma mit Kosten in Höhe von 3,50 € pro Tag. Den Kunden stellt die Firma Neumann OHG pro eingelagerte Palette einen Preis von 4,00 € für einen Tag in Rechnung.

   Die Spedition Müller GmbH möchte 40 Paletten für 30 Tage bei der Firma Neumann OHG einlagern.

   a) Berechnen Sie die Höhe der Kosten für die Neumann OHG.

   b) Berechnen Sie die Höhe der Einnahmen für die Neumann OHG.

   c) Berechnen Sie die Höhe des Gewinns, der sich aus diesem Auftrag für die Neumann OHG ergibt.

   d) Die Neumann OHG hat die Kosten pro eingelagerte Palette pro Tag durch den Einsatz neuer Fördermittel auf 2,75 € reduzieren können. Berechnen Sie, wie sich diese Situation auf den Gewinn für einen Auftrag von 40 Paletten für 30 Tage ändern würde.

2. Erklären Sie, unter welchen Bedingungen ein Unternehmen wirtschaftlich arbeitet.

Arbeitsblatt 3 59

3. Jede Lagerhaltung verursacht Kosten. Zählen Sie mögliche Kosten auf, die im Lager anfallen können.

_____

_____

_____

_____

_____

_____

_____

_____

_____

_____

_____

4. Überprüfen Sie, ob die Filialen wirtschaftlich gearbeitet haben. Begründen Sie Ihr Ergebnis.

	Filiale 1	Filiale 2
Umsatzerlöse	287 560,00 €	206 600,00 €
Fixkosten	155 750,00 €	145 500,00 €
variable Gesamtkosten	105 125,00 €	120 250,00 €

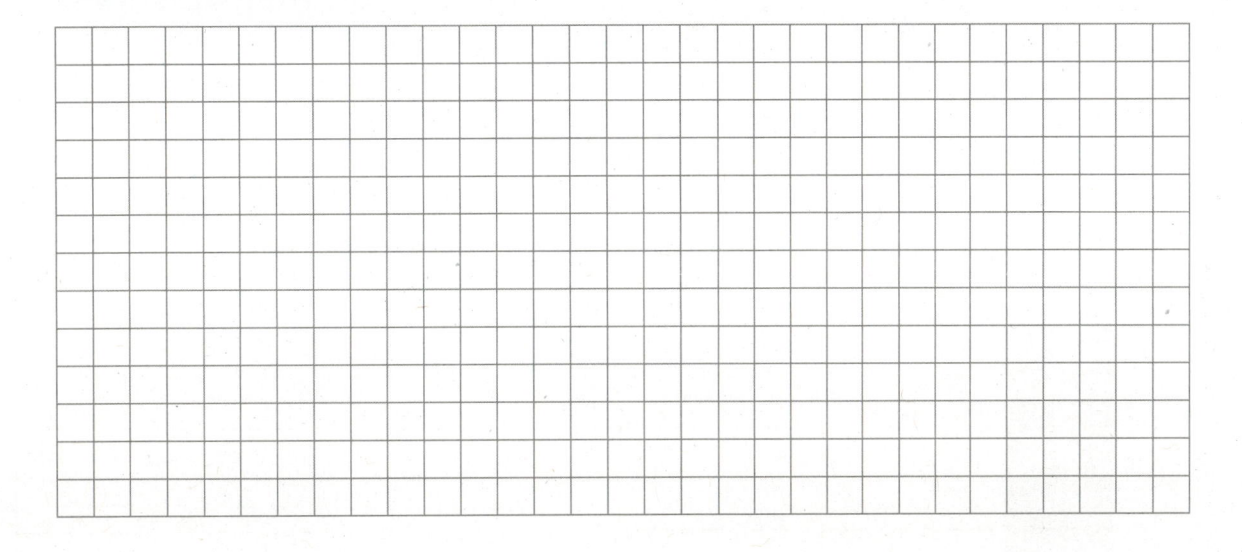

© Westermann Gruppe

5. Ihnen liegt folgende Lagerdatei vor:

	A	B	C
1		**Unternehmensergebnis 2020**	
2			
3		**Werk A**	**Werk B**
4	Umsatzerlöse	45 700,00 €	35 620,00 €
5	Zinserträge	1 750,00 €	250,00 €
6	Erlöse der Vermietung	11 500,00 €	11 500,00 €
7	Erträge aus den Wertpapieren	5 500,00 €	3 000,00 €
8	**Gesamtumsatz**		
9			
10	Aufw. f. Rohstoffe	4 500,00 €	12 000,00 €
11	Aufw. für Fremdbauteile	3 600,00 €	9 900,00 €
12	Frachten u. Fremdlager	1 000,00 €	2 000,00 €
13	Fremdinstandhaltung	500,00 €	2 500,00 €
14	Löhne	19 900,00 €	21 000,00 €
15	AG-Anteile Soz.Vers.	2 300,00 €	2 500,00 €
16	Beiträge zur Berufsgen.	180,00 €	180,00 €
17	Werbung	500,00 €	700,00 €
18	**Gesamtkosten**		
19			
20	**Unternehmensergebnis Gewinn oder Verlust**		
21			

a) Berechnen Sie jeweils für die Werke A und B die Gesamtumsätze, Gesamtkosten und die Unternehmensergebnisse und tragen Sie die Ergebnisse in die grau unterlegten Felder der Tabelle.

b) Geben Sie die Formeln an, mit denen die fehlenden Ergebnisse in den Zellen berechnet werden können.

Zelle	Formel
B8	
C8	
B18	
C18	
B20	
C20	

Arbeitsblatt 4: Wie können die Lagerkosten minimiert werden?

1. Warum ist es für ein Unternehmen wichtig, die Lagerkosten zu minimieren?

   _____
   _____
   _____
   _____
   _____
   _____

2. Ausgangspunkt für fast alle Überlegungen im Bereich Lager ist die Frage, wie es der Unternehmer bewerkstelligen kann, den Zielkonflikt der Lagerhaltung optimal zu lösen.

   a) Erklären Sie den Zielkonflikt der Lagerhaltung.

   _____
   _____
   _____
   _____
   _____
   _____
   _____
   _____

   Nachteile eines zu großen Lagerbestandes
   - _____
   - _____
   - _____

   Nachteile eines zu niedrigen Lagerbestandes
   - _____
   - _____
   - _____

© Westermann Gruppe

Lernfeld 3: Güter im Betrieb bearbeiten

b) Beschreiben Sie Maßnahmen, wie dieser Konflikt zu lösen ist.

_____
_____
_____
_____
_____
_____
_____
_____

3. Eine Maßnahme, die Lagerkosten zu senken, ermöglicht die Just-in-time-Lieferung.

   a) Was versteht man unter der Just-in-time-Lieferung?

   _____
   _____
   _____
   _____
   _____
   _____
   _____

   b) Welche Nachteile ergeben sich aus der Just-in-time-Lieferung?

   _____
   _____
   _____
   _____
   _____
   _____
   _____

   c) Zu den Vorteilen der Just-in-time-Lieferung zählen u. a. folgende:
      - Abbau der (überflüssigen) Lagerbestände
      - Kostenersparnisse (Lagerhaltung, Personal ...)
      - Reduzierung der Kapitalbindung

Begründen Sie, warum die Just-in-time-Lieferung diese Vorteile ermöglicht.

_____
_____
_____
_____
_____
_____
_____
_____
_____
_____

4. Ihnen liegt folgende Lagerdatei vor:

	A	B	C
1		**Kostenentwicklung**	
2		**Abteilung Lager**	
3			
4	**Lagerkosten**	**1. Quartal**	**2. Quartal**
5	Kosten für das eingesetzte Kapital	75 650,00 €	78 780,00 €
6	Personalkosten	25 645,00 €	25 645,00 €
7	Materialkosten	2 235,00 €	2 648,00 €
8	Kosten für die eingesetzten Arbeitsmittel	1 900,00 €	2 100,00 €
9	weitere Fixkosten	4 000,00 €	4 000,00 €
10	**Gesamtkosten**		
11			

a) Berechnen Sie die Gesamtkosten für das erste und zweite Quartal und tragen Sie Ihre Ergebnisse in die grau unterlegten Felder der obigen Tabelle ein.

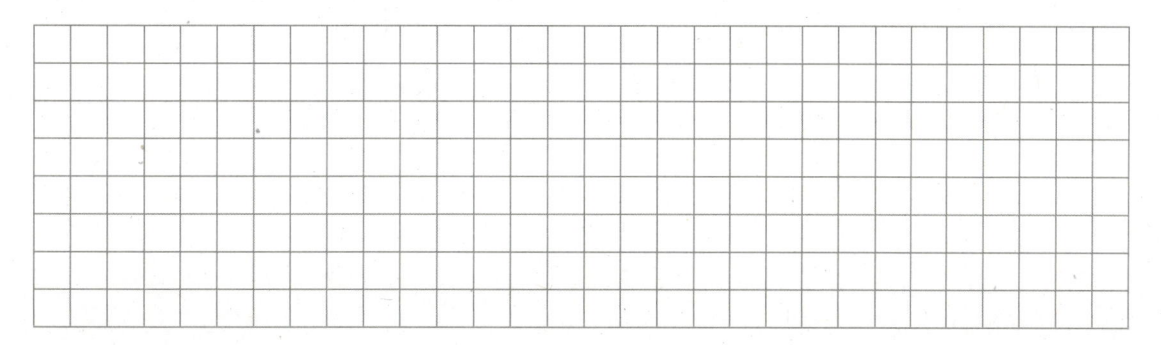

b) Geben Sie die Formeln an, mit denen die fehlenden Ergebnisse in den Zellen B10 und C10 berechnet werden können.

B10	
C10	

© Westermann Gruppe

Arbeitsblatt 5: Welche Lagerkennziffern gibt es und was sagen diese aus?

1. Welche Aussage trifft auf die folgende Übersicht zu den Bestandsarten zu? Kreuzen Sie an.

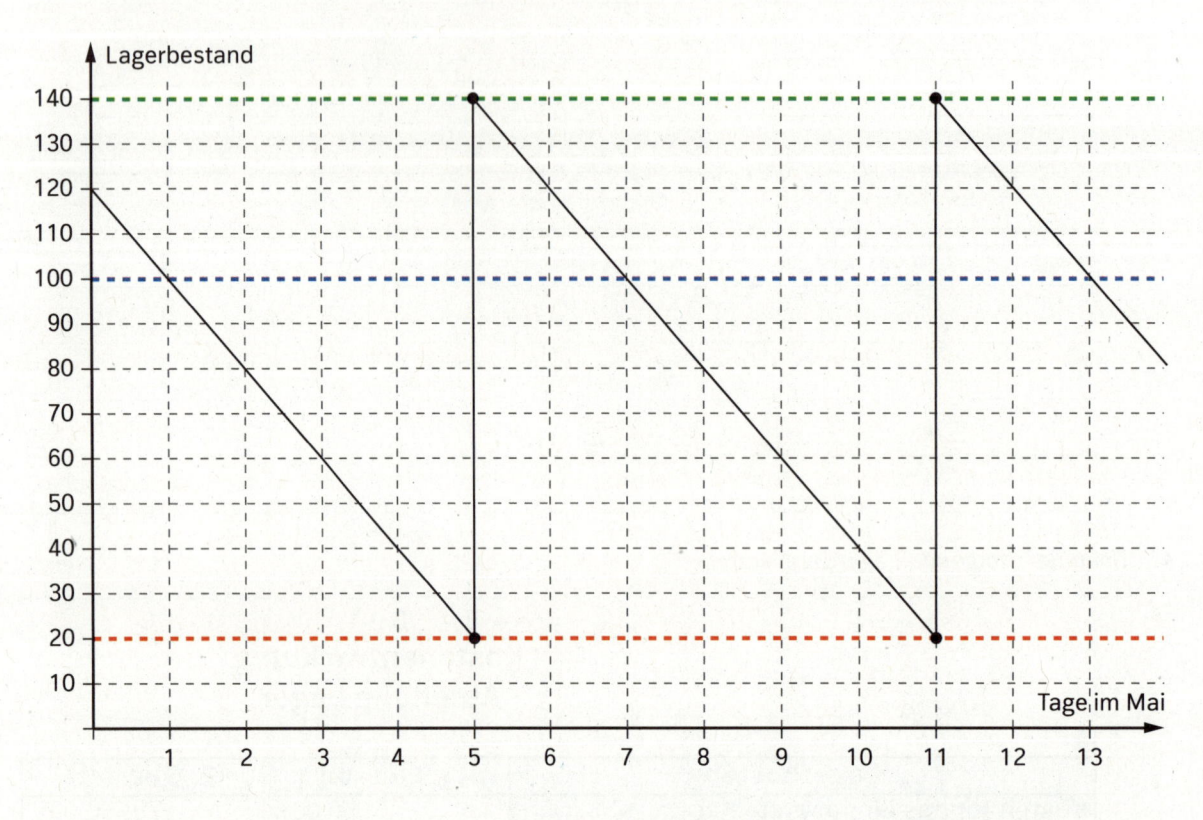

☐ Mindestbestand 30 Stück, Meldebestand 100 Stück, Höchstbestand 140 Stück, Liefermenge 120 Stück, Lieferzeit 4 Tage

☐ Mindestbestand 20 Stück, Meldebestand 110 Stück, Höchstbestand 140 Stück, Liefermenge 120 Stück, Lieferzeit 4 Tage

☐ Mindestbestand 20 Stück, Meldebestand 100 Stück, Höchstbestand 120 Stück, Liefermenge 120 Stück, Lieferzeit 4 Tage

☐ Mindestbestand 20 Stück, Meldebestand 100 Stück, Höchstbestand 140 Stück, Liefermenge 120 Stück, Lieferzeit 6 Tage

☐ Mindestbestand 20 Stück, Meldebestand 100 Stück, Höchstbestand 140 Stück, Liefermenge 120 Stück, Lieferzeit 4 Tage

☐ Mindestbestand 20 Stück, Meldebestand 100 Stück, Höchstbestand 140 Stück, Liefermenge 100 Stück, Lieferzeit 4 Tage

Arbeitsblatt 5

2. Sie sind für die Ermittlung der Lagerkennziffern zuständig. Ihnen liegt folgende Lagerdatei vor:

	A	B	C	D	E
1					
2	**Lagerdatei:**				
3	Artikelbez.	*Bratpfanne Super Genuss*			
4	Artikelnummer	5694271			
5	Lieferer	Gastro 2012			
6	Verkaufspreis	35,00 €			
7	Bezugspreis	25,00 €			
8					
9	**Datum**	**Beleg**	**Zugänge**	**Abgänge**	**Bestand**
10	01. Jan.	Inventur			110
11	03. Feb.	Kassenbeleg 210		10	
12	15. Mrz.	Kassenbeleg 320		30	
13	10. Apr.	Kassenbeleg 455		15	
14	16. Mai	Kassenbeleg 567		12	
15	21. Mai	Kassenbeleg 598		8	
16	03. Jun.	Eingangsrechnung 451	90		
17	16. Jun.	Kassenbeleg 6598		5	
18	27. Jul.	Kassenbeleg 7564		20	
19	04. Aug.	Kassenbeleg 8012		17	
20	18. Aug.	Kassenbeleg 8560		16	
21	20. Sep.	Kassenbeleg 9798		20	
22	14. Okt.	Kassenbeleg 10234		19	
23	20. Okt.	Eingangsrechnung 1023	90		
24	30. Okt.	Kassenbeleg 10578		22	
25	15. Nov.	Kassenbeleg 11234		6	
26	07. Dez.	Kassenbeleg 12087		12	
27	20. Dez.	Kassenbeleg 12980		5	
28	**31. Dez.**	**Schlussbestand**			
29					

a) Vervollständigen Sie die Bestände in der Spalte E.

b) Geben Sie die Formel zur Berechnung der Zelle E11 an.

E11	

c) Berechnen Sie den durchschnittlichen Lagerbestand auf der Grundlage der Jahres-, Quartals- und Monatsendbestandsformel.

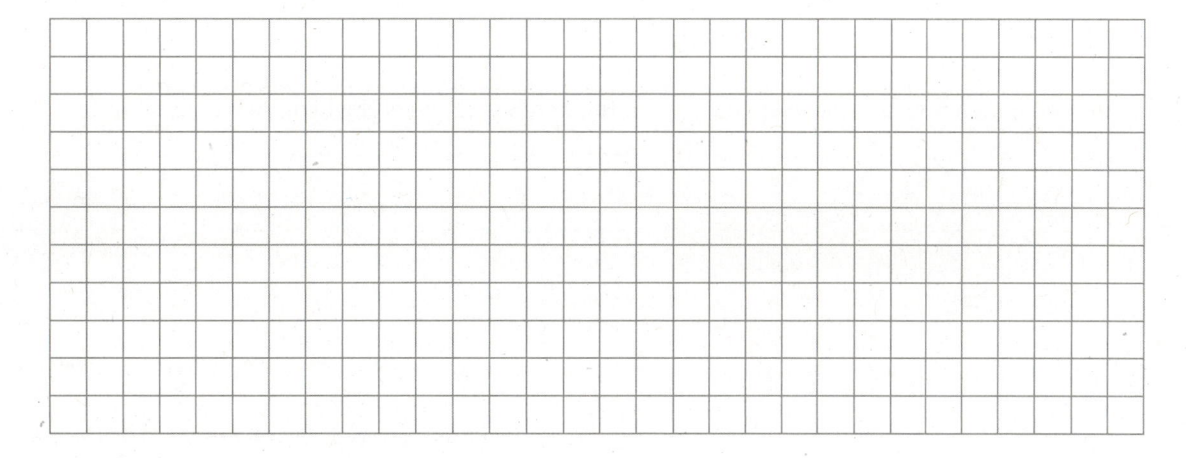

66 Lernfeld 3: Güter im Betrieb bearbeiten

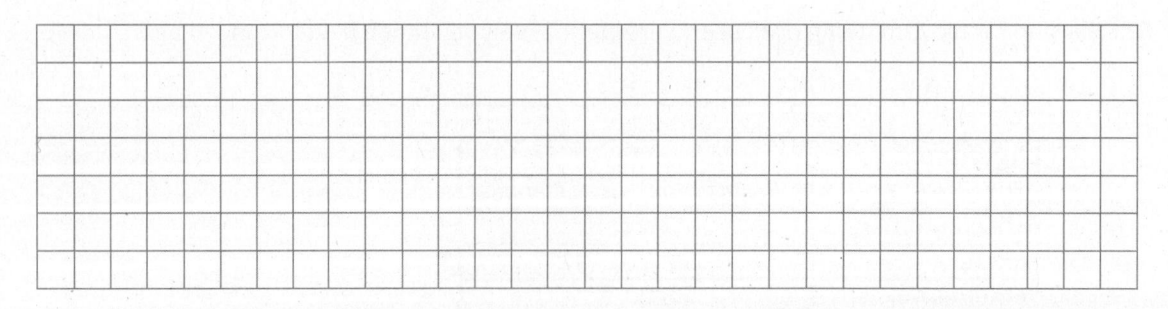

d) Für welchen Wert zur weiteren Berechnung der weiteren Lagerkennziffern sollten Sie sich entscheiden? Begründen Sie.

e) Berechnen Sie den mengen- und wertmäßigen Wareneinsatz.

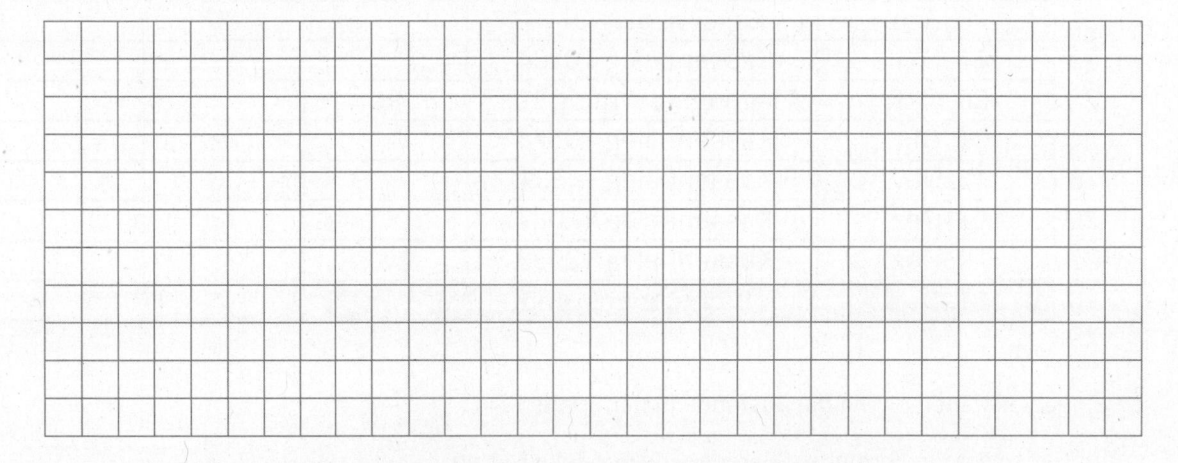

f) Wie hoch war der Umsatz für die Bratpfanne *Super Genuss* in diesem Jahr?

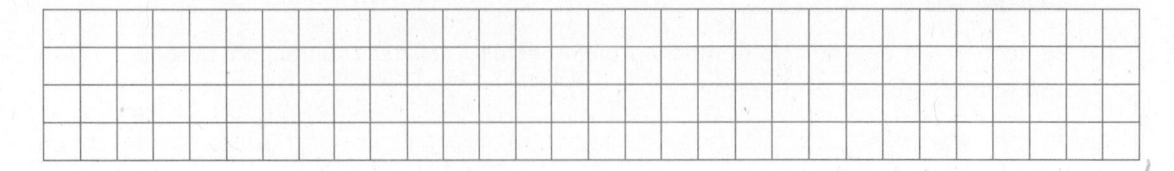

g) Berechnen Sie die Umschlagshäufigkeit. Runden Sie auf zwei Nachkommastellen.

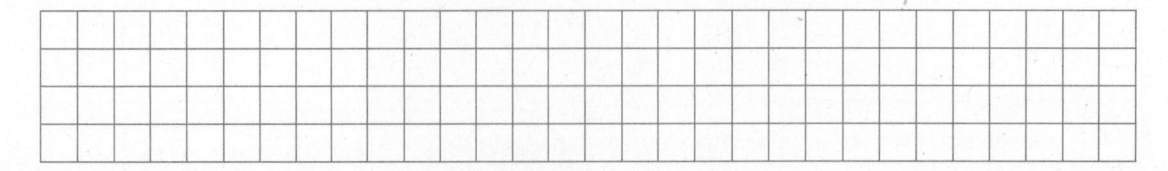

© Westermann Gruppe

h) Berechnen Sie die durchschnittliche Lagerdauer.

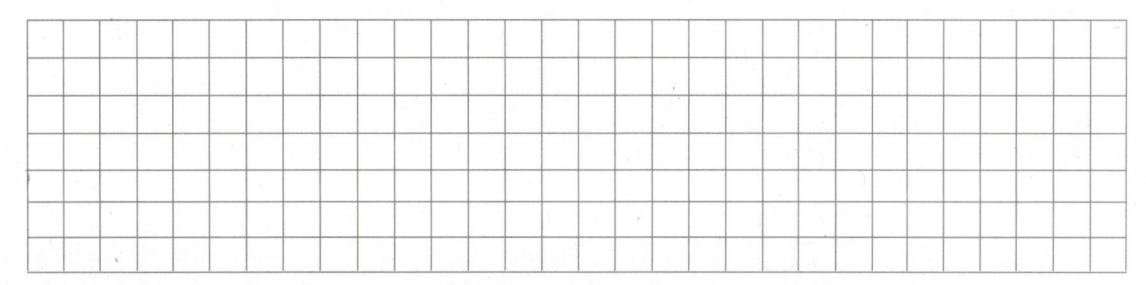

i) Der alternative Artikel zu der Bratpfanne *Super Genuss* ist die Bratpfanne *Pfanny*. Sie weist folgende Lagerkennziffern auf:

Durchschnittlicher Lagerbestand	75 Stück
Wareneinsatz	525 Stück
Bezugspreis je Stück	25,00 €
Verkaufspreis je Stück	32,50 €

Berechnen Sie die Umschlagshäufigkeit und die durchschnittliche Lagerdauer für die Bratpfanne *Pfanny* und vergleichen Sie diese beiden Artikel miteinander. Wie sollte das Unternehmen auf die unterschiedlichen Entwicklungen der Kennzahlen reagieren? Begründen Sie Ihre Meinung.

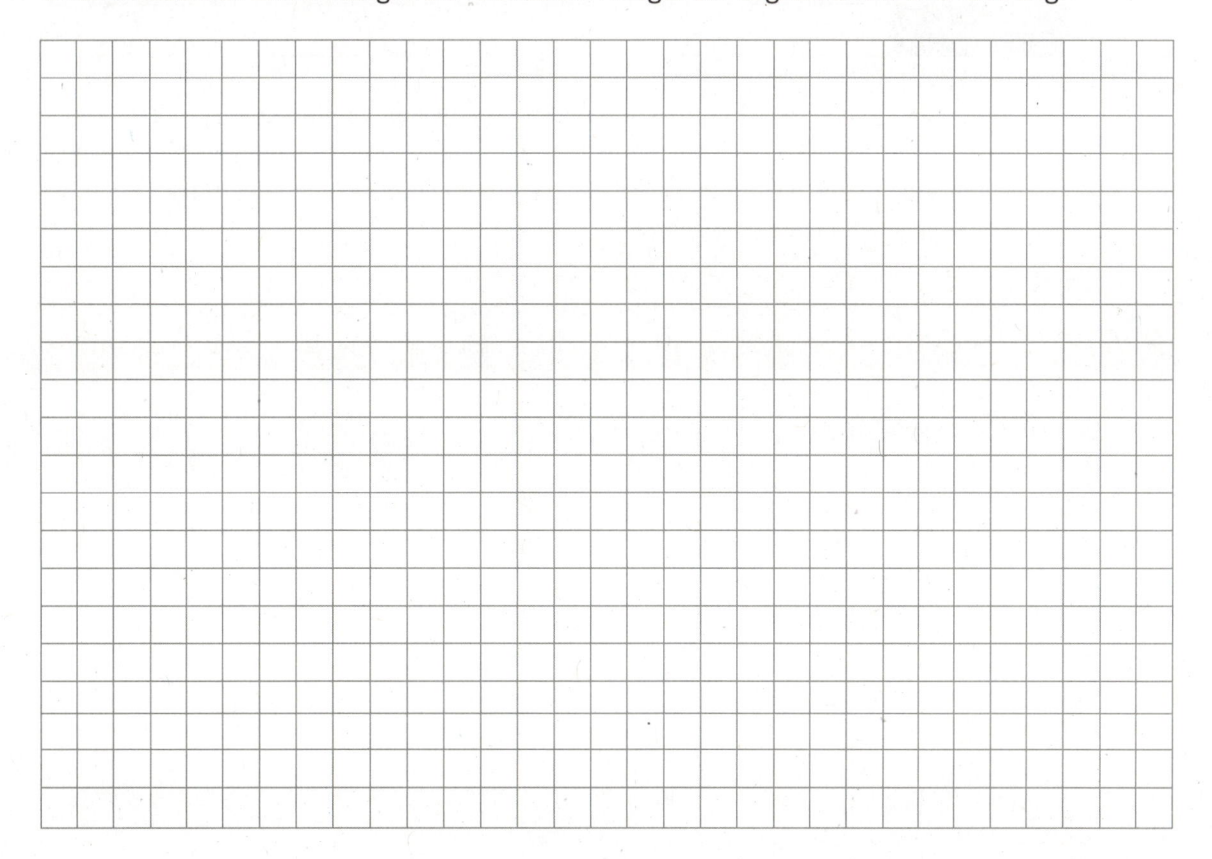

3. Um rechtzeitig auf Veränderungen reagieren zu können, werden die Lagerkennziffern quartalsweise ermittelt. Ihnen liegen folgende Werte zu den Warengruppen I bis IV für das zweite Quartal vor:

	A	B	C	D	E	F	G	H	I
1				**Lagerbestände und Auswertung**					
2									
3	Angaben in Stück								
4	Waren-gruppe	Bestand am				Waren-einsatz	Durchschnittlicher Lagerbestand	Lagerumschlags-häufigkeit	Durchschnittliche Lagerdauer
5		01. Apr.	30. Apr.	31. Mai	30. Jun.				
6	I	60	45	85	70	250			
7	II	100	95	120	105	650			
8	III	35	25	32	29	110			
9	IV	140	95	115	125	615			
10	**Summe**								
11									
12									

a) Berechnen Sie die Summen der Bestände und tragen Sie Ihre Ergebnisse in die blau unterlegten Felder der obigen Tabelle ein.

b) Geben Sie die Formel für die Zelle B10 an.

B10	

c) Berechnen Sie für jede Warengruppe den durchschnittlichen Lagerbestand des Quartals auf der Grundlage aller angegebenen Bestände (ganze Zahlen), die Lagerumschlagshäufigkeit (eine Nachkommastelle) und die durchschnittliche Lagerdauer (ganze Tage) und tragen Sie Ihre Ergebnisse in die oben stehende Übersicht ein.

d) Geben Sie die Formeln für folgende Zellen an.

G6	
H6	
I6	

4. Um die Lagerhaltung zweier Filialen vergleichen zu können, liegen Ihnen folgende Daten für das Geschäftsjahr 2017 vor:

	A	B	C
1			
2		**Filiale Emden**	**Filiale Leer**
3	Anfangsbestand	50 000,00 €	40 000,00 €
4	Summe aller Monatsendbestände	600 000,00 €	220 000,00 €
5	Wareneinsatz	450 000,00 €	440 000,00 €
6	Marktzinssatz	5	5
7	durchschnittlicher Lagerbestand		
8	Umschlagshäufigkeit		
9	durchschnittliche Lagerdauer in Tage		
10	Lagerzinssatz		
11	Lagerzinsen		
12			

a) Berechnen Sie die fehlenden Werte und tragen Sie Ihre Ergebnisse in die leeren Felder der obigen Tabelle ein. Geben Sie für den Lagerzinssatz vier Nachkommastellen an.

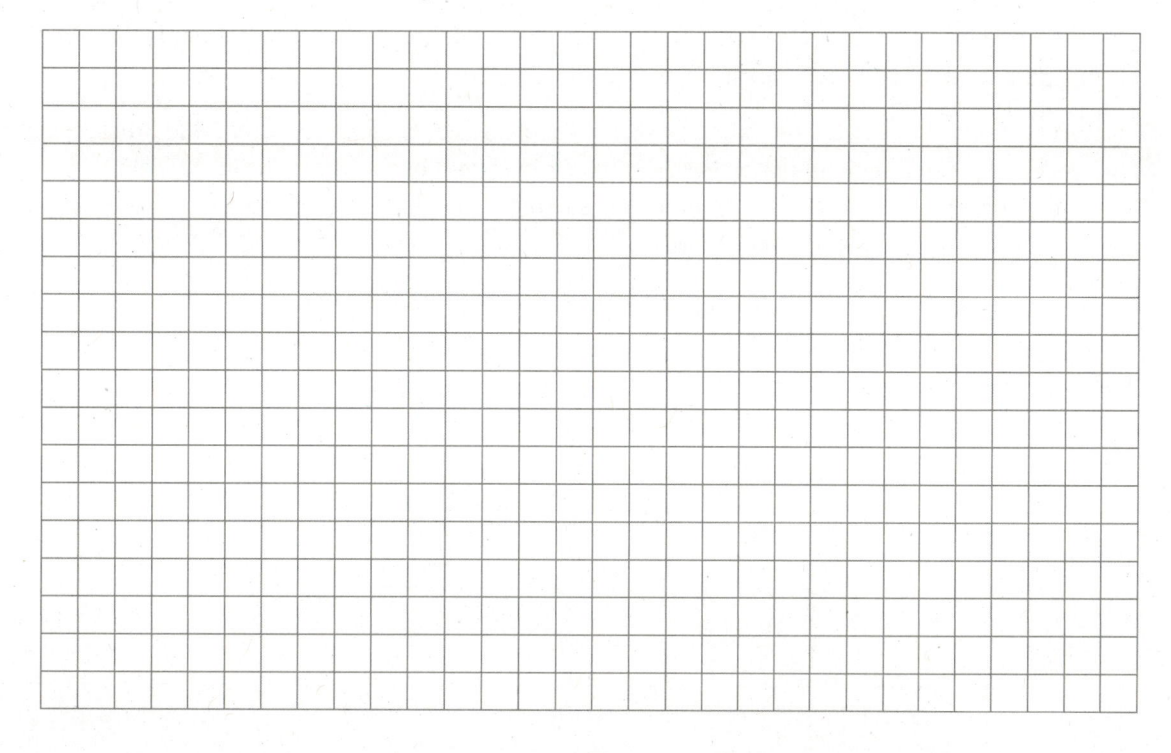

b) Geben Sie die Formeln für folgende Zellen an:

B7	
B8	
B9	
B10	
B11	

c) Vergleichen Sie die beiden Filialen hinsichtlich ihrer Kennzahlen miteinander.

_____
_____
_____
_____
_____
_____
_____
_____
_____

5. Zwischen der Lagerleiterin Frau Müller und dem Verkaufsleiter Herrn Schmitz einer Elektrogroßhandlung findet folgendes Telefongespräch statt:

Frau Müller: Im letzten Jahr betrug der Absatz des *Beamer Super Light* 2 880 Stück. Im Durchschnitt hatten wir 576 Stück auf Lager liegen. Das sind viel zu viele.

Herr Schmitz: Da gebe ich Ihnen recht. So können wir nie die Vorgabe einer Umschlagshäufigkeit von 8 erreichen.

a) Berechnen Sie aus den o. a. Angaben die Umschlagshäufigkeit und die durchschnittliche Lagerdauer für das letzte Jahr.

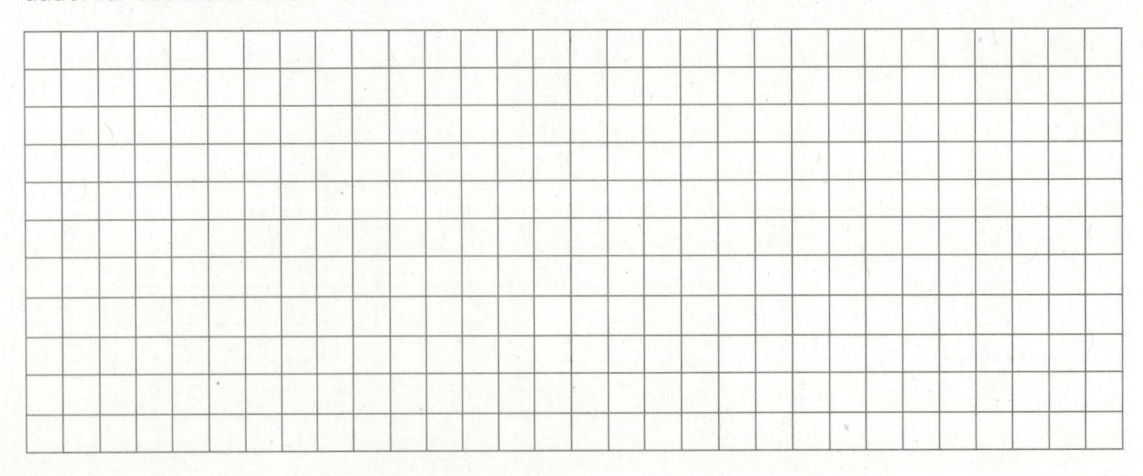

b) Durch welche Maßnahmen kann eine höhere Umschlagshäufigkeit erreicht werden?

c) Berechnen Sie, um wie viele Tage sich die durchschnittliche Lagerdauer bei einer Umschlagshäufigkeit von 8 verändern würde.

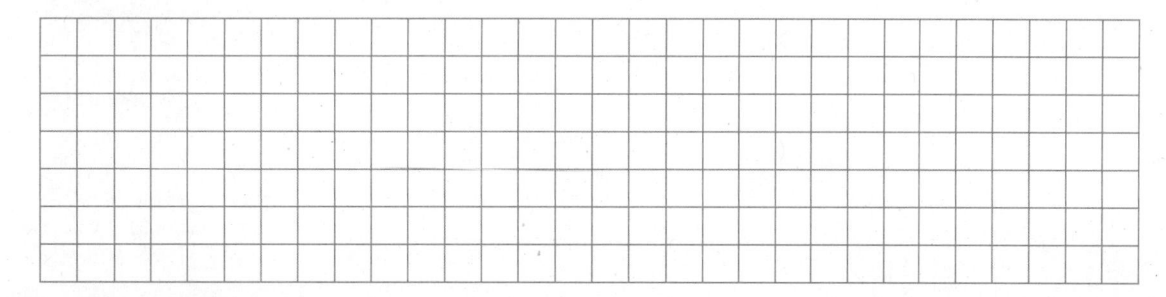

d) Berechnen Sie diese Änderung als Prozentwert.

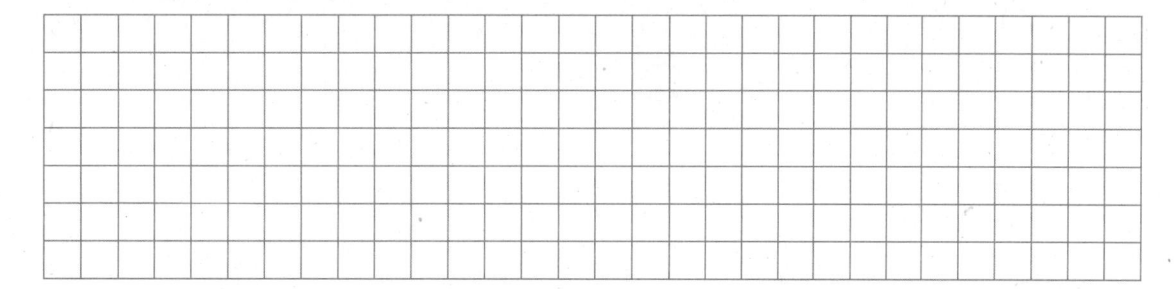

6. Lösen Sie das folgende Kreuzworträtsel.

1 Dieser Bestand gibt an, wie viel maximal auf Lager sein sollte.
2 Dieser wird durch den Verkauf von Produkten oder Dienstleistungen erwirtschaftet.
3 Dieser Wert beschreibt die Menge an Gütern, die in einem bestimmten Betrachtungszeitraum verkauft bzw. verbraucht wurden.
4 Sie stellen die Ausgaben für ein Unternehmen dar.
5 Mit der Formel (Jahresanfangsbestand + 12 Monatsendbestände) : 13 wird der durchschnittliche ... berechnet.
6 Die Ermittlung der optimalen ... ermöglicht dem Unternehmen, die Lagerbestände zu reduzieren.
7 Wenn der durchschnittliche Lagerbestand unter der Berücksichtigung der ...endbestände berechnet wird, teilt man durch 5.

© Westermann Gruppe

Lernfeld 3: Güter im Betrieb bearbeiten

8 Das ist der Bestand, bei dem neue Güter bestellt werden müssen.

9 Sie geben die Zinsen für das im Lager gebundene Kapital an.

10 Um den ... der Lagerhaltung lösen zu können, müssen die Nachteile eines zu niedrigen und eines zu hohen Lagerbestandes vermieden werden.

11 Der ... ist die Bezeichnung für den „eisernen" Bestand.

12 Sie gibt an, wie lange der derzeitige Lagerbestand unter Berücksichtigung der laufenden Bestellungen ausreicht.

13 Sie drückt aus, wie oft der durchschnittliche Lagerbestand in einem bestimmten Zeitraum verkauft bzw. verbraucht wird.

14 Wenn die Einnahmen größer als die Ausgaben sind, dann wird ein ... erwirtschaftet.

15 Sie gibt an, wie lange die Güter im Durchschnitt auf Lager sind.

ä, ü und ö bleiben; ß wird zu ss

Lernfeld 4

Güter im Betrieb transportieren

Arbeitsblatt 1: Innerbetrieblicher Materialfluss

1. Unterscheiden Sie den innerbetrieblichen Materialfluss vom außerbetrieblichen Materialfluss.

   _____
   _____
   _____
   _____

2. Entscheiden Sie in folgenden Fällen, ob ein innerbetrieblicher Materialfluss (1) oder ein außerbetrieblicher Materialfluss (2) vorliegt.

	Lösung
Michael bringt mit dem Gabelstapler die palettierte Ware von der Wareneingangszone zur Einlagerung.	
Ein Baustoffhändler transportiert mit dem werkseigenen Lkw Baustoffe von der Zentrale zu den Baustellen der Kunden.	
Eine Elektrohängebahn befördert die fertigen Karosserien von der Fertigungshalle I in die Fertigungshalle II.	
Ein Automobilhersteller bekommt eine Stahllieferung durch ein Eisenbahnunternehmen am betriebseigenen Gleis angeliefert.	
Für das Kommissionieren verwendet Maria einen Rollenwagen.	

3. Von welchen Faktoren hängt der innerbetriebliche Materialfluss ab?

   _____
   _____
   _____

4. Erläutern Sie vier Ziele, die durch die Optimierung eines innerbetrieblichen Materialflusses erreicht werden sollen.

   _____
   _____
   _____
   _____
   _____

© Westermann Gruppe

5. Bei der Optimierung und Planung der innerbetrieblichen Transportsysteme müssen wirtschaftliche Faktoren beachtet werden. Welche der folgenden Faktoren tragen **nicht** zur Wirtschaftlichkeit des innerbetrieblichen Transportsystems bei? Kreuzen Sie an.

   geringe Flexibilität ☐
   geringe Transportkosten ☐
   geringe Leerfahrten ☐
   lange Transportstrecken ☐
   optimale Nutzung der Fördermittel ☐

6. Ein Versandhaus investiert in ein Fließband, welches die kommissionierten Aufträge von der Sammelstelle direkt zur Verpackung bringt. Vorher haben die Mitarbeiter die kommissionierten Aufträge auf Rollwagen zur Verpackung gebracht.

   Wie wirkt sich diese Investition auf den innerbetrieblichen Materialfluss aus? Begründen Sie.

   _____
   _____
   _____
   _____
   _____
   _____
   _____
   _____
   _____
   _____

Arbeitsblatt 2: Der Einsatz von Förderhilfsmitteln und Fördermitteln

1. Unterscheiden Sie Förderhilfsmittel von Fördermitteln.

   _____
   _____
   _____
   _____

2. Ergänzen Sie die Felder um das geeignete Fördermittel bzw. Förderhilfsmittel.

Förderhilfsmittel	Fördermittel
	Sackkarre
Gitterboxpalette	
	Rollenbahn
Big-Bag	

3. Die Europalette ist das am meisten verwendete Förderhilfsmittel in der Logistik. Beschreiben Sie die Vorteile einer Europalette.

- _____
- _____
- _____
- _____
- _____
- _____
- _____

4. Die Fördermittel lassen sich in Stetig- und Unstetigförderer sowie flurfrei und flurgebundene Fördermittel unterscheiden.

   a) Definieren Sie die folgenden Begriffe:

Stetigförderer	
Unstetigförderer	
Flurfrei	
Flurgebunden	

© Westermann Gruppe

b) Kreuzen Sie Zutreffendes für die folgenden Fördermittel an:

Fördermittel	Stetigförderer	Unstetigförderer	Flurfrei	Flurgebunden
Hebebühne				
Kreiskettenförderer				
Dieselstapler				
Rollenbahn				
fahrerloses Transportsystem				
Becherwerk				
Portalkran				
Hubwagen				
Elektrohängebahn				

c) Entscheiden Sie in den folgenden Fällen, ob die Anschaffung eines Stetig- oder Unstetigförderers geeignet ist, und nennen Sie jeweils ein konkretes Beispiel.

Fall 1: In einer der Produktionshallen eines Windenergieanlagenherstellers werden die kompletten Rotornaben (Gehäuse aus Stahl, komplette technische Anlagen im Inneren der Nabe, Lackierung usw.) gefertigt. Die fertige Nabe wiegt mehrere Tonnen. Jeder Produktionsschritt baut auf dem vorherigen auf, sodass eine feste Beförderungsstrecke notwendig ist.

_____
_____
_____
_____
_____

Fall 2: Ein Onlineversandhaus möchte die Güter nach der chaotischen Lagerung in einem Hochregallager einlagern. Es wird ein Fördermittel gesucht, das sowohl für die Einlagerung als auch für die Auslagerung geeignet ist.

_____
_____
_____
_____
_____
_____
_____
_____

Arbeitsblatt 2   77

5. Regalbediengeräte werden überwiegend in Hochregallagern eingesetzt. Der Einsatz von Regalbediengeräten erhöht die Umschlagsleistung. Die Umschlagsleistung drückt die Zahl der Ein- und Auslagerungen in einem bestimmten Zeitabschnitt aus. Sie ist abhängig von der Spielzeit. Beschreiben Sie ausführlich, was in diesem Zusammenhang unter Spielzeit zu verstehen ist.

___

6. Sie arbeiten als Fachlagerist in der Warenannahme eines Schraubengroßhändlers und sind für die Warenannahme einer Lieferung von zwei Europaletten Schrauben mit einem Gesamtgewicht von 1,4 Tonnen zuständig. Der Lkw ist mit geöffneter Heckklappe an die hydraulisch verstellbare Entladebrücke der Lagerhalle herangefahren.

  a) Mit welchem Fördermittel wird die Ware entladen und befördert?

  - ☐ Kommissionierstapler
  - ☐ Schlepper
  - ☐ Teleskopstapler
  - ☐ Elektrodeichselhubwagen
  - ☐ Elektroseitenstapler

  b) Welches Fördermittel eignet sich besonders für den Transport dieser Lieferung bis zum Übergabeplatz im Hochregallager?

  - ☐ Rollenbahn
  - ☐ Röllchenbahn
  - ☐ Kettenförderer
  - ☐ Elektrohängebahn
  - ☐ Vertikalförderer

  c) Welches Fördermittel kommt bei der Einlagerung im 22 m hohen, vollautomatischen Palettenregal zum Einsatz? Kreuzen Sie an.

  - ☐ fahrerlose Transportsysteme
  - ☐ automatisches Regalbediengerät
  - ☐ Dieselstapler
  - ☐ Elektrohängebahn
  - ☐ Lastenaufzug

© Westermann Gruppe

78 Lernfeld 4: Güter im Betrieb transportieren

7. Lösen Sie das folgende Kreuzworträtsel.

1 Ein Regalbediengerät kann manuell, halbautomatisch und ... gesteuert werden.
2 Unstetigförderer lassen sich unterteilen in ..., Regalbediengeräte und Flurförderzeuge.
3 Fahrerlose Transportsysteme benötigen einen Fahrweg, der durch ... im Boden festgelegt ist.
4 Die ... ist ein Stetigförderer. Sie besteht aus vielen hintereinander parallel angeordneten Walzen, die sich leicht drehen lassen.
5 ... Flurförderzeuge besitzen einen Antrieb. Der Antrieb kann diesel-, benzin-, gas- oder elektronisch betrieben sein.
6 Diese Fördermittel eignen sich für den Transport großer und schwerer Mengen auf festen Beförderungsstrecken.
7 ... sind Fördermittel, die nach ihrer Bauart dadurch gekennzeichnet sind, dass sie mit Rädern auf dem Boden laufen und frei lenkbar sind. Sie befördern, schieben und ziehen Lasten.
8 ... Fördermittel befördern die Güter hängend.
9 Unstetigförderer sind ... einsetzbar.
10 Zu den automatischen Flurförderzeugen zählen die ... Transportsysteme.
11 Zu den ... betriebenen Fördermitteln zählen u. a. der Rollwagen und der Etagentransportwagen.

ä, ü und ö bleiben; ß wird zu ss

© Westermann Gruppe

8. Kreuzen Sie bei den folgenden Fragen die richtige Lösung an.

a) In einem Lager soll eine flurfreie und fahrerlose Transportmöglichkeit eingesetzt werden. Zwischen dem Wareneingang und dem Hochregallager sind Wege zwischen 100 m und 250 m zurückzulegen. Die Güter sollen an den Übergabestellen automatisch übernommen werden. Welches der folgenden Fördermittel eignet sich für den Transport?

- fahrerloses Transportsystem ☐
- Unterflurschleppenkettenförderer ☐
- Dieselstapler ☐
- Elektrohängebahn ☐
- Walzenbahn ☐

b) Warum sollte man sich aus ökonomischen Gründen für den Einsatz eines Stetigförderers entscheiden?

- Stetigförderer ermöglichen einen schnelleren Transport. ☐
- Es besteht eine ständige Transportbereitschaft. ☐
- Sie können auf unterschiedlichen Transportwegen benutzt werden. ☐
- Stetigförderer sind flexibel einsetzbar. ☐
- Stetigförderer verbrauchen weniger Energie. ☐

c) Zwei offene Waggons mit je einer unterfahrbaren Holzkiste (Bruttogewicht je Holzkiste 5,5 t) stehen auf einem betriebseigenen Gleis zur Entladung bereit. Die Entladung soll mit einem flurgebundenen mobilen Hebezeug erfolgen. Entscheiden Sie, mit welchem Hebezeug die Entladung der Waggons erfolgen soll.

- mit einem Elektrostapler ☐
- mit einer Hebebühne ☐
- mit einem Turmdrehkran ☐
- mit einem Aufzug ☐
- mit einem Autodrehkran ☐

d) Welches Flurförderzeug sollte in einer Lagerhalle eingesetzt werden, in der brennbare Gase entstehen können?

- Elektrostapler ☐
- Kettenförderer ☐
- Portalkran ☐
- ex-geschützter Stapler ☐
- Elektrohubwagen ☐

e) Welches Fördermittel ist nicht für den Einsatz im Schwerteilelager geeignet?

- Elektroschlepper ☐
- Kettenförderer ☐
- Lastenroller ☐
- Röllchenbahn ☐
- Dieselstapler ☐

© Westermann Gruppe

Arbeitsblatt 3: Der Gabelstapler

1. Es gibt unterschiedliche Staplerarten, die sich wiederum in ihrer Bauart und -form unterscheiden. Lösen Sie das folgende Kreuzworträtsel zu den verschiedenen Staplerarten.

1. Ist der Stapler mit einem Sitz ausgestattet, der in Fahrtrichtung oder seitlich dazu angeordnet ist, handelt es sich um ein … .
2. Dieses Anbaugerät ermöglicht den Transport von Teppichrollen und Rohren.
3. Personen dürfen nur mitgenommen werden, wenn Mitfahrersitze oder ein … vorhanden sind.
4. Die … sind freitragend und raduntersützt.
5. Es gibt dreirädrige und vierrädrige Stapler. Sie werden nach der … unterschieden.
6. Andere Bezeichnung für Querstapler.
7. Es gibt raduntersützte und freitragende Stapler. Sie werden nach der … unterschieden.
8. Bei den …-Flurförderzeugen steht die Person vor, neben oder hinter dem Gerät (z. B. Hubwagen).
9. Der …stapler ist die bekannteste Bauart und wird im Sprachgebrauch oft als Gabelstapler bezeichnet.
10. Der …stapler ist ein Gegengewichtsstapler mit einer speziellen Aufnahmevorrichtung (Spreader) zur Aufnahme von …n.
11. Die …stapler sind Baumaschinen mit Allradantrieb. Sie können Güter in die Höhe sowie einige Meter seitlich transportieren.
12. Es gibt Stapler mit einem Einfach-, Zweifach-, Dreifach- und Vierfachmast. Sie werden nach der … unterschieden.
13. Es gibt Benzin-, Diesel-, Gas- oder Elektrostapler. Sie werden nach der … unterschieden.
14. Die … werden von einer Person bedient, die auf einer Plattform am Ende des Flurförderzeuges oder zwischen dem Batteriekasten und den Lastgabeln steht.

Arbeitsblatt 3

ä, ü und ö bleiben; ß wird zu ss

2. Vervollständigen Sie die unten aufgeführte Tabelle.

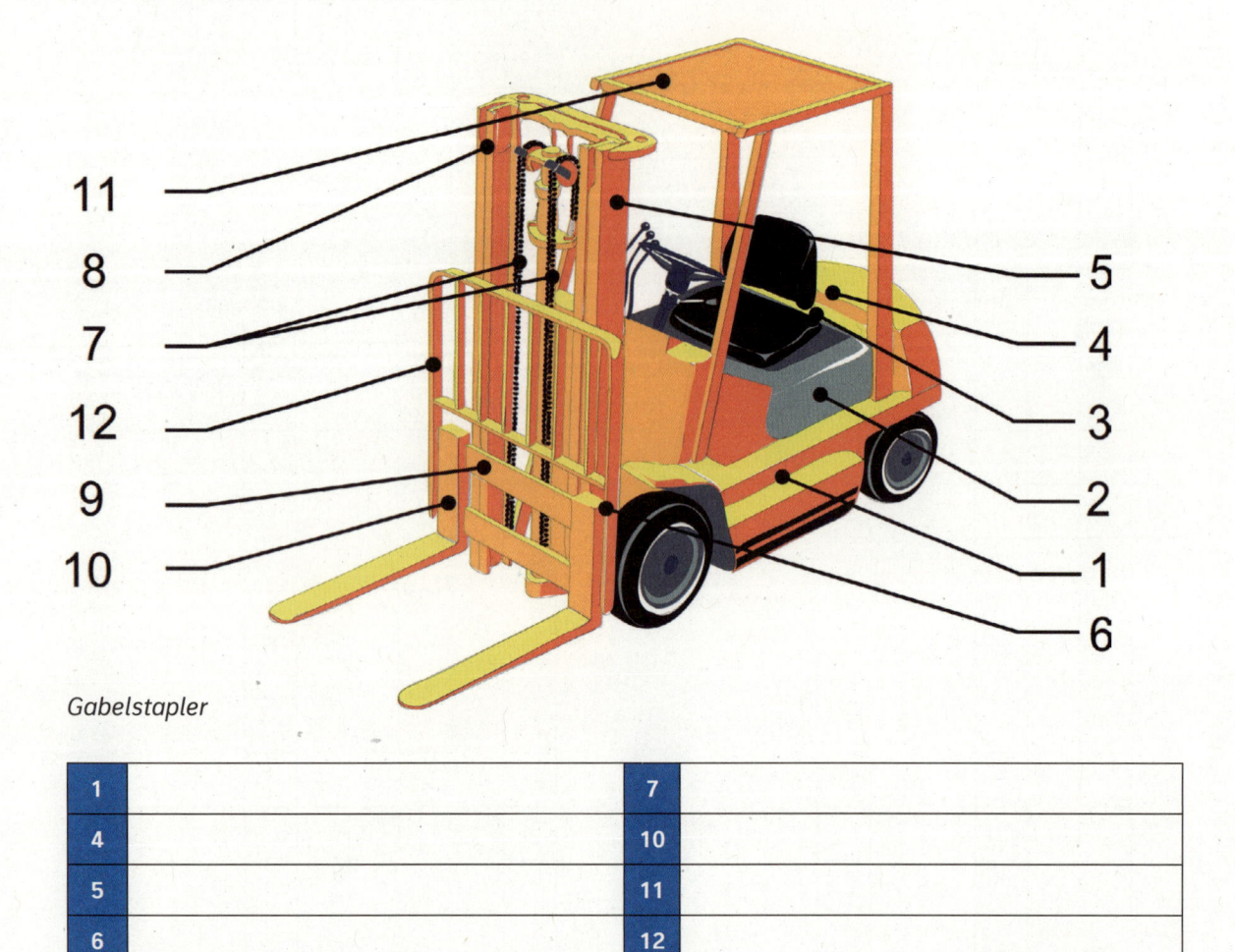

Gabelstapler

1		7	
4		10	
5		11	
6		12	

3. Ermitteln Sie anhand des folgenden Tragfähigkeitsdiagramms, wie hoch die aufgeführten Lasten maximal gehoben werden dürfen.

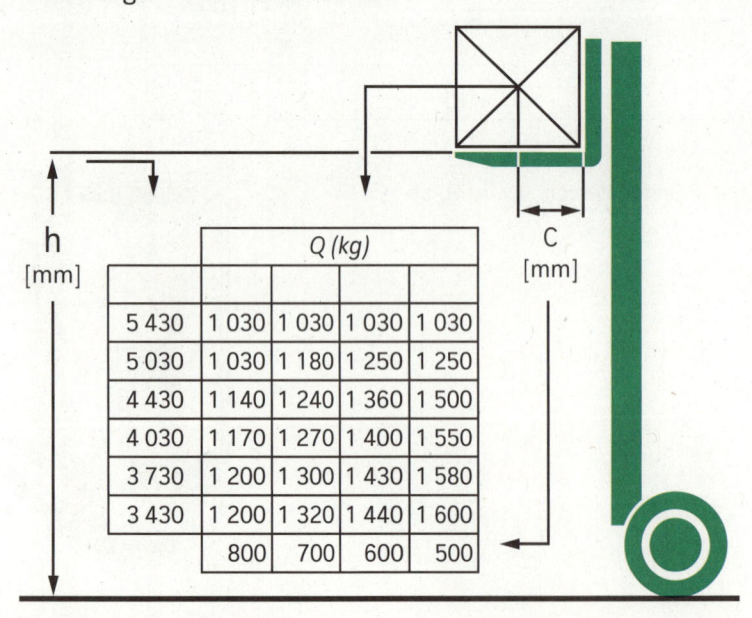

h [mm]	Q (kg)			
5 430	1 030	1 030	1 030	1 030
5 030	1 030	1 180	1 250	1 250
4 430	1 140	1 240	1 360	1 500
4 030	1 170	1 270	1 400	1 550
3 730	1 200	1 300	1 430	1 580
3 430	1 200	1 320	1 440	1 600
	800	700	600	500

C [mm]

Tragfähigkeitsdiagramm

a) Ein Behälter mit einem Gewicht von 1,4 t und einem Lastschwerpunktabstand von 0,6 m.

b) Ein Behälter mit einem Gewicht von 1 180 kg und einem Lastschwerpunktabstand von 80 cm.

c) Eine Holzkiste mit den Maßen 1,0 m × 1,0 m × 0,4 m und einem Gesamtgewicht von 1,3 t.

d) Eine Palette mit den Maßen 120 cm × 100 cm und einem Gesamtgewicht von 1 400 kg.

e) Eine Holzkiste mit den Maßen 120 cm × 100 cm und einem Gesamtgewicht von 1 500 kg.

f) Überprüfen Sie, ob Sie eine Europalette mit einem Gesamtgewicht von 1 650 kg in ein 5 m hohes Feld eines Palettenregals heben dürfen. Begründen Sie.

4. Die 18-jährige Maje hat ihren ersten Arbeitstag als Fachlageristin bei einem Dienstleistungsunternehmen. Neben ihrer abgeschlossenen Berufsausbildung verfügt sie über einen Gabelstaplerschein. Diesen hat sie durch eine theoretische und eine praktische Prüfung bei der Dekra erworben. Maje steht mit ihrer Arbeitskleidung an der Laderampe und wartet auf ihren Vorgesetzten, damit dieser sie einweist. In diesem Moment bittet sie ein Mitarbeiter, ihn beim Entladen des Lkws mit dem Stapler zu unterstützen.

Lernfeld 4: Güter im Betrieb transportieren

a) Nennen Sie die Voraussetzungen, über die ein Gabelstaplerfahrer verfügen muss, um den Gabelstapler zu führen.

_____
_____
_____
_____

b) Wie sollte sich Maje verhalten?

_____
_____
_____
_____
_____

c) Nachdem Maje eine Unterweisung und den Fahrauftrag erhalten hat, erfüllt sie alle Voraussetzungen zum Führen eines Gabelstaplers und muss diesen auch für ihre täglich anfallenden Aufgaben im Betrieb nutzen. Worauf muss Maje **während** der Nutzung achten? Formulieren Sie zwei Regeln.

_____
_____
_____
_____
_____
_____
_____
_____
_____
_____
_____
_____
_____
_____

d) Was muss Maje nach Beendigung der Fahrt tun?

_____
_____
_____
_____
_____
_____
_____
_____

5. Vor Fahrantritt ist der Stapler auf Verkehrs- und Betriebssicherheit zu überprüfen. Nennen Sie jeweils zwei wesentliche Schritte für die Sichtprüfung und für die Funktionsprüfung.

Sichtprüfung	Funktionsprüfung

© Westermann Gruppe

6. Kreuzen Sie bei den folgenden Fragen die richtige Lösung an.

a) Ein Unternehmen plant die Anschaffung eines radunterstützten Staplers. Der Stapler soll eine Hubhöhe von mindestens 270 cm haben und aufgrund der engen Gänge im Lager einen Wenderadius von 1 500 mm nicht überschreiten. Der Stapler soll Paletten bis zu einem Gewicht von 1,3 t heben können.

Für welchen Staplertyp entscheiden Sie sich?

Staplertyp	Tragfähigkeit in kg	Hubhöhe in mm	Wenderadius in mm	Lösung
A	1 200	2 800	1 650	☐
B	1 300	2 700	1 620	☐
C	1 400	2 400	1 405	☐
D	1 500	3 200	1 450	☐
E	1 600	2 900	1 590	☐

b) Für welchen Stapler entscheiden Sie sich, wenn ein Flurförderzeug mit umweltschonendem Antrieb zur Ein- und Auslagerung von EUR-Gitterboxpaletten innerhalb einer geschlossenen Lagerhalle mit 4,30 m hohen Palettenregalen benötigt wird?

Hubwagen ☐
Benzinstapler ☐
Dieselstapler ☐
Elektrostapler ☐
Teleskopstapler ☐

c) Über Nacht soll die Batterie eines Elektrostaplers aufgeladen werden. Bringen Sie die folgenden Arbeitsschritte in die richtige Reihenfolge, indem Sie die Ziffern 1 bis 5 in die Kästchen neben den Arbeitsschritten eintragen.

Feststellbremse betätigen und Schlüssel abziehen ☐
Absenken der Gabeln auf den Boden ☐
Ladegerät einschalten ☐
Anfahren an die Batterieladestation ☐
Ladestecker in die Kupplung des Ladegerätes einstecken ☐

d) Die Meier Logistics OHG möchte zur Verladung von Paletten auf Lkws ein Flurförderzeug anschaffen. Welches Flurförderzeug ist am besten geeignet?

Ein freitragender Gabelstapler, da dieser an jede Laderampe und an jeden Lkw heranfahren kann. ☐
Ein Regalförderzeug, da mehrere Paletten auf einmal transportiert werden können. ☐
Ein Handhubwagen, da dieser flexibel einsetzbar ist. ☐
Ein Elektrodeichselstapler, da dieser bis zu vier Tonnen transportieren kann. ☐
Ein radunterstützter Deichselstapler, da dieser nur wenige Reparaturen aufweist. ☐

e) Sie sollen mit dem Gabelstapler eine Europalette über eine Laderampe mit Gefälle aus der Lagerhalle transportieren. Was müssen Sie hierbei beachten?

Auf der Rampe darf überhaupt nicht mit dem Stapler gefahren werden. ☐
Die Gabeln müssen während der Fahrt auf höchster Stellung sein. ☐
Bei Gefälle die Last immer talseitig transportieren. ☐
Bei Gefälle die Last immer bergseitig transportieren. ☐
Die Rampe immer vorwärts herunterfahren. ☐

f) Vor der Fahrt mit dem Stapler führen Sie eine Sichtprüfung durch. Dabei stellen Sie fest, dass an einem Kabelstrang die Kunststoffummantelung durchgescheuert ist. Was müssen Sie unternehmen?

Sie umwickeln die Stelle mit Isolierband. ☐
Sie melden den Schaden Ihrem Vorgesetzten, der wiederum einen Fachmann beauftragt, um den Schaden zu beheben. ☐
Sie melden den Schaden nicht umgehend, da der Stapler in den nächsten Tagen zur Inspektion muss. ☐
Sie melden den Schaden Ihrem Arbeitskollegen und bitten ihn, diesen zu beheben, da dieser privat Autos repariert. ☐
Sie führen noch eine Funktionsprüfung durch und fahren dann los. ☐

g) Für den Transport von Papierrollen mit einem Gewicht von 800 kg soll ein Anbaugerät für den Stapler angeschafft werden. Welches Anbaugerät ist dazu am besten geeignet?

Big-Bag-Traverse ☐
Sicherheitskorb ☐
Tragdorn ☐
Kippbehälter ☐
Schneeschieber ☐

h) Wann darf mit einem Gabelstapler über Kopfhöhe gestapelt werden?

	über Kopfhöhe darf immer gestapelt werden
	über Kopfhöhe darf nie gestapelt werden
	wenn ein Fahrerschutzdach vorhanden ist
	wenn ein Lastenschutzgitter vorhanden ist

Arbeitsblatt 4: Sicherheit und Gesundheitsschutz beim innerbetrieblichen Transport

1. Für den innerbetrieblichen Arbeitsschutz sind Arbeitgeber, Arbeitnehmer, Sicherheitsbeauftragte, Fachkraft für Arbeitssicherheit, Betriebsärzte, Betriebsrat, betrieblicher Ersthelfer und Arbeitsschutzausschuss zuständig. Ordnen Sie bei den folgenden Situationen zu, wer für den Arbeitsschutz verantwortlich ist.

Situation	
Sie haben Vorschriften und Anweisungen zu beachten.	
Sie unterstützen Vorgesetzte und ihre Kollegen in allen Fragen des Arbeitsschutzes.	
Er wird bei allen Fragen der Sicherheit und des Gesundheitsschutzes einbezogen.	
Er ist Teil der Erste-Hilfe-Organisation im Betrieb.	
Sie sorgt für die Überprüfung von Anlagen, Arbeitsmitteln und Arbeitsverfahren.	
Er bestellt Fachkräfte für Arbeitssicherheit, Betriebsärzte, Sicherheitsbeauftragte und Ersthelfer.	
Sie achten darauf, dass die Schutzeinrichtungen und persönliche Schutzbekleidung benutzt werden.	
Sie müssen Mängel melden oder sie ggf. selbst beseitigen, sofern dies für sie möglich ist.	
Sie motivieren die Kollegen zu einem sicheren Verhalten und sind selbst gute Vorbilder.	
Sie untersuchen die Arbeitnehmer und beurteilen sie arbeitsmedizinisch.	
In einem medizinischen Notfall oder bei einem Unfall im Betrieb leitet er die lebensrettende Sofortmaßnahmen ein.	
Er sorgt für die Unterweisung der Mitarbeiter.	
Sie berät den Unternehmer in allen sicherheitstechnischen Fragen und bei der Durchführung von Gefährdungsbeurteilungen.	
Unternehmer, Betriebsrat, Betriebsarzt, Fachkraft für Arbeitssicherheit, Sicherheitsbeauftragte und evtl. Behindertenbeauftragte arbeiten zusammen.	

© Westermann Gruppe

Arbeitsblatt 4

2. Im Lager werden für diverse Fördermittel und andere technische Anlagen Öle (Hydraulik-, Schmier- und Getriebeöle) verwendet. Folgende Betriebsanweisung hängt im Lager aus.

Betriebsanweisung
ggemäß GefStoffV

Tätigkeit: Schmierarbeiten; Lagerung, Ab- und Umfüllen von Schmierstoffen

Anwendungsbereich
Arbeiten mit Hydraulik-, Getriebe- und Schmierölen

Gefahren für Mensch und Umwelt
- Hautentfettung und folglich auch Hautreizung durch häufigen und langandauerndenKontakt
- Übelkeit, Erbrechen und Durchfall durch Verschlucken großer Mengen von Öl
- eingeatmeter Dampf, Nebel oder Rauch kann gesundheitsschädlich sein
- Reizung oder Rötung der Augen nach direktem Kontakt möglich
- Reizung der Schleimhäute von Augen, Nase und Hals durch Dämpfe von erwärmtem Öl

Schutzmaßnahmen und Verhaltensregeln
- Das Rauchen ist strengstens verboten.
- Ölgefäße nicht offen stehen lassen.
- Von offenen Flammen und Wärmequellen fernhalten.
- Keine Lebensmittel und Getränke während des Umgangs mit demProdukt zu sich nehmen.
- Beim Ab- und Umfüllen der Gefäße eine geringe Fallhöhe zur Vermeidungder Spritzgefahr wählen. Beim Umfüllen eine Ölauffangwanne benutzen.
- Beim Transport müssen die Gefäße geschlossen sein.
- Die Ölgefäße an einem kühlen, trockenen und gut gelüfteten Ort inbruchsicheren und verschlossenen Behältern sowie getrennt vonOxidationsmitteln (Sauerstoff, Kaliumpermanganat, Säuren) lagern.
- Die Augen durch eine geeignete Schutzbrille schützen.
- Bei Gefahr des Hautkontaktes geeignete Schutzhandschuhe benutzen.
- Vor dem Umgang mit dem Produkt wasserlösliches Hautschutzpräparatverwenden.
- Die Hände vor den Pausen und nach Beendigung der Arbeit reinigen und pflegen.

Verhalten im Gefahrfall

Brand: Verschütten: Entstehungsbrand mit Kohlendioxid, Schaum, Löschpulver oder Was-sernebel bekämpfen. Nicht mit Wasservollstrahl löschen.
Vorsicht: Giftige Brandgase! Feuerwehr alarmieren.
Verschütten: Nicht in die Kanalisation oder in Gewässer gelangen lassen.
Achtung: Rutschgefahr! Sofort mit Ölsauger oder mit Ölbindemittel aufnehmen. Bei Auslaufen kleinerer Mengen Putzlappen verwenden.

Notruf: 112

Erste Hilfe

Augenkontakt: Bei geöffnetem Lidspalt mit Wasser unter der Augendusche spülen und ggf. beianhaltenden Schmerzen oder Rötungen der Augen einen Augenarzt aufsuchen.Hautkontakt: Beschmutzte Kleidung sofort auszuziehen. Die Haut mit viel Wasser und ggf. mitgeeigneten Reinigungsmitteln abwaschen. Bei anhaltenden Reizungen der Haut einenArzt aufsuchen.
Einatmen: Sofort nach draußen gehen und frische Luft einatmen. Verschlucken: Kein Erbrechen herbeiführen. Den Mund mit Wasser ausspülen. Frischluftzufuhrund auf jeden Fall einen Arzt aufsuchen.

Notruf: 112

Sachgerechte Entsorgung
- Abfälle in gekennzeichneten nicht brennbaren Behältern (LAGERBEREICH) sammeln.
- Rückgabe der Mehrwegbehälter an den Lieferanten
- Altöl gehört zum Sondermüll und muss sortenrein gesammelt sowie umwelt- undfachgerecht entsorgt werden.

Datum: 10.04.2020
Unterschrift: *Max Müller*

© Westermann Gruppe

a) Begründen Sie, zu welcher Art der Unterweisung die Betriebsanweisung zählt.

_____
_____
_____
_____

b) Sie beobachten in diesem Zusammenhang folgende Vorgänge:
   - Situation 1: Ein Kollege entsorgt eine leere Flasche Hydrauliköl im Hausmüll.
   - Situation 2: Beim Ölen der Hydraulikschläuche am Stapler raucht der Kollege eine Zigarette.
   - Situation 3: Getriebeöl ist auf den Boden ausgelaufen. Die Kollegin ignoriert dieses.

   Nehmen Sie jeweils Stellung dazu.

_____
_____
_____
_____
_____
_____
_____
_____
_____
_____

c) Was ist im Brandfall zu beachten?

_____
_____
_____
_____

d) Wie verhalten Sie sich, wenn Sie Schmieröl in die Augen bekommen?

_____

_____

_____

e) Welche Schutzkleidungen sollten bei Arbeiten mit Hydraulik-, Schmier- und Getriebeölen getragen werden?

_____

_____

_____

3. Beurteilen Sie in folgenden Fällen, um welche Art der Unterweisung es sich handelt.

Dem neuen Auszubildenden Levin wird gezeigt, wo sich der Erste-Hilfe-Kasten befindet.	
Levin erhält eine Unterweisung zum Führen des Kommissionierwagens.	
Am ersten Arbeitstag werden Levin die Räumlichkeiten im Betrieb gezeigt.	
Da Levin mehrfach seine Warnweste nicht getragen hat, wird er zu einem Gespräch in das Büro seines Vorgesetzten bestellt.	
Levin wird die Betriebsanweisung zum sicheren Umgang mit Flurförderzeugen vorgelegt.	

4. Wenn die Luftfeuchtigkeit bei der Arbeit zu niedrig ist, trocknen die Schleimhäute aus. Für den Arbeitnehmer ist dies unangenehm. Es können neben einer Heiserkeit auch Erkrankungen des Nasen-Rachen-Raumes und der Atemwege auftreten.

Nennen Sie zwei weitere Gesundheitsgefährdungen am Arbeitsplatz und beschreiben Sie zu jeder Gefährdung die möglichen Auswirkungen auf den Arbeitnehmer.

Gesundheitsgefährdung	Folgen

© Westermann Gruppe

5. Beurteilen Sie in den nachfolgenden Fällen, ob die Grundsätze beim ordnungsgemäßen Heben und Tragen berücksichtigt wurden. Begründen Sie Ihre Antwort.

a) Jarno soll einen Karton mit Tapetenrollen einlagern. Er bückt sich nach unten und hebt den Karton mit einem Ruck hoch.

_____
_____
_____

b) Jasmin und Sven tragen gemeinsam einen zusammengerollten Teppich, um ihn versandfertig zu machen. Jasmin geht vorne und gibt die Richtung vor. Beide halten den Teppich fest.

_____
_____
_____
_____
_____
_____

c) Bernhard erhält die Aufgabe, die Fliesenpakete, die auf zwei Paletten verteilt sind, auf eine Palette umzupacken. Dazu hebt er die 25 kg schweren Pakete an, zieht sie ganz nah an den Körper, macht ein Hohlkreuz und legt die Pakete mit rundem Rücken auf die Palette.

_____
_____
_____

6. Entscheiden Sie, welche Arbeitsmittel in folgenden Fällen geeignet sind.

Ein Gerät, welches das Heben, Transportieren und Wiegen von Gütern ermöglicht.	
Ein Gerät, welches das Drucken von Versand-, Verpackungs- und Preisetiketten ermöglicht.	
Ein Gerät, welches den Wareneingang und -ausgang erfassen kann sowie zur Erfassung der Inventurbestände genutzt werden kann.	
Geräte, die zum Verpacken der Güter verwendet werden.	

Lernfeld 5

Güter kommissionieren

Arbeitsblatt 1: Gründe für Warenentnahmen

1. Kreuzen Sie bei nachfolgenden Sachverhalten an, ob es sich um innerbetriebliche oder außerbetriebliche Entnahmegründe handelt.

	Innerbetrieblicher Entnahmegrund	Außerbetrieblicher Entnahmegrund
Die Ware wird für einen Erstkunden kommissioniert.		
Die Ware wird für einen Altkunden kommissioniert.		
Die Ware wird für die Qualitätsprüfung im Hause kommissioniert.		
Die Ware wird für die Produktionslinie im Hause kommissioniert.		
Die Ware wird zur Produktion in dem Werk eines nahe gelegenen Kunden kommissioniert.		
Es findet eine Änderung des Sortiments statt.		
Es findet eine Inventur statt.		

2. Schreiben Sie in die leeren Felder, ob es sich um einen Kundenauftrag oder um einen Produktionsauftrag handelt.

	Kundenauftrag oder Produktionsauftrag?
Ein Einzelhändler kommissioniert Ware für einen Großhändler.	
Ein Einzelhändler kommissioniert Ware für einen Endverbraucher.	
Eine Fahrradfabrik kommissioniert Fahrräder für einen Großkunden.	
Eine Fahrradfabrik kommissioniert Stahlrohre für die eigene Herstellung von Fahrrädern.	
Eine Fahrradfabrik kommissioniert Stahlrohre für ein befreundetes Fahrradwerk.	

Arbeitsblatt 2: Grundbegriffe der Kommissionierung

1. Erklären Sie den Begriff Kommissionierung.

_____

_____

_____

2. Vervollständigen Sie nachfolgende Tabelle in den freien Feldern.

Gesuchte Begriffe	Erklärung der gesuchten Begriffe
Kommissionierer, Greifer, Picker (engl. to pick = greifen)	Mitarbeiter, der den Kommissionierauftrag ausführt
Kommission	
	Beleg mit allen für die Kommissionierung notwendigen Informationen, z. B. Informationen zum Lagerort, Artikelbezeichnung, Mengen- und Verpackungseinheiten

3. Warum werden immer mehr Waren kommissioniert?

4. Ordnen Sie nachfolgende Begriffe den Abbildungen A bis I zu.

Kommissionierautomat, Paketwagen, Kommissionierwagen, Abfallsammler, Kommissionierroboter, Reifenlagerung, Etagenwagen, Montage- und Eurokastenwagen, Kommissionierscanner

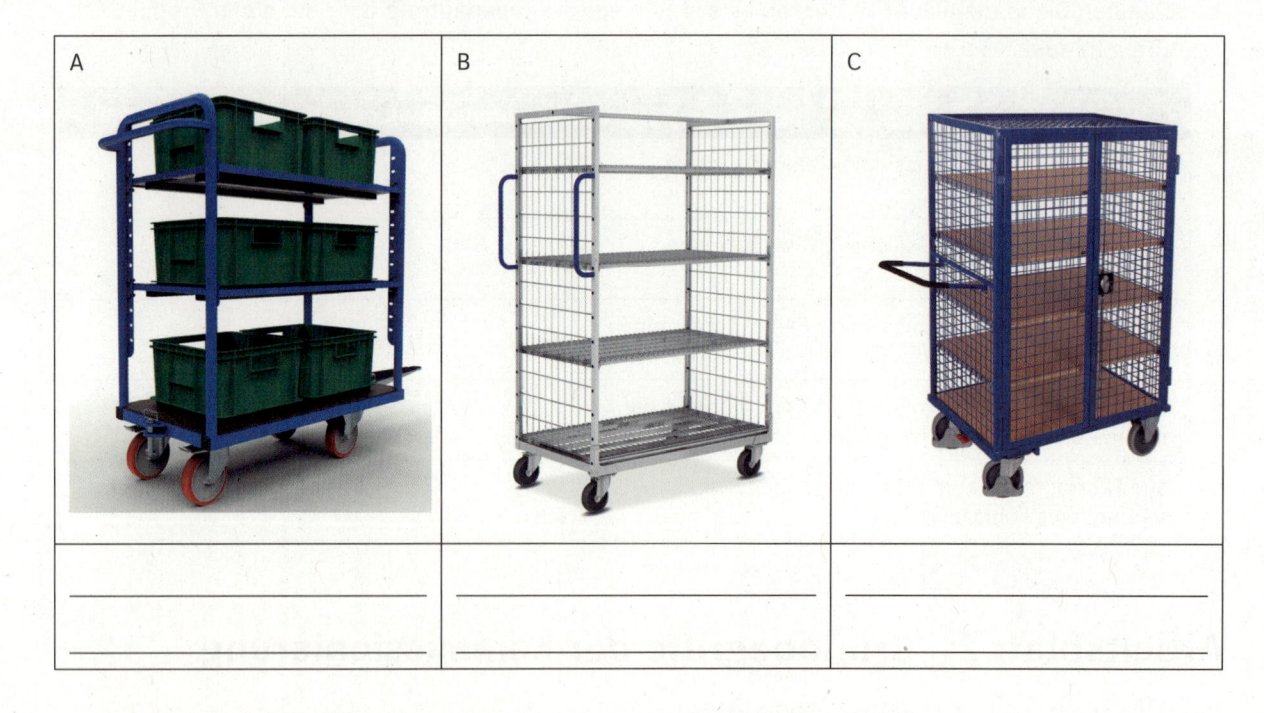

A

B

C

D	E	F

G	H	I

Arbeitsblatt 3: Kommissionierfehler

1. Nennen Sie vier typische Kommissionierfehler.

    - _____
    - _____
    - _____
    - _____

2. Nennen Sie zwei persönliche Ursachen für Kommissionierfehler.

   _____
   _____
   _____

© Westermann Gruppe

3. Führen Sie zwei geeignete Schulungsmaßnahmen auf, die Kommissionierfehler reduzieren bzw. verhindern.

_____
_____
_____

4. Nennen Sie drei wirtschaftliche Folgen von Kommissionierfehlern.

_____
_____
_____
_____
_____
_____

5. Begründen Sie den Wettbewerbsvorteil von wenigen Kommissionierfehlern.

_____
_____
_____
_____

Arbeitsblatt 4: Berechnungen zur Ermittlung von Kommissionierfehlern

1. Berechnen Sie die Fehlerquote beim Kommissionieren in Prozent, wenn bei 300 Positionen 6 Positionen falsch kommissioniert wurden.

2. Berechnen Sie die Anzahl der Kommissionierfehler, wenn bei 5 600 Positionen 4 % Kommissionierfehler gemacht wurden.

3. Berechnen Sie in nachfolgender Tabelle die

- Fehlerquote pro Quartal in Prozent,
- Anzahl der „Picks" pro Jahr,
- Anzahl der Kommissionierfehler pro Jahr sowie
- Fehlerquote pro Jahr in Prozent.

Quartale	Anzahl der „Picks"	Anzahl der Kommissionierfehler	Fehlerquote in %
01.01. bis 31.03.	100	4	
01.04. bis 30.06.	80	2	
01.07. bis 30.09.	80	4	
01.10. bis 31.12.	40	1	
pro Jahr			

Arbeitsblatt 5: Informationssysteme

1. Ordnen Sie die Tätigkeiten „buchen", „erfassen", „aufbereiten", „weitergeben" und „quittieren" den aufgeführten Beschreibungen sachgerecht zu.

   Die Bestelldaten werden im „Real-Time-Modus" oder für einen ganzen Tag gesammelt und dann stapelweise geordnet: _____.

   Nach dem Eingeben der Bestelldaten im EDV-System wird festgestellt, ob Lieferbereitschaft besteht: _____.

   Die Entnahme der zu kommissionierenden Ware wird nach jeder Entnahme oder nach Erledigung des gesamten Auftrages durch den Kommissionierer bestätigt: _____.

   Dem Kommissionierer wird der Kommissionierauftrag schriftlich, beleglos im Onlineverfahren oder über ein infrarot- oder funkgesteuertes Kleinterminal mit Display übermittelt: _____.

   Beim beleghaften Kommissionieren kann das _____ durch Eintragen in die Lagerfachkarte oder durch manuelle Eingabe der Warenentnahme in das Lagerverwaltungsprogramm erfolgen.

2. Nennen Sie vier Daten, die ein Kommissionierbeleg enthalten sollte.

   _____
   _____

3. Erläutern Sie zwei Nachteile, die beleghafte Kommissionierverfahren kennzeichnen.

   _____
   _____
   _____
   _____
   _____
   _____

4. Ergänzen Sie nachfolgende Tabelle mit den Kommissionierverfahren Pick-by-Light, beleghafte Kommissionierung, Pick-by-Voice, Pick-by-Scan. Ein Musterbeispiel ist bereits eingetragen.

Vorteile des Kommissionierverfahrens	Kommissionierverfahren
Die Organisation ist sehr einfach und ohne technischen Aufwand möglich.	beleghafte Kommissionierung
Bei diesem Verfahren sind beide Hände frei. Es können auch Handschuhe getragen werden.	
Die Quittierung erfolgt online, indem der Kommissionierer den Barcode der Ware scannt.	
Die Kommissionierleistung wird durch optische Signale erreicht und erhöht.	
Dieses Verfahren ist gegenüber Veränderungen in der Lagerorganisation am flexibelsten.	

5. Nennen Sie drei Nachteile des Pick-by-Voice-Verfahrens.

6. Welcher Unterschied besteht zwischen dem Offline- und Onlineverfahren?

Arbeitsblatt 6: Materialfluss-System

1. Der Materialfluss besteht aus fünf verschiedenen Arbeitsschritten und ist nachfolgend abgebildet. Vervollständigen Sie dieses Schaubild zum Materialfluss mit den folgenden Begriffen sachgerecht: Fortbewegung, Abgabe, Bereitstellung, Kontrolle, Entnahme

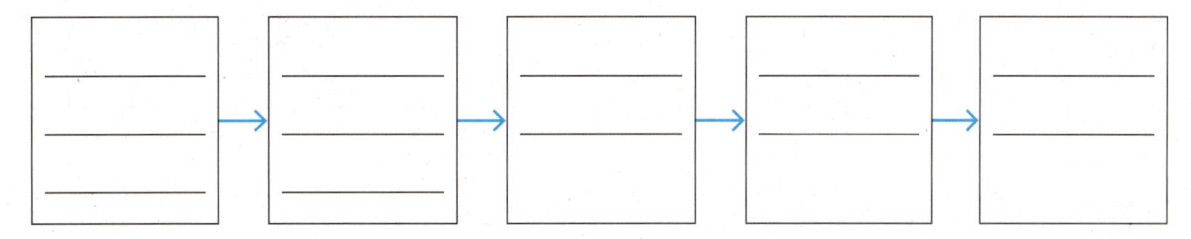

   ☐ → ☐ → ☐ → ☐ → ☐

2. Es wird zwischen der statischen Bereitstellung (Mann zur Ware) und der dynamischen Bereitstellung (Ware zum Mann) unterschieden. Nennen Sie für jedes dieser Systeme drei geeignete Regalarten.

Mann zur Ware	Ware zum Mann

3. Führen Sie zwei Nachteile der statischen Bereitstellung auf.

   _____
   _____
   _____

4. Sortieren Sie die Begriffe eindimensionale Fortbewegung, zweidimensionale Fortbewegung und dreidimensionale Fortbewegung den Sachverhalten zu.

Sachverhalt	Begriff
Der Kommissionierer bewegt sich durch mehrere Regalgänge, ohne in die Höhe zu gehen.	
Der Kommissionierer bewegt sich durch mehrere Regalgänge und zusätzlich in die Höhe der Regale.	
Der Kommissionierer bewegt sich an einem einzigen Regal entlang.	

5. Erklären Sie den Unterschied zwischen zentraler und dezentraler Abgabe.

   Zentrale Abgabe: _____
   _____
   _____

© Westermann Gruppe

Dezentrale Abgabe: _____

_____

_____

6. Nennen und erklären Sie einen Vorteil und einen Nachteil der dezentralen Abgabe.

Vorteil: _____

_____

Nachteil: _____

_____

7. Erklären Sie zwei Möglichkeiten einer automatischen Kontrolle kommissionierter Ware.

_____

_____

_____

_____

_____

_____

_____

_____

Arbeitsblatt 7: Organisationssystem

1. Erklären Sie den Unterschied der nachfolgend abgebildeten Kommissioniermethoden A und B.

Kommissioniermethode A

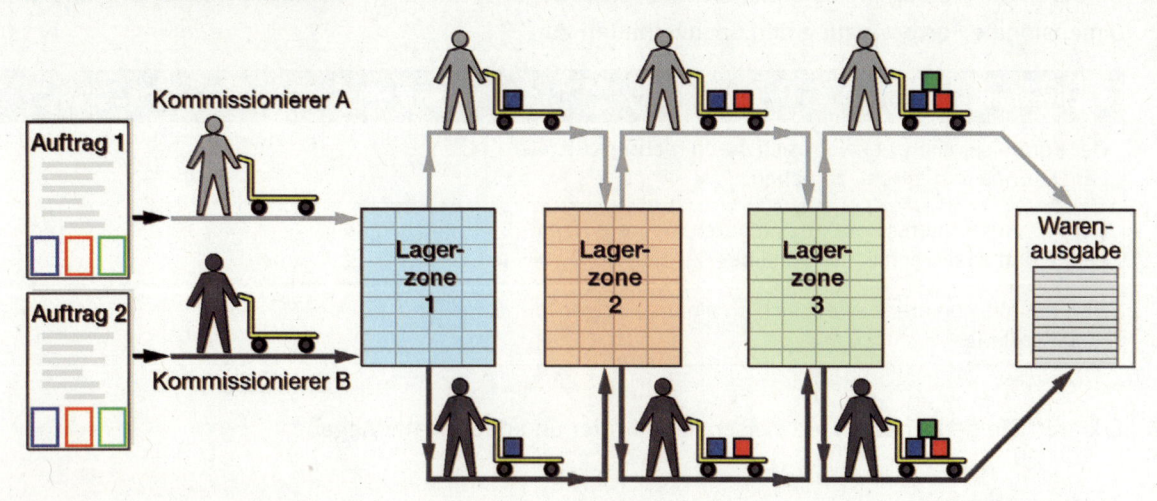

Kommissioniermethode B

_____
_____
_____
_____
_____
_____
_____

2. Welchen Vorteil hat die serienorientierte, parallele Kommissionierung?

_____
_____
_____

3. Beschreiben Sie die Arbeitsabläufe in der ersten und zweiten Kommissionierstufe bei der serienorientierten, parallelen Kommissionierung.

_____
_____
_____
_____
_____

4. Es wird zwischen ein-, zwei- und dreidimensionaler Fortbewegung unterschieden.

   a) Erklären Sie die eindimensionale Fortbewegung einschließlich zweier geeigneter Förderzeuge.

   _____
   _____
   _____

b) Führen Sie drei Vorteile auf, die eine zwei- und dreidimensionale Fortbewegung beim Kommissionieren haben.

___

___

___

___

Situation

Die Logo GmbH erhält vier Kundenaufträge, die nach der serienorientierten parallelen Kommissioniermethode zusammengestellt werden sollen. Die Lagerorte können aufgrund eines EDV-Ausfalls nur mithilfe einer Lagerliste mit Lagerorten ermittelt werden. Diese Liste der Lagerorte befindet sich auf den Seiten 105 f.

5. Tragen Sie die Lagerorte für die Bestellungen von Raffinger, Trube, Anmann und Eppe in die Spalte Lagerorte ein.

Bestellung von Raffinger			
Pos. Nr.	Artikel	Menge	Lagerorte
1	Antenne R-120	5	
2	Keilriemen T-51	8	
3	Zündkerze FH-12	2	
4	Kopfstütze S-30	1	
5	Scheibenwischer S-23	2	

Bestellung von Trube			
Pos. Nr.	Artikel	Menge	Lagerorte
1	Sicherheitsgurt K-2	8	
2	Zündkerze FH-9	2	
3	Keilriemen T-60	1	
4	Handschuhfach L-111	7	
5	Zahnriemen K-102	6	

Bestellung von Anmann			
Pos. Nr.	Artikel	Menge	Lagerorte
1	Kopfstütze S-50	7	
2	Antenne R-140	2	
3	Zündkerze FH-9	6	
4	Sicherheitsgurt K-3	5	
5	Zahnriemen K-101	9	

Bestellung von Eppe			
Pos. Nr.	Artikel	Menge	Lagerorte
1	Keilriemen T-52	4	
2	Kopfstütze S-50	2	
3	Tachometer G-7	6	
4	Handschuhfach L-121	3	
5	Sicherheitsgurt K-1	2	

6. Erstellen Sie für die Lagerzonen A, B und C jeweils einen Kommissionierauftrag.
   Bitte beachten: Innerhalb der Kommissionieraufträge erfolgt die Sortierung nach **aufsteigenden** Lagerortnummern. Sollten mehrere Artikel mit gleicher Artikelbezeichnung bestellt sein, werden diese nur **einmal** notiert und **aufaddiert** in die Kommissionierliste eingetragen.

Kommissionierauftrag Lagerzone A			
Pos. Nr.	Artikelbezeichnung	Menge	Lagerort
1			
2			
3			
4			
5			
6			

© Westermann Gruppe

Kommissionierauftrag Lagerzone B			
Pos. Nr.	Artikelbezeichnung	Menge	Lagerort
1			
2			
3			
4			
5			
6			

Kommissionierauftrag Lagerzone C			
Pos. Nr.	Artikelbezeichnung	Menge	Lagerort
1			
2			
3			
4			
5			
6			

Situation

Nachdem die Kommissionierungen der vorherigen Aufgabe erfolgt sind, erhalten Sie von Ihrem Logistikmeister die Lieferscheine zu den Eingängen des Artikels Zündkerze FH-9 in jeweils zeitlicher Reihenfolge. Die Entnahmen für den Kunden Trube und Anmann erfolgten am 06.06. mit der Materialentnahmescheinnummer (ME) 2536. Eine weitere Entnahme von 48 Zündkerzen FH-9 erfolgte am 18.06. laut ME 3451. Nach dem 28.06. erfolgten keine weiteren Ein- oder Ausgänge.

Lieferscheinnummer/Eingänge Zündkerze FH-9	Datum	erhaltene Stückzahl
L. Nr. 2888	02.06.	10
L. Nr. 6899	04.06.	13
L. Nr. 4256	16.06.	24
L. Nr. 1235	28.06.	9

7. Nachfolgend ist eine Lagerfachkarte abgebildet. Tragen Sie die Eingänge und Entnahmen des Monats Juni in die Lagerfachkarte ein. Der Monatsanfangsbestand ist bereits eingetragen. Berechnen Sie die Bestände zu den Eingängen und Entnahmen und tragen Sie diese in die Spalte „Bestand" ein.

Lagerfachkarte für Artikel Zündkerze FH - 9				
Datum	Lieferscheinnummer oder Materialentnahmeschein-Nummer	Eingang	Ausgang	Bestand
01.06.	Anfangsbestand	–	–	150
02.06.				

Lagerliste zu Aufgabe 5 – 7

Artikel	Lagerort	Artikel	Lagerort
Antenne R-100	A - 02 - 02 - 01	Zahnriemen K-100	B - 01 - 03 - 08
Antenne R-110	A - 02 - 02 - 02	Zahnriemen K-101	B - 01 - 03 - 09
Antenne R-120	A - 02 - 02 - 03	Zahnriemen K-102	B - 01 - 03 - 10
Antenne R-130	A - 02 - 02 - 04	Zahnriemen K-103	B - 03 - 03 - 01
Antenne R-140	A - 02 - 02 - 05	Sicherheitsgurt K-1	B - 03 - 03 - 02
Antenne R-150	A - 02 - 02 - 06	Sicherheitsgurt K-2	B - 03 - 03 - 03
Antenne R-160	A - 02 - 02 - 07	Sicherheitsgurt K-3	B - 03 - 03 - 04
Handschuhfach L-51	A - 02 - 02 - 08	Sicherheitsgurt K-4	B - 03 - 03 - 05
Handschuhfach L-61	A - 02 - 02 - 09	Zündkerze FH-8	C - 04 - 01 - 01
Handschuhfach L-71	A - 02 - 02 - 10	Zündkerze FH-9	C - 04 - 01 - 02
Handschuhfach L-81	A - 02 - 02 - 11	Zündkerze FH-10	C - 04 - 01 - 03
Handschuhfach L-91	A - 02 - 02 - 12	Zündkerze FH-11	C - 04 - 01 - 04
Handschuhfach L-101	A - 02 - 02 - 13	Zündkerze FH-12	C - 04 - 01 - 05
Handschuhfach L-111	A - 02 - 02 - 14	Zündkerze FH-13	C - 04 - 01 - 06
Handschuhfach L-121	A - 02 - 02 - 15	Tachometer G-3	C - 04 - 01 - 07
Kopfstütze S-10	A - 02 - 03 - 01	Tachometer G-4	C - 04 - 01 - 08
Kopfstütze S-20	A - 02 - 03 - 02	Tachometer G-5	C - 04 - 01 - 09
Kopfstütze S-30	A - 02 - 03 - 03	Tachometer G-6	C - 04 - 01 - 10

© Westermann Gruppe

Artikel	Lagerort	Artikel	Lagerort
Kopfstütze S-40	A - 02 - 03 - 04	Tachometer G-7	C - 04 - 01 - 11
Kopfstütze S-50	A - 02 - 03 - 05	Keilriemen T-50	C - 05 - 01 - 12
Kopfstütze S-60	A - 02 - 03 - 06	Keilriemen T-51	C - 05 - 01 - 13
Kopfstütze S-70	A - 02 - 03 - 07	Keilriemen T-52	C - 05 - 01 - 14
Scheibenwischer S-20	B - 01 - 03 - 01	Keilriemen T-53	C - 05 - 01 - 15
Scheibenwischer S-21	B - 01 - 03 - 02	Keilriemen T-54	C - 05 - 01 - 16
Scheibenwischer S-22	B - 01 - 03 - 03	Keilriemen T-55	C - 05 - 01 - 17
Scheibenwischer S-23	B - 01 - 03 - 04	Keilriemen T-56	C - 05 - 01 - 18
Scheibenwischer S-24	B - 01 - 03 - 05	Keilriemen T-57	C - 05 - 01 - 19
Scheibenwischer S-25	B - 01 - 03 - 06	Keilriemen T-58	C - 05 - 01 - 20
Scheibenwischer S-26	B - 01 - 03 - 07	Keilriemen T-59	C - 05 - 01 - 21
Scheibenwischer S-27	B - 01 - 03 - 08	Keilriemen T-60	C - 05 - 01 - 22

Arbeitsblatt 8: Wegstrategien beim Kommissionieren

1. Nachfolgend ist der Ablauf einer mobilen Kommissionierung mit Barcode beschrieben. Strukturieren Sie diesen Ablauf, indem Sie die Arbeitsschritte in eine sinnvolle Reihenfolge bringen. Der erste Arbeitsschritt ist bereits mit der Ziffer 1 korrekt bezeichnet.

Reihenfolge	Ablauf einer mobilen Kommissionierung mit Barcode
	Der Anwender begibt sich zum Lagerplatz und scannt den angebrachten Lagerplatz-Barcode ein. Das Terminal führt eine Plausibilitätsprüfung durch, um den Anwender akustisch und visuell darüber zu informieren, falls ein falscher Lagerplatz angelaufen wurde.
1.	Ein Auftraggeber lädt neue Kommissionieraufträge auf das Datenterminal oder bekommt die Informationen automatisch (online) übertragen.
	Wird ein neuer Kommissionierbehälter erforderlich, so wird dieser ebenfalls wieder gescannt. Diese Schritte wiederholt der Anwender, bis alle Positionen gepickt sind. Abschließend meldet er die Ist-Daten per Funk oder PC zurück an das führende System.
	Der Anwender nimmt einen leeren Kommissionierbehälter und scannt diesen ein, um den Kommissionierbehälter und den Auftrag zu „verheiraten".
	Um die Entnahmemenge zu erfassen, kann entweder die Vorgabemenge per Entertaste bestätigt oder per Tastatur eingegeben werden. Die höchste Sicherheit bietet jedoch das Scannen der einzelnen Artikel. Auch hier wird auf Plausibilität geprüft. Meistens wird eine Untermenge akzeptiert, eine Übermenge jedoch abgelehnt.
	Wichtige Informationen wie Quell-Lagerplatz, Zielort, Artikel, Chargennummer und Stückzahl werden dem Anwender unmittelbar angezeigt.
	Der kommissionierte Artikel wird ebenfalls gescannt. Auch hier findet eine sofortige Prüfung statt.

2. Erklären Sie die Stichgangsstrategie.

_____
_____
_____
_____
_____
_____

3. Erklären Sie die Rundgangs- und Schleifenstrategie.

_____
_____
_____

4. Erklären Sie die Multi-Picking-Order.

_____
_____

Arbeitsblatt 9: Kommissionierzeiten

1. Ordnen Sie die nachfolgenden Kommissionierzeiten den Sachverhalten zu: Basiszeit, Wegzeit, Greifzeit, Totzeit, persönliche Verteilzeit, sachliche Verteilzeit.

Tätigkeit	Kommissionierzeit
zu den Lagerplätzen gehen	
die zu entnehmende Ware aus dem Regalfach entnehmen	
sich mit dem Arbeitskollegen über die Bundesligaergebnisse unterhalten	
die Kommissionierbelege vor dem Arbeitsgang sortieren	
einen Anbruch bilden	
warten auf einen freien Kommissionierwagen	

2. Nennen Sie jeweils eine Maßnahme, um die nachfolgenden Kommissionierzeiten zu verkürzen.

Kommissionierzeit	Maßnahme zur Verkürzung der Kommissionierzeit
Wegzeit	

© Westermann Gruppe

Kommissionierzeit	Maßnahme zur Verkürzung der Kommissionierzeit
Greifzeit	
persönliche Verteilzeit	
Basiszeit	
Totzeit	
sachliche Verteilzeit	

Arbeitsblatt 10: Kennzahlen zur Ermittlung der Kommissionierleistung

1. Berechnen Sie die Kommissionierkosten je Position, wenn die Betriebskosten pro Stunde 150,00 € betragen und die Kommissionierleistung pro Stunde 300 Positionen beträgt.

2. Ermitteln Sie die Kommissionierkosten pro Position, wenn die Betriebskosten pro Stunde 1 232,00 € betragen und eine Kommissionierleistung von 7 700 Positionen pro Stunde erreicht wird.

3. Berechnen Sie die durchschnittliche Anzahl der Kommissionierpositionen pro Auftrag bei 4 500 Aufträgen und 90 000 Positionen.

4. Ermitteln Sie bei nachfolgender Datenlage die Kommissionierkosten pro Auftrag: 4 200 Kommissionieraufträge mit Gesamtkosten von 92 000,00 €.

5. Begründen Sie, wann Kennzahlen zur Kommissionierleistung Aussagekraft besitzen.

_____

_____

_____

Situation

Als Fachkraft für Lagerlogistik sollen Sie Waren innerhalb des eigenen Lagers umlagern. Ihr Betrieb arbeitet an 260 Tagen im Jahr mit **insgesamt** zwölf Arbeitsstunden täglich, also zweimal sechs Stunden, im Zweischichtbetrieb.

6. Ihnen liegt folgende Tabelle vor:

	A	B	C	D	E	F	G	H
1		Anzahl der Picks quartalsweise aufgelistet						
2	Art.-Nr.	Quartal 1	Quartal 2	Quartal 3	Quartal 4	Picks pro Jahr	Picks pro Tag	Picks pro Arbeitsstunde
3	Artikel A	14 600	15 600	16 000	16 200			
4	Artikel B	13 040	15 040	14 140	13 940			
5	Artikel C	15 160	19 100	17 160	17 220			
6	Artikel D	12 580	12 380	11 680	13 280			
7	Artikel E	17 720	19 720	18 520	18 920			
8	XXXXXXXXXXXXXXXXXXXXXXXXXXXXXXXXXXXXXX							

a) Ermitteln Sie die Anzahl der zu kommissionierenden Artikel (Picks) pro Jahr, pro Tag und pro Stunde für die Artikel A bis Artikel E und tragen Sie diese Werte in die nachfolgende Tabelle ein.
b) Berechnen Sie die Gesamtanzahl der Picks pro Jahr und tragen Sie diesen Wert in das Feld F8 ein.
c) Berechnen Sie die Gesamtanzahl der Picks pro Tag und tragen Sie diesen Wert in das Feld G8 ein.
d) Berechnen Sie die Gesamtanzahl der Picks pro Arbeitsstunde und tragen Sie diesen Wert in das Feld H8.
e) Wie lautet die Formel der Tabellenkalkulation zur Berechnung des Feldes F3?

_____

f) Wie lautet die Formel der Tabellenkalkulation zur Berechnung des Feldes H5?

_____

g) Bisher wurden die Waren wie in nachfolgender Abbildung 1 gelagert. Lagern Sie aufgrund der Datenlage aus der Tabelle die Ware um. Die Waren mit einer höheren Pickzahl pro Stunde sollen näher am Versandplatz/Ein- und Auslagerungsort gelagert werden, Artikel mit geringerer Pickzahl entsprechend weiter weg. Tragen Sie hierzu Ihre Lösung jeweils in die Abbildung 2 ein.

Abbildung 1

Versandplatz/Ein- und Auslagerungsort	Gang
Artikel A	
Gang	
Artikel B	
Gang	
Artikel E	Gang
Gang	
Artikel C	
Gang	
Artikel D	

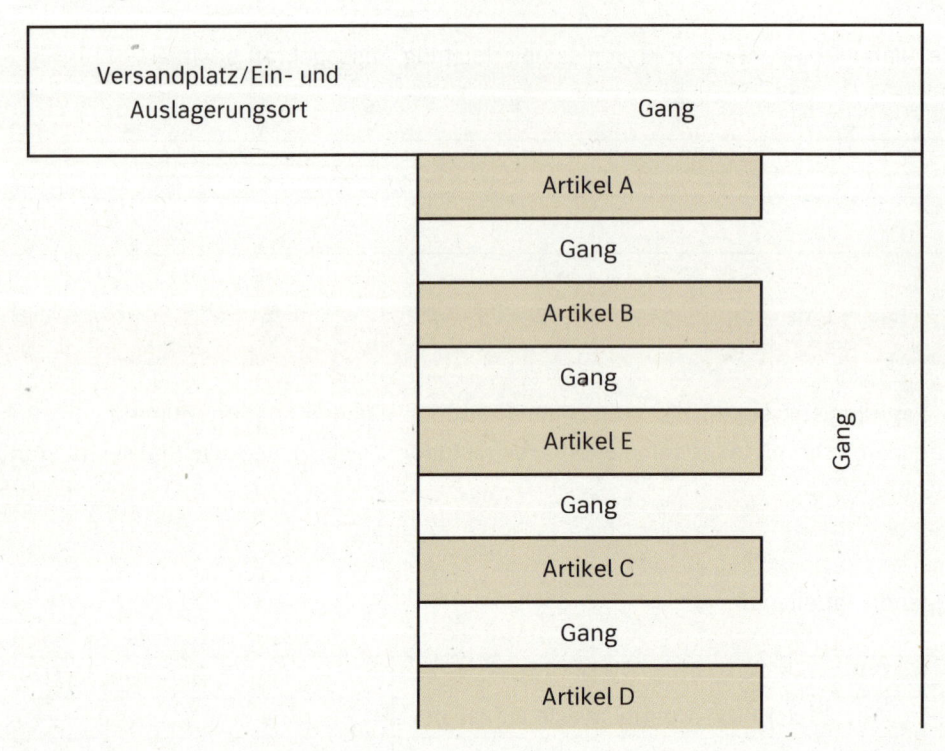

Abbildung 2

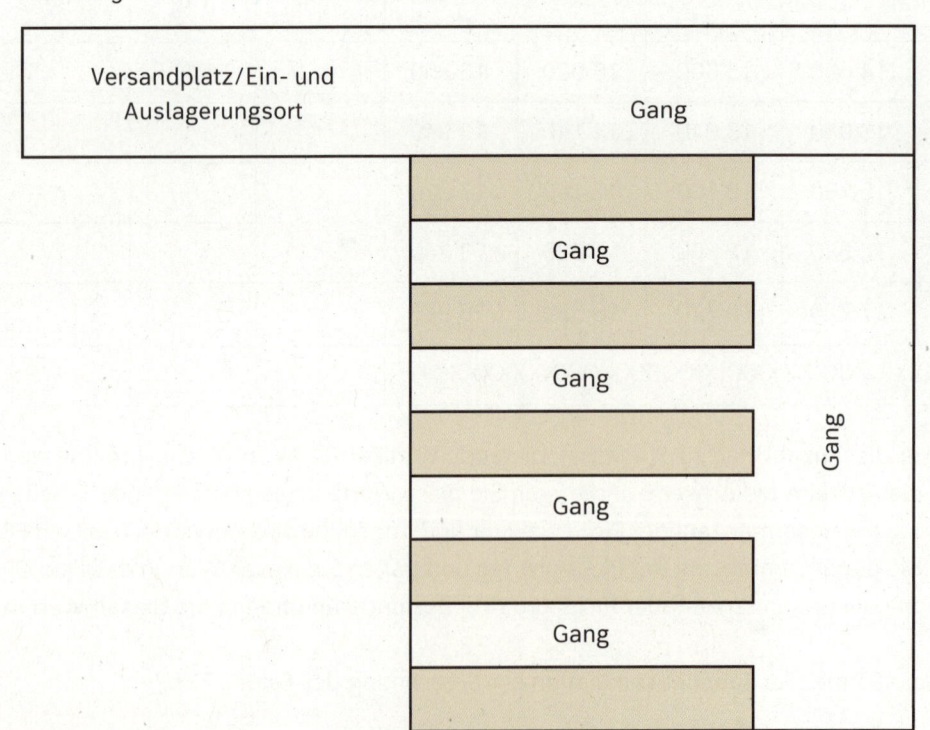

Versandplatz/Ein- und Auslagerungsort	Gang
Gang	
Gang	
	Gang
Gang	
Gang	

Arbeitsblatt 10

111

7. Eine Autobahntankstelle möchte zu den bereits vorhandenen Autoersatzteilen auch ein separates Kommissionierlager für Reiseproviant einrichten. Es wird mit einem Warenumschlag von 200 Europaletten pro Tag gerechnet, die alle ein MHD (Mindesthaltbarkeitsdatum) haben und sich auf vier Artikelgruppen verteilen: 5 % der Paletten sind Erfrischungsgetränke, 15 % der Paletten sind Süßwaren, 20 % sind Snacks und der Rest Mitnahmeartikel. Alle eingesetzten Europaletten haben ein Eigengewicht von je 15 kg.

   a) Wie viele Paletten werden pro Artikelgruppe umgeschlagen?

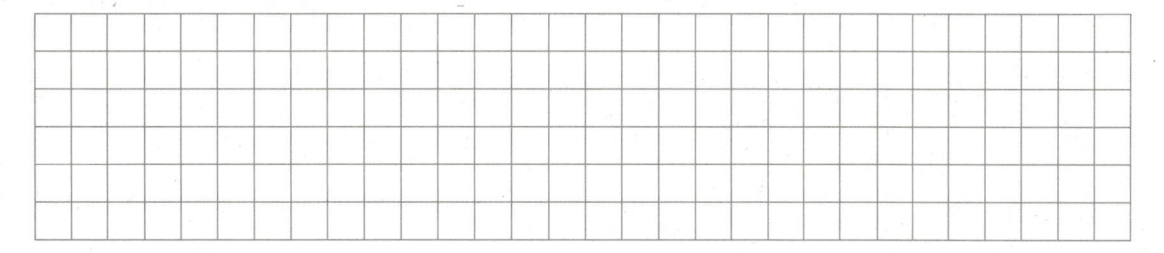

   b) Die Mitnahmeartikel mit MHD sollen in Durchlaufregalen gelagert und kommissioniert werden. Welche Vorteile hat die Lagerung in Durchlaufregalen?

   _____

   _____

   _____

8. Kommissionieren beinhaltet den Umgang mit Leitern, denn es muss auch Ware aus höheren Regalen kommissioniert werden. Der sichere Umgang mit Leitern ist Voraussetzung für einen sicheren Arbeitsplatz und will gelernt sein. Ordnen Sie nachfolgende Gefahrenhinweise den abgebildeten Symbolen zu.

© Westermann Gruppe

a) Auf dem Erdboden sind sogenannte Erdspitzen zu verwenden, die tiefer in den Boden reichen. ☐

b) Bei mehrteiligen Leitern (herausziehbar) müssen die Einrichtungen zum Einrasten vorhanden sein und verwendet werden. ☐

c) Anlegeleitern dürfen nicht an unsicheren Punkten wie Stangen oder Glasscheiben angelehnt werden. ☐

d) Wenn begehbare Leitern beidseitig benutzbar sind, darf die oberste Sprosse nicht bestiegen werden. ☐

e) Bei Arbeiten auf Leitern darf man sich nicht seitlich hinauslehnen. ☐

f) Leitern müssen auf rutschsicheren Böden aufgestellt werden. ☐

g) Bei Stehleitern sind die Spreizvorrichtungen immer gespannt zu halten. ☐

h) Die maximale Belastung von 150 kg je besteigbarem Leiterschenkel ist einzuhalten. ☐

i) Leitern nach der „Ellenbogenprobe" im richtigen Winkel anlehnen. ☐

j) Leitern sind im sicheren Abstand von elektrischen Freileitungen aufzustellen, um Berührungen zu vermeiden. ☐

k) Von Stehleitern aus nicht auf höher gelegene Bühnen oder Plätze steigen. ☐

l) Bei Mehrzweckleitern ist die fünftoberste die letzte zulässige Standsprosse. Bei Anlegeleitern ist es die viertoberste Sprosse. ☐

m) Anlegeleitern müssen mindestens einen Meter höher sein als das zu besteigende Objekt. ☐

n) Schadhafte Leitern und Tritte sind nicht zu benutzen. ☐

Lernfeld 6

Güter verpacken

Arbeitsblatt 1: Fachbegriffe aus dem Verpackungsbereich

1. Ordnen Sie die folgenden Beispiele den vorgegebenen Fachbegriffen in der Tabelle zu.
   Beispiele: Holzkiste mit Ersatzteilen, Schachtel ohne Inhalt, Klebeband, leerer Joghurtbecher, Holz, unverpackte Ersatzteile.

Fachbegriff	Beispiel (jeweils nur 1 Beispiel)
Packmittel	
Packhilfsmittel	
Packstoff	
Packgut	
Packstück	
Verkaufsverpackung	

2. Ergänzen Sie den Text, indem Sie den fehlenden Fachbegriff einsetzen.

   a) Packmittel + Packhilfsmittel = _____

   b) Packgut + Verpackung = _____

3. Wodurch unterscheiden sich folgende Begriffe?

   a) **Einweg- und Mehrwegverpackung**

   Einwegverpackung: _____
   _____

   Mehrwegverpackung: _____
   _____

   b) **Packmittel und Packstoff**

   Packmittel: _____
   _____

   Packstoff: _____
   _____

© Westermann Gruppe

4. Prüfen Sie die Richtigkeit der folgenden Aussagen (Zutreffendes ankreuzen).

a) Karton und Schachtel sind das Gleiche. ☐ richtig ☐ falsch

b) Paletten und Gitterboxen sind Packmittel. ☐ richtig ☐ falsch

c) Eine Schachtel kann auch eine Umverpackung sein. ☐ richtig ☐ falsch

d) Kisten sind Packhilfsmittel. ☐ richtig ☐ falsch

Arbeitsblatt 2: Funktionen der Verpackung

1. Tragen Sie die fünf wichtigsten Funktionen der Verpackung **farbig** in die Tabelle ein und erklären Sie die jeweilige Funktion kurz mit eigenen Worten.

Funktion (farbig)	Erklärung

2. Welche Funktion erfüllt die Verpackung bei den folgenden Beispielen? Nennen Sie jeweils eine Funktion.

   a) Abgepackte Ware kann nicht verschmutzt oder verunreinigt werden.
   _____

   b) Auf einer Schachtel befindet sich dieses Symbol:
   _____

   c) Ein Lkw ist 2,45 m breit. Das ermöglicht die Verladung von genau zwei Euroflachpaletten nebeneinander.
   _____

   d) Durch das Stapeln von Gitterboxen kann im Lager viel Platz gespart werden.
   _____

   e) Auf der Verpackung befindet sich ein Code, der an der Supermarktkasse schnell gescannt werden kann.
   _____

   f) Durch Verwendung von Gitterboxen wird die empfindliche Ware nicht beschädigt.
   _____

Arbeitsblatt 3: Beanspruchung der Verpackung

1. Welche Kräfte (mechanische Beanspruchung) können auf Verpackungen einwirken? Nennen Sie drei.

   a) _____

   b) _____

   c) _____

2. Welcher mechanischen Beanspruchung (Kraft) wird jeweils durch folgende Maßnahmen vorgebeugt?

   a) Zerbrechliche Ware wird in Gitterboxpaletten transportiert.
   _____

   b) Große Packstücke werden auf der Lkw-Ladefläche durch Holzkeile und Spanngurte gesichert.
   _____

c) Die Schachteln auf einer Flachpalette werden für den Transport mit Stretchfolie umwickelt.

_____

d) Schwere Packstücke werden unten, leichte Packstücke darüber gelagert.

_____

3. Welcher Beanspruchung bzw. Gefahr wird bei diesen Sicherungsmaßnahmen auf einem Lkw in nebenstehender Abbildung vorgebeugt?

_____

4. Wie kann man der Beanspruchung der Verpackung durch folgende Gefahren entgegenwirken?

   a) Diebstahlgefahr

   - _____
   - _____

   b) Feuchtigkeit/Nässe

   - _____
   - _____

   c) Druck

   - _____
   - _____

   d) Fall

   - _____
   - _____

Arbeitsblatt 4: Vorsichtsmarkierungen auf der Verpackung

1. Aus welchen drei wichtigen Teilbereichen besteht eine ordnungsgemäße Markierung?

   a) _____

   b) _____

   c) _____

Arbeitsblatt 4 117

2. Nennen Sie drei Einzelpunkte, die eine Markierung von Packstücken nach DIN 55402 enthalten soll.

a) _____

b) _____
   _____

c) _____

3. Geben Sie für folgende Symbole die jeweilige Bezeichnung an (ohne Erklärung).

a) _____   b) _____   c) _____

d) _____   e) _____   f) _____

4. Zeichnen Sie die Symbole für folgende Bezeichnungen/Titel (von Markierungen).

a) Oben   b) Vor Nässe schützen   c) Zerbrechliches Gut

© Westermann Gruppe

Arbeitsblatt 5: Packmittelarten

1. Nennen Sie **jeweils zwei** Beispiele zu folgenden Arten von Packmitteln:

   a) Packmittel aus Holz:

   _____

   b) Packmittel aus Kunststoff:

   _____

   c) geschlossenes Packmittel:

   _____

   d) Einwegpackmittel:

   _____

2. Welche Arten von Packmitteln treffen auf folgende Beispiele zu?

Beispiele	Nach Material	Nach Bauweise	Nach Verwendungshäufigkeit
Euroflachpalette			
einfache Schachtel			
Weinflasche			

Arbeitsblatt 6: Packmittel aus Holz

1. Welches **Holzpackmittel** empfehlen Sie für den Transport folgender Waren?.

   a) zerbrechliche Ware, die nicht nass werden darf:

   _____

   b) sehr schwere, große Maschine, die nass werden darf:

   _____

   c) vorverpackte Ersatzteile, wenn das leere Packmittel platzsparend sein soll wegen der Rücksendung:

   _____

   d) stapelbare, unempfindliche Betonsteine (40 × 20 cm)

   _____

2. Welche allgemeine Bedeutung hat das folgende Symbol bei Holzpackmitteln?

   _____

   _____

              DE-XX 00000 HT

3. Welche Vorteile bieten Packmittel aus Holz? Nennen Sie zwei.

   a) _____

   b) _____

Arbeitsblatt 7: Packmittel aus Karton bzw. Pappe

1. Warum sind Karton und Schachtel fachbegrifflich nicht das Gleiche?

   Karton = _____

   _____

   Schachtel = _____

   _____

2. Welche zwei Unterarten gibt es bei Pappe? Geben Sie dazu jeweils eine kurze Beschreibung.

   a) _____

   _____

   b) _____

   _____

3. Skizzieren Sie eine zweiwellige, mehrseitig beklebte Wellpappe mit unterschiedlich hohen Wellen.

4. Wie bezeichnet man folgende Packmittel aus Wellpappe?

   a) Es wird flach zusammengelegt geliefert und kann schnell aufgerichtet werden zu einem befüllbaren Packmittel:

   _____

   b) Es hat ein sehr großes Volumen (bis 1 m³), ist unterfahrbar und relativ leicht:

   _____

   c) Eine Schachtel, die im Innern eine Ausstattung zum Befestigen des Packguts hat:

   _____

© Westermann Gruppe

5. Welche Vorteile haben Packmittel aus Wellpappe? Nennen Sie vier.

   a) _____

   b) _____

   c) _____

   d) _____

6. Prüfen Sie die Richtigkeit der folgenden Aussagen (Zutreffendes ankreuzen):

   a) Karton ist ein anderes Wort für Schachtel. ☐ richtig ☐ falsch

   b) Wellpappe ist zusätzlich auch noch stoßdämpfend. ☐ richtig ☐ falsch

   c) Rollenwellpappe ist eine einwellige Wellpappe. ☐ richtig ☐ falsch

   d) Vollpappe ist leichter als Wellpappe. ☐ richtig ☐ falsch

Arbeitsblatt 8: Packmittel aus Kunststoff oder Metall

1. Welche der folgenden Fachbegriffe trifft auf (leere) Transportbehälter aus Kunststoff im Allgemeinen zu?

   Fachbegriffe zur Auswahl: Packmittel, Packhilfsmittel, Packstoff, Packstück, Packgut, Versandverpackung, Einwegverpackung, Verkaufsverpackung

   Zutreffende Fachbegriffe: _____

2. Welche Vorteile bieten Packmittel aus Kunststoff/Metall? Nennen Sie zwei.

   a) _____

   b) _____

3. Welches Packmittel aus Kunststoff/Metall ist mit folgender Umschreibung gemeint?

Umschreibung	Packmittel (Bezeichnung)
Behälter, dessen Maße auf die Europalette abgestimmt sind	
Behälter, der nach einer Drehung ineinander gestellt werden kann	
zusammenlegbarer Behälter (im geleerten Zustand)	
Behälter, der auf zwei kleinere Behälter gestapelt werden kann	

4. Welche Größe (L × B) muss eine Eurobox haben, damit acht Boxen genau auf eine Euroflachpalette (120 × 80 cm) in einer Ebene/Lage passen?
   Skizzieren Sie die Palette, tragen Sie die acht Euroboxen ein und stellen Sie die Maße einer Eurobox fest.

   Skizze:

   Maße einer Box (L × B): _____

5. Wodurch unterscheiden sich Blister- und Skinverpackungen?

   Blister: _____

   _____

   Skin: _____

   _____

Arbeitsblatt 9: Paletten

1. Bezeichnen Sie die beschriebenen Paletten in der folgenden Übersicht.

Beschreibung der Palette	Bezeichnung
Palette ohne Aufbau	
Palette, die von allen Seiten unterfahrbar ist	
Palette, die nur einmal verwendet wird	
Palette, die tauschbar ist und genormte Maße hat	
Palette mit Stützen an den vier Ecken	
Palette mit einem Aufbau aus Baustahlgitter	
Palette aus Naturholz mit den Maßen 1200 × 800 × 144 mm	

© Westermann Gruppe

Lernfeld 6: Güter verpacken

2. a) Aus welchem Material können Flachpaletten bestehen? Nennen Sie drei Materialien.

   _____

   b) Welches Material wird in der Praxis am häufigsten verwendet?

   _____

   c) Aus welcher Holzart besteht eine Inka-Palette?

   _____

3. Bei der Stapelung von Schachteln auf einer Flachpalette hat man im Allgemeinen die Wahl zwischen zwei verschiedenen Stapelarten. Skizzieren Sie zweimal die Stapelung von rechteckigen, länglichen Schachteln jeweils in vier Lagen und bezeichnen Sie darunter die Art der Stapelung.

   _____   _____

4. Wie können die Schachteln auf einer Flachpalette vor dem Herunterfallen gesichert werden? Nennen Sie drei Möglichkeiten.

   a) _____

   b) _____

   c) _____

5. In einem Industriebetrieb sollen beim Transport auch Euroflachpaletten eingesetzt werden.

   Dazu werden verschiedene Überlegungen angestellt.

   a) Passen die Paletten auch gut auf die Firmen-Lkws?
   Maße der Firmen-Lkws: Breite (innen) 2,45 m, Länge (innen) 9,80 m, Höhe (innen) 2,20 m.
   Nehmen Sie dazu Stellung (**Maße** der Palette sowie Beladung in **Breite**, **Länge** und **Höhe** angeben).

   Euroflachpalette

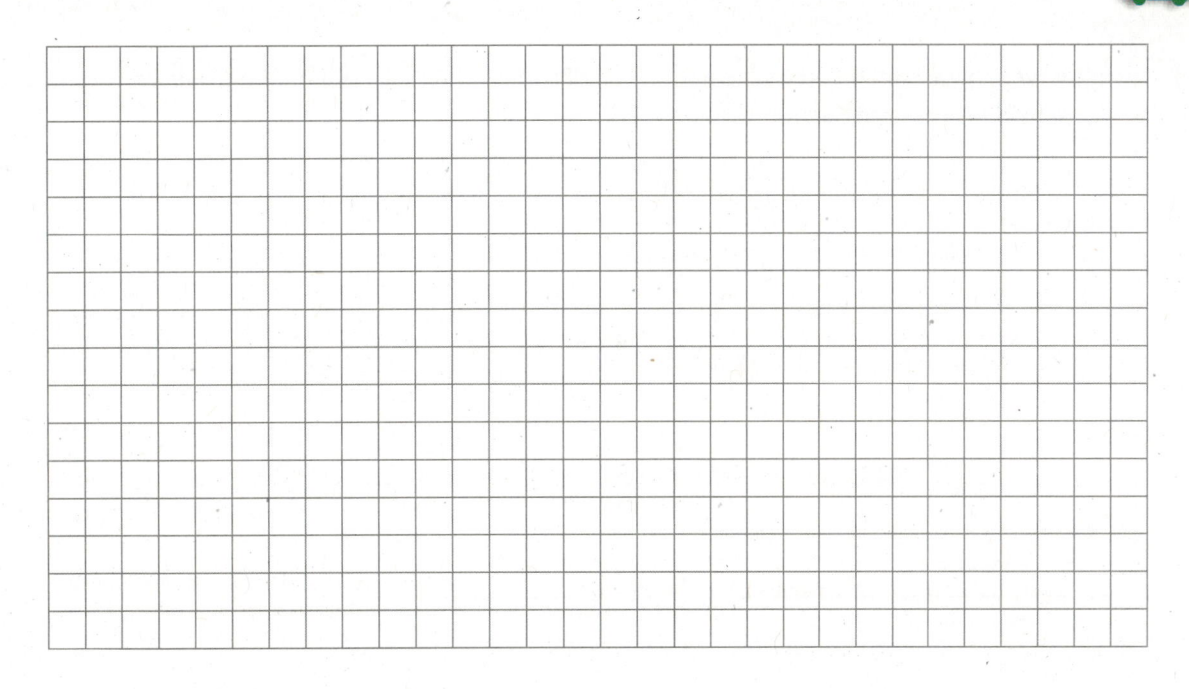

b) Wie schwer ist das Gesamtgewicht der Ladung in Tonnen, wenn der in a) genannte Lkw maximal beladen wird mit zwei Paletten übereinander und die Paletten mit dem maximal zulässigen Gewicht beladen werden? Das durchschnittliche Gewicht einer leeren Palette beträgt 25 kg.

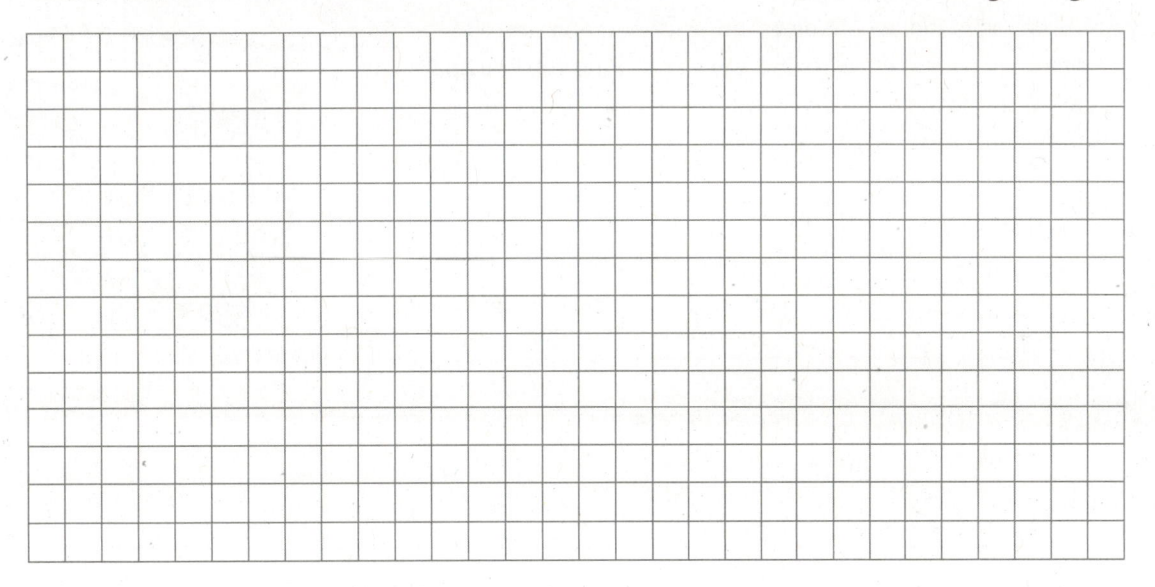

c) Welche besonderen Vorteile bieten Europaletten gegenüber gewöhnlichen Paletten? Nennen Sie drei.

_____
_____
_____
_____
_____

d) Wodurch kann man Euroflachpaletten von den gewöhnlichen Flachpaletten gleicher Größe unterscheiden? Erklären Sie den Unterschied.

___

6. In der Versandlogistik eines Industriebetriebs, der Ölfilter für Fahrzeuge herstellt, wird über die Umstellung von Flachpaletten auf Gitterboxpaletten diskutiert.

   a) Nennen Sie jeweils zwei Vor- und Nachteile der Gitterboxen.

   Vorteile von Gitterboxen:

   - ___
   - ___

   Gitterbox

   Nachteile von Gitterboxen:

   - ___
   - ___

   b) Bei der Diskussion über die Umstellung ist auch die Einführung von Eurogitterboxen ein Thema. Dazu gibt es noch verschiedene Unklarheiten.

   - Passen die Filterschachteln genauso in die Eurogitterboxen wie auf eine Euroflachpalette (mit Begründung)?

     ___

   - Wie viele Gitterboxen können maximal übereinander gestapelt werden, wenn die Auflast bei der Eurogitterbox 6 000 kg beträgt?

     ___

- Wie viele Filterschachteln der Größe 30 × 20 × 15 cm (L × B × H) passen maximal in eine Eurogitterbox? Die Höhe darf nicht überschritten werden.

    Länge: _____

    Breite: _____

    Höhe: _____

    gesamt: _____

c) Wie sehen **Euro**gitterboxpaletten aus und woran kann man sie erkennen? Nennen Sie drei Merkmale.

- _____
- _____
- _____

7. Welchen Vorteil bietet

   a) eine Vollwandpalette gegenüber einer Gitterboxpalette?

   _____
   _____

   b) eine Rungenpalette gegenüber einer Gitterboxpalette?

   _____
   _____

Arbeitsblatt 10: Container

1. Größe von Containern

   a) In welcher Maßeinheit werden Seecontainer gemessen, wie lautet das Zeichen für diese Maßeinheit und wie vielen Zentimetern entspricht dies?

      Maßeinheit: _____

      Zeichen der Maßeinheit: _____

      Die Maßeinheit entspricht _____ cm.

   b) Ein häufig verwendeter Container ist (umgerechnet) 12,19 m lang. Wie bezeichnet man einen solchen Container nach der Größe?

   Container

   _____

   c) Warum werden Container nicht in Metern gemessen?

   _____
   _____

2. Ein Seecontainer hat eine Innenbreite von 2,33 m.

   a) Welche Problematik ergibt sich dadurch bei der Verwendung von Europaletten?

   _____
   _____
   _____

   b) Wie kann die Beladung eines Seecontainers mit Paletten optimal erfolgen?

   _____
   _____

3. Ein 40'-Seecontainer (Standardcontainer) mit den Innenmaßen 12,00 × 2,33 × 2,35 m (L × B × H) soll mit großen Wellpappe-Boxen beladen werden. Die Maße der Wellpappe-Boxen betragen 150 × 115 × 110 cm (L × B × H). Die Beladung erfolgt in zwei Ebenen/Lagen. Wie viele Wellpappe-Boxen passen maximal in diesen Container?

   Länge:

   Breite:

   Höhe:

   gesamt:

4. Wie bezeichnet man folgende Containerarten?

Beschreibung	Containerart
Container, der weltweit einheitlich genormt ist	
geschlossener Container mit Türen an der Stirnseite	
geschlossener Container mit Füllöffnungen für Schüttgut	
Container, der auf Europalettenmaße abgestimmt ist	
geschlossener Container mit abnehmbarem Stahldach	

Arbeitsblatt 11: Packhilfsmittel

1. Wodurch unterscheidet sich ein Packhilfsmittel von einem Packmittel?

   _____
   _____
   _____

Arbeitsblatt 11   127

2. Welche vier Arten von Packhilfsmitteln kann man unterscheiden?

   a) _____   c) _____

   b) _____   d) _____

3. Die Versandabteilung wünscht eine größere Auswahl an Packhilfsmitteln zum Schutz vor mechanischen Einwirkungen wie Druck, Stoß, Kratzern usw. Schlagen Sie jeweils drei Beispiele vor aus folgendem Material:

   a) Papier/Pappe: _____

   _____

   b) Kunststoff: _____

   _____

4. Betrachten Sie die folgenden Abbildungen.

   a) Welche zwei Packhilfsmittel finden hier (rechts) Anwendung?

   _____

   _____

   b) Welche Folie wird hier (rechts) verwendet?

   _____

   Beschreiben Sie diese Folie hinsichtlich Beschaffenheit und Verarbeitung.

   Beschaffenheit: _____

   Verarbeitung: _____

   _____

   _____

5. Wofür werden folgende Packhilfsmittel benötigt?

   a) Trockenmittel: _____

   _____

   b) Stegeinsätze: _____

   _____

   c) Zwischenlagen: _____

   _____

   d) Airbag (Staupolster): _____

© Westermann Gruppe

Lernfeld 6: Güter verpacken

6. Welche der folgenden Packhilfsmittel sind wiederverwendbar? Zutreffendes bitte ankreuzen.

Packhilfsmittel	Wiederverwendbar	Nicht wiederverwendbar
Umreifungsbänder		
Verpackungschips		
Packpapier		
Stretchfolie		

7. Nennen Sie **jeweils zwei** Beispiele von Packhilfsmitteln, die folgende Aufgaben erfüllen können:

a) Schutz des Packguts vor Feuchtigkeit/Nässe: _____

b) Schutz des Packguts vor Druck und Stoß: _____

c) Verschließen des Packmittels: _____

d) Kennzeichnen des Packstücks: _____

8. Ordnen Sie folgende Beispiele den verschiedenen Arten von Packhilfsmitteln zu:

Beispiel	Art des Packhilfsmittels (Schutz-, Füll-, Verschließ-, Kennzeichnungsmittel)
Klebeband	
VCI-Mittel	
Kippindikator	
Luftpolsterkissen	
Stretchfolie	
Kantenschutzstreifen	
Zwischenlagen	
Umreifungsband	
Verpackungschips	

9. Um welche Packhilfsmittel handelt es sich bei folgenden Abbildungen?

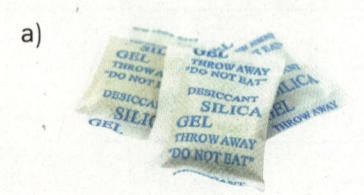

a)

b)

a) _____

b) _____

© Westermann Gruppe

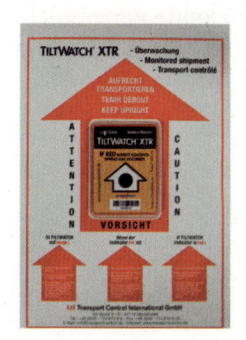

c) _____

d)

c) _____
_____
_____

b) _____
_____

Arbeitsblatt 12: Kosten der Verpackung

1. Prüfen Sie die folgende Rechnung auf ihre Richtigkeit hinsichtlich der Verpackungskosten. Kaufvereinbarung: **Preis 2,50 € je kg einschließlich Verpackung.** Korrigieren Sie fehlerhafte Beträge und tragen Sie die richtigen Beträge daneben ein.

Ware	500 kg netto	1 250,00 €
Verpackung	20 kg	50,00 €
Nettobetrag		1 300,00 €
19 % MwSt.		247,00 €
Rechnungsbetrag		1 547,00 €

2. Wer (Käufer oder Verkäufer) hat gesetzlich folgende Kostenbeispiele zu tragen? Zutreffendes bitte ankreuzen.

Kostenbeispiel	Käufer	Verkäufer
Kosten für das Abfüllen der Ware in Tüten		
Kosten für Umreifungsbänder		
Kosten für Einwegpaletten zur Lieferung der Ware an den Käufer		
Kosten für die Blisterverpackung		
Kosten für die Stretchfolie (Umverpackung)		
Kosten für Euroboxen (Versandverpackung)		

3. Welche Vereinbarungen über die Verpackungskosten können in einem Kaufvertrag vereinbart werden? Nennen Sie drei.

   a) _____

   b) _____

   c) _____

© Westermann Gruppe

4. Berechnen Sie den Gesamtpreis (einschließlich MwSt.) für den Käufer, wenn **keine vertraglichen Vereinbarungen** getroffen wurden.

Preis der Ware: 12,00 € je kg (ohne MwSt.)
Nettogewicht der Ware: 400 kg
Gewicht der Verpackung: 30 kg
Kosten der Versandverpackung: 50,00 € (ohne MwSt.)

Arbeitsblatt 13: Verpackungen für gefährliche Stoffe/Güter

1. Ordnen Sie folgende Beispiele den neun Gefahrgutklassen zu und beschreiben Sie kurz die Gefahr.

Beispiel	Nr. der Klasse	Kurze Beschreibung
Schwefelsäure		
Feuerwerkskörper		
Farben/Lacke		
Asbest		
Propangas		

2. Symbole für Gefahrgutklassen

   a) Beschreiben Sie das Symbol für die Gefahrgutklasse 3

      - Grundfarbe: _____

      - Form: _____

      - Symbol: _____

   b) Zeichnen Sie dieses Symbol (auch in der richtigen Farbe).

3. Welcher Gefahrgutklasse ist dieses Symbol zuzuordnen?

   Gefahrgutklasse: _____

4. Für ein **sehr gefährliches** Packgut wird ein geeignetes Packmittel benötigt. Welcher Buchstabe muss auf dem Packmittel angegeben sein, wenn es dafür geeignet ist? Buchstabe: _____

5. Auf einem Packmittel, das für Gefahrgut geprüft und geeignet ist, steht folgender UN-Code:

(un) 4G / Y 10 / S / 21 / D / BAM 2323 / MO

Was bedeuten darin: a) 4G? _____

b) 21? _____

c) D? _____

Arbeitsblatt 14: Vermeidung und Entsorgung von Verpackungen

1. Wie heißen die beiden rechtlichen Grundlagen, um Verpackungsabfall zu vermeiden bzw. umweltgerecht zu entsorgen?

_____

2. Was versteht man unter dem „Kreislauf" bei der Kreislaufwirtschaft? Ergänzen Sie den folgenden Text.

Produktion → _____ → _____ → Produktion → .....

3. Das Kreislaufwirtschaftsgesetz legt eine bestimmte Abfallhierarchie (Rangfolge) fest. Ergänzen Sie die Stufen dieser Hierarchie.

_____	Es soll möglichst kein bzw. wenig Abfall entstehen.
_____	Gebrauchte Verpackung soll nochmals verwendet werden.
_____	Gewinnung von Rohstoffen aus Verpackungsabfall
_____	Energiegewinnung aus Verpackungsabfall
_____	Erfolgt, wenn die vorhergehenden Rangfolgestufen nicht möglich sind.

© Westermann Gruppe

4. Das Verpackungsgesetz nennt verschiedene Verpackungsbegriffe/Verpackungsarten. Notieren Sie die beschriebene Verpackungsart sowie jeweils ein Beispiel dazu.

Umschreibung	Verpackungsart/-begriff	Beispiel
Verpackung, mit der die Ware verkauft wird		
zusätzliche Verpackung, die mehrere Verkaufsverpackungen umfasst		
Verpackung zum leichteren Transport und besseren Schutz der Ware		

5. Bei der Erfassung der Verpackungsabfälle unterscheidet man zwei Möglichkeiten. Beschreiben Sie kurz die jeweilige Erfassungsart.

Holsystem: _____

_____

_____

Bringsystem: _____

_____

_____

6. Warum wird das Erfassungssystem für Verpackungsabfall als „duales System" bezeichnet?

_____

_____

_____

7. Geben Sie an, welche der folgenden Aussagen über die Vermeidung und Entsorgung von Verpackungsabfall richtig sind. Kreuzen Sie die **richtigen** Aussagen an.

Aussage
a) Altglas-Container sind ein Teil des Bringsystems. ☐
b) Umverpackungen sind immer Mehrwegverpackungen. ☐
c) Nur wenn der „Grüne Punkt" auf der Verpackung steht, kann die Verpackung kostenlos entsorgt werden. ☐
d) Die Entsorgungskosten für Verpackungsabfälle trägt indirekt und letztendlich der Endverbraucher. ☐
e) Nach „Kreislaufwirtschaftsgesetz" kommt „Vermeidung" vor „Recycling". ☐

Arbeitsblatt 15: Zusammenfassender Test zum Lernfeld „Güter verpacken"

1. sehr leichte Pappe mit Hohlräumen
2. mit dem Stapler unterfahrbare Ladeplatte
3. großer Behälter aus Stahl, der in Fuß gemessen wird
4. Ware, die verpackt werden soll
5. geschlossenes Packmittel aus Wellpappe
6. Gewinnung von Rohstoffen aus Verpackungsabfall
7. zusammenlegbarer, sehr stabiler Behälter aus Alu
8. Folie, die um das Packstück gewickelt wird
9. geschlossener Behälter aus Holz
10. Mittel, das der Luft Feuchtigkeit entzieht
11. Kunststoffband, mit dem ein Packmittel umschlossen wird
12. Palette mit Aufbau aus Baustahlgitter
13. Gegenstand, der das Packgut aufnimmt
14. Verpackung, die nur einmal verwendet wird
15. Material, aus dem eine Kiste hergestellt wird

Die Buchstaben in den fett umrandeten Kästchen ergeben **senkrecht** das Lösungswort.

Lösungswort: _____

Lernfeld 7

Touren planen

Arbeitsblatt 1: Die Erde

1. Nennen Sie fünf Gründe, warum Handel (national und international) betrieben wird.

   _____
   _____
   _____
   _____
   _____
   _____
   _____
   _____
   _____
   _____

2. Die Erde ist von einem Gradnetz zur Orientierung umspannt. Geben Sie einen groben Überblick über den Aufbau des Gradnetzes der Erde.

   _____
   _____
   _____
   _____
   _____
   _____
   _____
   _____
   _____
   _____

© Westermann Gruppe

3. Kreuzen Sie die richtige Antwort an.

a) Wozu wird das Gradnetz der Erde benötigt?
- ☐ Um die Lage eines Ortes auf der Erde genau zu bestimmen.
- ☐ Um Karten von der Erde herzustellen.
- ☐ Um die Größe der Kontinente und Ozeane zu bestimmen.

b) Welche Merkmale treffen für alle Meridiane zu?
- ☐ Sie verlaufen vom Nord- zum Südpol.
- ☐ Sie verlaufen parallel.
- ☐ Sie verlaufen entlang des Äquators.

c) Welche Merkmale treffen für alle Breitenkreise zu?
- ☐ Sie verlaufen von West nach Ost.
- ☐ Sie sind alle gleich lang.
- ☐ Sie verlaufen parallel zum Äquator.

d) Welche Koordinaten kann es nicht geben?
- ☐ 10° n. B./10° w. L.
- ☐ 40° n. B./182° w. L.
- ☐ 89° n. B./179° ö. L.

4. Was versteht man unter der Angabe UTC.

_____

_____

_____

5. Sie haben die Aufgabe, mit weltweiten Geschäftspartnern Ihres Unternehmens eine Videokonferenz zu organisieren. Der Standort Ihres Unternehmens befindet sich in Dresden. Die Geschäftspartner sind jeweils von 6:00 Uhr bis 23:00 Uhr Ortszeit erreichbar.

a) Ergänzen Sie in der abgebildeten Tabelle die fehlenden Angaben. Verwenden Sie einen Weltatlas und die Zeitzonenkarte im Lehrbuch, S. 314.

b) Nehmen Sie die Ortsbestimmung im Koordinatensystem der Erde vor. Ungefähre Angaben reichen aus.

Hinweis: Verwenden Sie hierzu das Internet, z. B. www.laengengrad-breitengrad.de.

Geschäftsort	Land	Kontinent	Zeitzone UTC ±	Ortszeit	Geografische Lage
Dresden					
London	Großbritannien	Europa	UTC	12:00	51° 30′ 26.464″ N 0° 7′ 39.929″ W
Moskau					
Shanghai					

Vancouver					
Sao Paulo					
Sidney					
Chicago					
Kapstadt					

c) Geben Sie den Geschäftspartner an, den Sie im genannten Zeitfenster nicht erreichen können.

Arbeitsblatt 2: Arbeiten mit Kartenmaterial

1. Ergänzen Sie die Karte auf der nachfolgenden Seite mit

    - den Namen der Bundesländer,
    - den Hauptstädten der Bundesländer und
    - den Länderbezeichnungen der an die Bundesrepublik Deutschland grenzenden Länder (internationales Kfz-Kennzeichen).

Arbeitsblatt 2   137

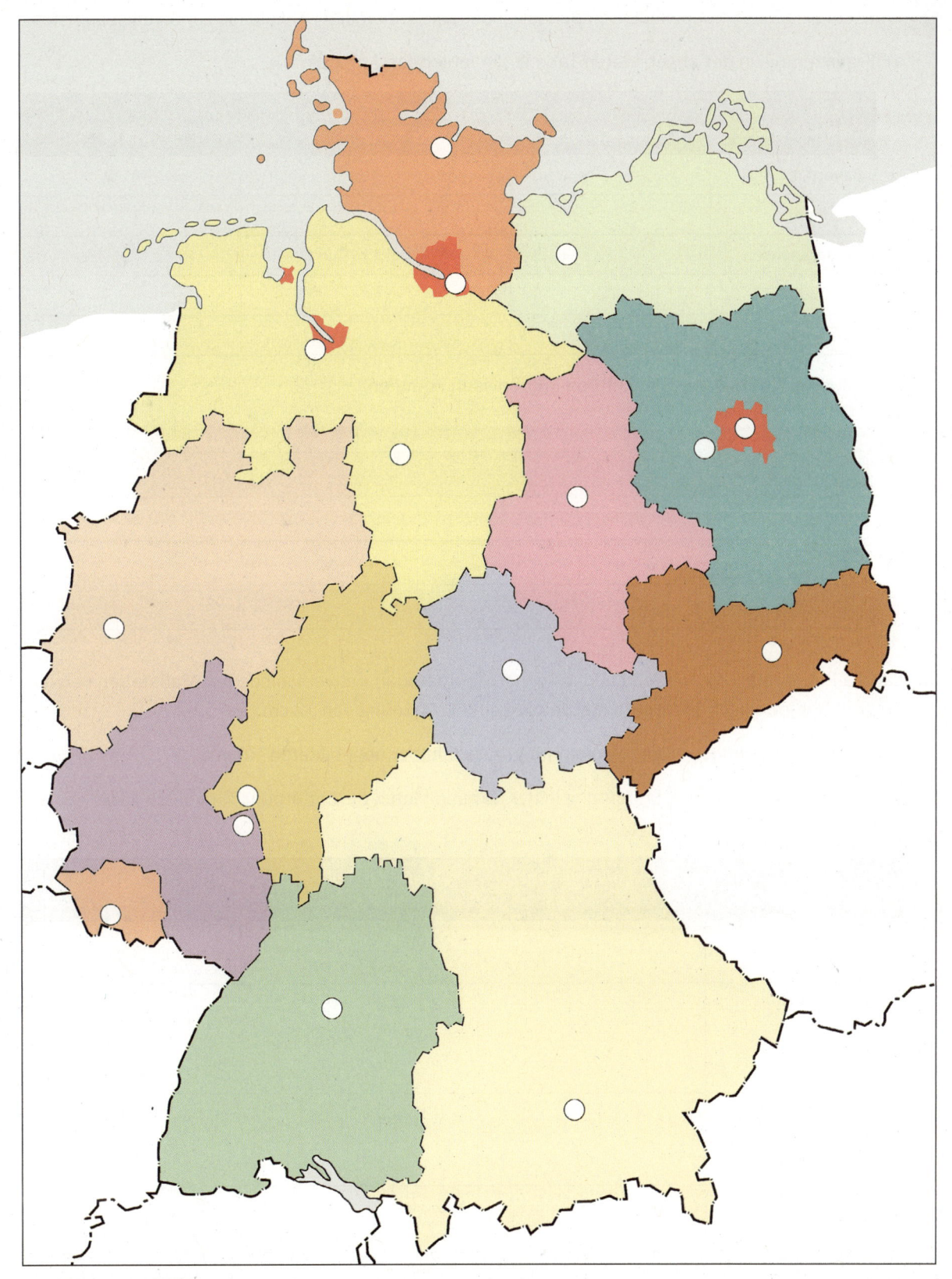

Maßstab 1 : 5 000 000

© Westermann Gruppe

2. Ermitteln Sie für fünf Hauptstädte von Bundesländern die Entfernung per Luftlinie zur Bundeshauptstadt.

   a) Ergänzen Sie in der abgebildeten Tabelle die fehlenden Angaben.

Bundesland	Hauptstadt des Bundeslandes	Gemessene Entfernung in der Karte in cm	Entfernung in der Natur in km
Bayern			
Sachsen			
Niedersachsen			
Hamburg			
Saarland			

   b) Erläutern Sie kurz, wie Sie zu Ihren Ergebnissen kommen.

   _____
   _____
   _____
   _____
   _____

3. Für die Routenplanung werden Landkarten (Kartenmaterial) mit verschiedenen Maßstäben verwendet. Auf der jeweiligen Landkarte messen Sie eine Entfernung von 12 cm.

   a) Ergänzen Sie den jeweiligen Verwendungszweck in der abgebildeten Tabelle.

   b) Geben Sie in der Spalte, Entfernung in der Natur in Meter, die Entfernung für auf der Karte gemessene 1 cm und für 12 cm an.

Art des Kartenmaterials	Verwendungszweck	Maßstab	Entfernung in der Natur in m
Übersichtskarten, z. B. Europa		1 : 4 000 000	
Straßenkarten		1 : 200 000	
Durchfahrtspläne		1 : 100 000	
Stadtpläne		1 : 20 000	

Arbeitsblatt 3: Wirtschaftszentren und Verkehrswege

1. Erarbeiten Sie sich mithilfe des Lehrbuchs auf der S. 317 f. einen Überblick über die wichtigsten Wirtschaftszweige auf den Kontinenten der Erde. Geben Sie jeweils drei bedeutende Industriezweige bzw. Exportgüter an.

Nordamerika	
Südamerika	
Asien	
Afrika	
Australien/Neuseeland	

2. In Europa wird die Wirtschaft anschaulich mit der „Blauen Banane" und der „Goldene Banane" dargestellt. Erklären Sie mithilfe der S. 320 im Lehrbuch die Bedeutung dieser Veranschaulichung.

_____
_____
_____
_____
_____
_____
_____
_____
_____

© Westermann Gruppe

Lernfeld 7: Touren planen

3. Nennen Sie drei Gründe, warum die Entstehung von Wirtschaftszentren nicht immer positiv für eine Region ist. Geben Sie zu jedem Grund ein Beispiel an.

   _____
   _____
   _____
   _____

4. Um die in Europa benötigten Güter einzuführen, werden meist Schiffs- und Flugverbindungen gewählt.

   a) Nennen Sie die vier bedeutendsten Flughäfen für den Güterumschlag in Europa.

   _____
   _____
   _____
   _____

   b) Die ARA-Häfen werden als die bedeutendsten Seehäfen Europas bezeichnet. Suchen Sie die Standorte der Häfen. Geben Sie den Namen und das Land an, in dem sich der Hafen befindet.

   A –
   R –
   A –

5. Um die Güter von den Seehäfen ins Hinterland zu transportieren, werden Schiffe verwendet. Geben Sie mithilfe der Bundeswasserstraßenkarte auf der S. 197 die Wasserwege zum Transport von Gütern auf folgenden Strecken an.

Von Hamburg nach Magdeburg	
Von Rotterdam nach Regensburg	
Von Bremerhaven nach Berlin	

6. Das deutsche Autobahnnetz ist ein Teil des europäischen Fernstraßennetzes. Geben Sie mithilfe der Staukarte auf der S. 145 die befahrenen Autobahnziffern mit den Streckenabschnitten an.

Von Köln nach Nürnberg	
Von Hamburg nach Stuttgart	
Von Berlin nach Kempten	
Von Rostock nach Cottbus	

7. Lösen Sie das folgende Rätsel zu Wirtschaftszentren mithilfe des Lehrbuches. Tragen Sie Ihre Lösungen in die Kästchen neben den Aufgabenstellungen ein. Die dunkel hinterlegten Felder ergeben von oben nach unten gelesen ein Lösungswort, das mit diesem Lernfeld in enger Verbindung steht.

Angaben zum Rätsel

1 Hafenstadt an der Mündung der Weser in die Nordsee
2 Der Regierungssitz des Freistaates Sachsen
3 Sehr bekanntes Industriegebiet in Deutschland
4 Rhein, Main und … begrenzen in Süddeutschland ein Logistikzentrum
5 Ehemaliger Flughafen in Berlin
6 Bedeutender Fluss im Westen Deutschlands
7 Fluss durch München
8 Bundesland im Westen, das durch Schwerindustrie gekennzeichnet ist
9 Hauptsitz eines großen Automobilhersteller in Niedersachen
10 Ort für die Herstellung bzw. Reparatur von Schiffen und Flugzeugen
11 Einer der bedeutendsten Eisenbahnknotenpunkte in Europa

Arbeitsblatt 4: Vorbereitung der Tourenplanung

1. Für die Planung von Touren hat sich die Berücksichtigung der Seven-Rights-Definition nach Plowman bewährt.
   Geben Sie die 7 in der Definition genannten Gesichtspunkte an!

   Seven-Rights:

   _____
   _____
   _____
   _____
   _____
   _____
   _____

© Westermann Gruppe

Lernfeld 7: Touren planen

2. Ergänzen Sie den Lückentet für die Vorbereitung einer Tourenplanung.

   Ziel einer Tourenplanung ist es, die richtigen Güter _____ und im besten _____ beim Kunden auszuliefern. Die Kosten sollen dabei so _____ wie möglich gehalten werden. Kosten können durch die Auswahl eines für den Transport geeigneten _____ und die optimale Planung der _____ eingespart werden. Durch die geschickte Reihenfolge der Entladeort kann der Transportweg und die _____ verkürzt werden. Die Art der Ladung; der _____; die Größe und das _____ der Ladung bestimmen die Art des eingesetzten Fahrzeugs. Für _____ müssen die Gefahrgutvorschriften beachtet und _____ Fahrzeuge verwendet werden. Immer bedeutender wird bei der Tourenplanung der Schutz der _____. Dies kann z. B. durch die Vermeidung von _____ und die Verlagerung der Transporte auf das Binnenschiff und die _____ erfolgen.

3. Sie haben die Aufgabe, die Tourenplanung vorzubereiten. Ihnen liegen für den morgigen Tag drei Versandaufträge vor. Wählen Sie für jeden Transport das geeignete Verkehrsmittel aus. Begründen Sie Ihre Antwort hinsichtlich des Transportweges und der Transportzeit.

   a) **Auftrag 1:** 2000 t Eisenschrott sind von Duisburg nach Rotterdam zu transportieren.

   _____
   _____
   _____

   b) **Auftrag 2:** 30 Europaletten Bananen sind von Hamburg nach Dresden zu transportieren.

   _____
   _____
   _____

   c) **Auftrag 3:** Ein Gemälde soll von Frankfurt am Main nach London transportiert werden, um es in der nächsten Woche bei einer Versteigerung anzubieten.

   _____
   _____
   _____

4. Ermitteln Sie aus der abgebildeten Entfernungstabelle auf S. 144 die Entfernungen.

Von Berlin nach Paris	
Von München nach Lissabon	
Von Hamburg nach Warschau	
Von Leipzig nach Stockholm	
Von Frankfurt nach Rom	
Von Madrid nach St. Petersburg	

Arbeitsblatt 4

5. Ermitteln Sie mit der Karte Großkilometrierung zwischen deutschen Wirtschaftszentren auf der S. 146 die Entfernungen der Teilstrecken und die Gesamtentfernung in km. Tragen Sie Ihre Ergebnisse oberhalb der Pfeile ein.

   Tour 1:

   Rostock → Magdeburg → Hannover → Dortmund

   Gesamt: _____

   Tour 2:

   Berlin → Braunschweig → Hannover → Bielefeld

   Gesamt: _____

   Tour 3:

   Straßburg → Karlsruhe → Stuttgart → Ulm

   Gesamt: _____

   Tour 4:

   Mannheim → Gießen → Erfurt → Chemnitz

   Gesamt: _____

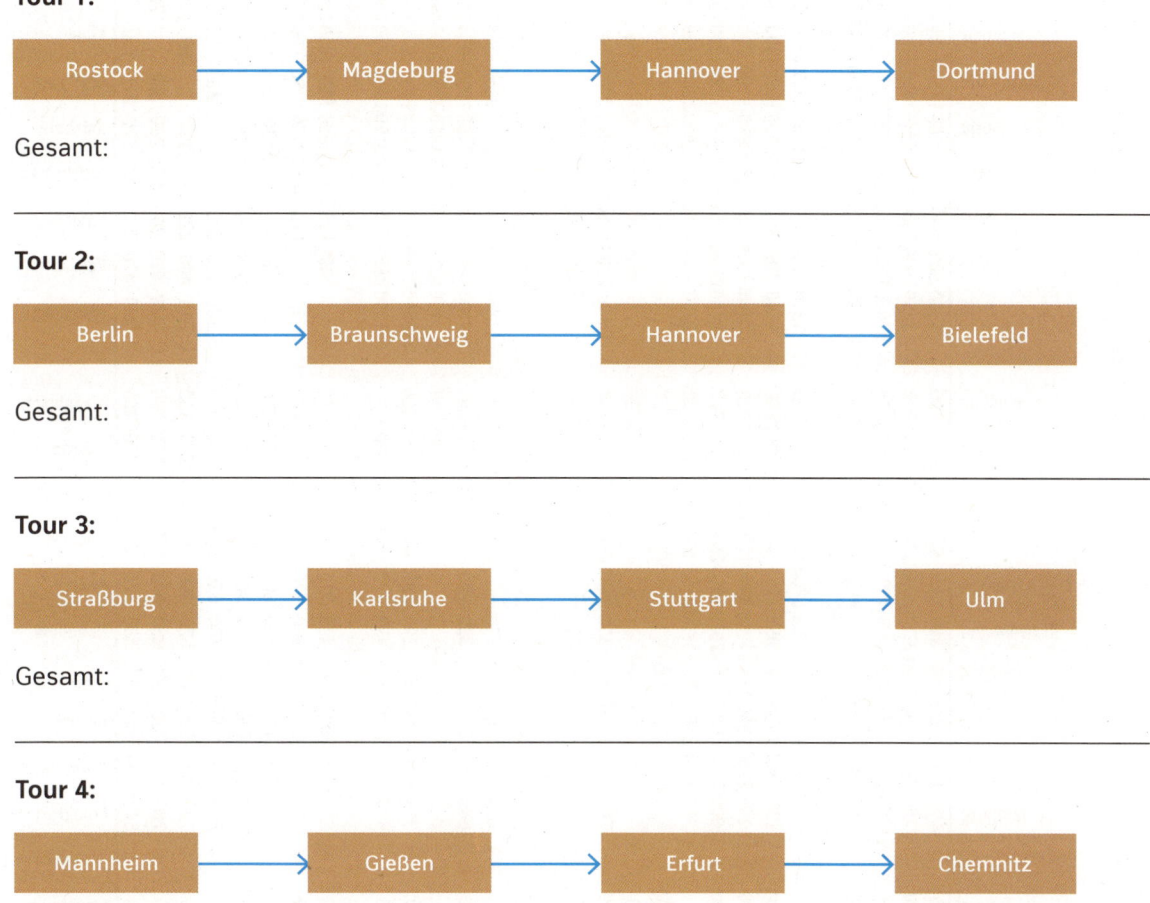

6. Ein Transportunternehmen wird beauftragt, Güter von Neubrandenburg nach München zu befördern. Dabei soll der Fahrer unterwegs in Kassel, Würzburg und Stuttgart Teilladungen an die dortigen Empfänger abliefern.

   a) Wie viele km Umweg fährt der Lkw gegenüber dem kürzesten Weg? Nutzen Sie als Hilfsmittel die Karte „Großkilometrierung zwischen deutschen Wirtschaftszentren" auf der S. 146.

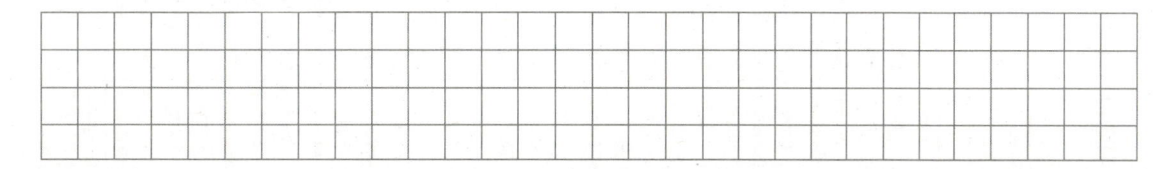

   b) Mit welchen Staubereichen muss der Fahrer auf der kürzeren Strecke rechnen? Nutzen Sie als Hilfsmittel die Staukarte auf der S. 145.

   _____

   _____

   _____

© Westermann Gruppe

Lernfeld 7: Touren planen

Internationale Entfernungstabelle

Arbeitsblatt 4

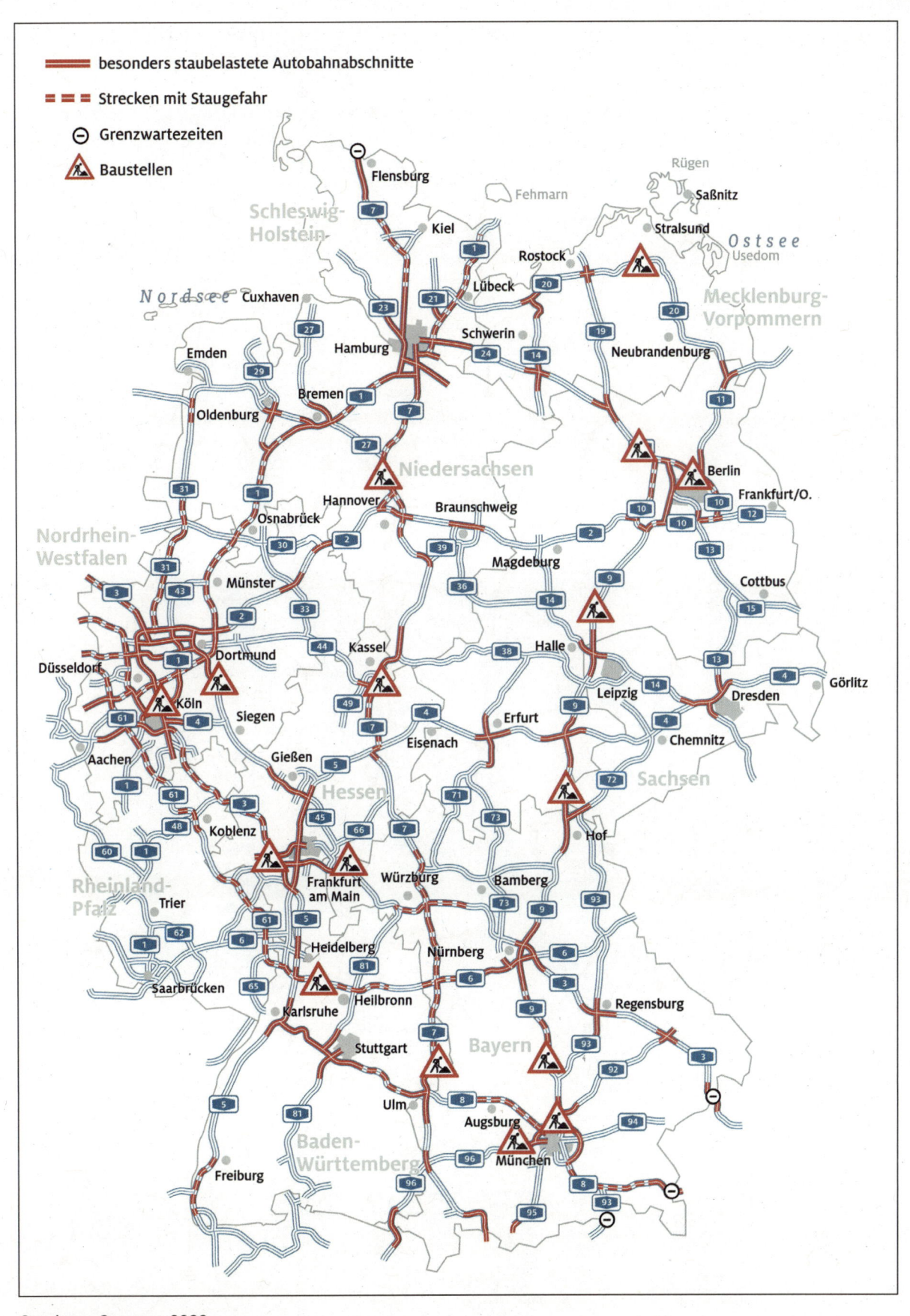

- besonders staubelastete Autobahnabschnitte
- = = = Strecken mit Staugefahr
- ⊖ Grenzwartezeiten
- ⚠ Baustellen

Staukarte Sommer 2020

© Westermann Gruppe

146 Lernfeld 7: Touren planen

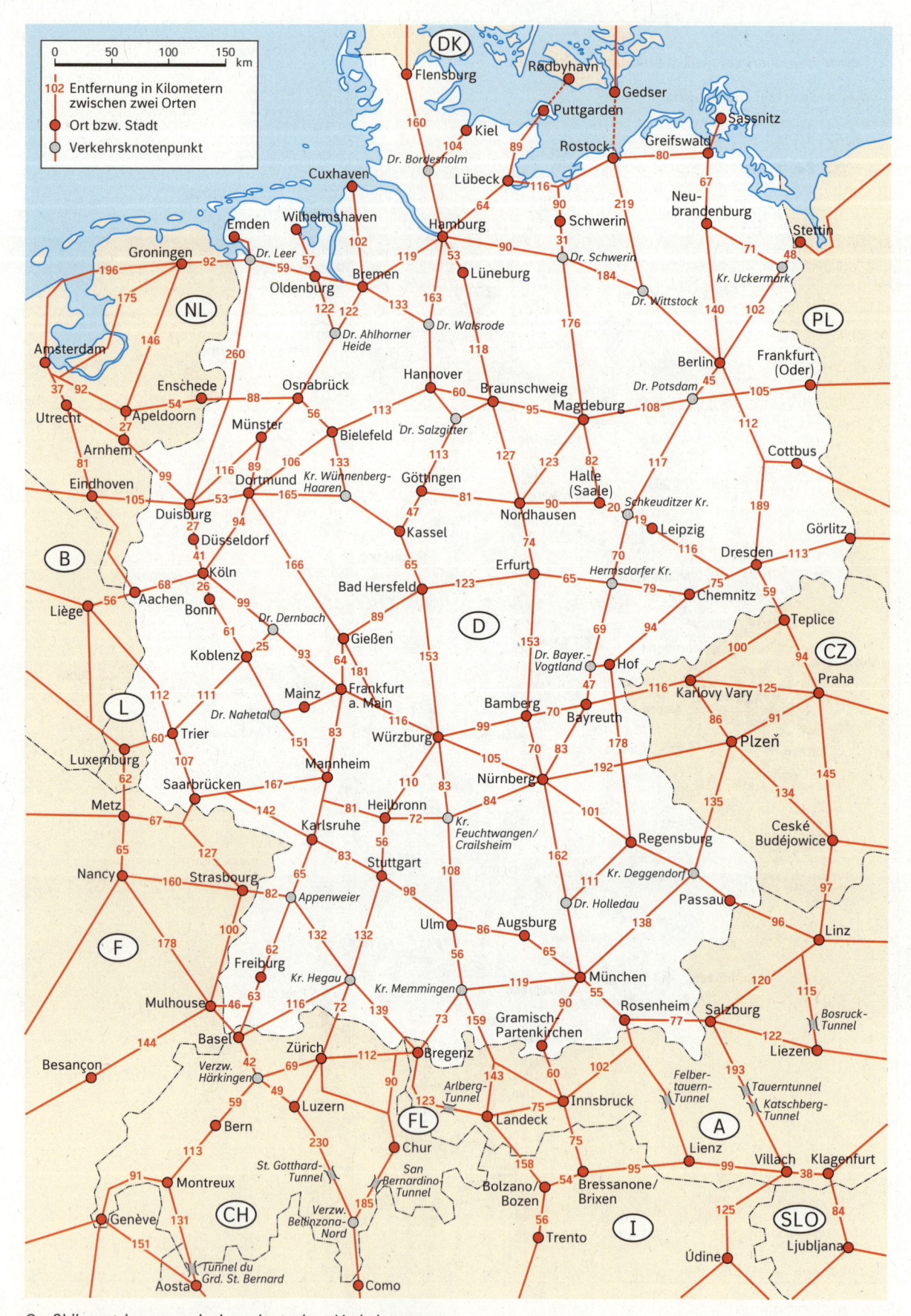

Großkilometrierung zwischen deutschen Verkehrszentren

Arbeitsblatt 5: Planung einfacher Auslieferungstouren

Situation

Ihnen liegen die Kundenaufträge für morgen vor. Erarbeiten Sie einen Tourenplan für eine Auslieferungstour. Der Lkw hat 15 Europalettenstellplätze. Abfahrts- und Ankunftsort ist Frankfurt/Oder. Die Abfahrtszeit ist 07:00 Uhr. Der Lkw ist mit einer Durchschnittsgeschwindigkeit von 30 km/h (inklusive Entladung) unterwegs.

Aufträge für die Tour

Lieferort	Anzahl der Europaletten	Bemerkungen
Beeskow	2	Anlieferung ab 09:00 Uhr
Eisenhüttenstadt	3	
Müllrose	7	
Wiesenau	4	Anlieferung bis 07:45 Uhr

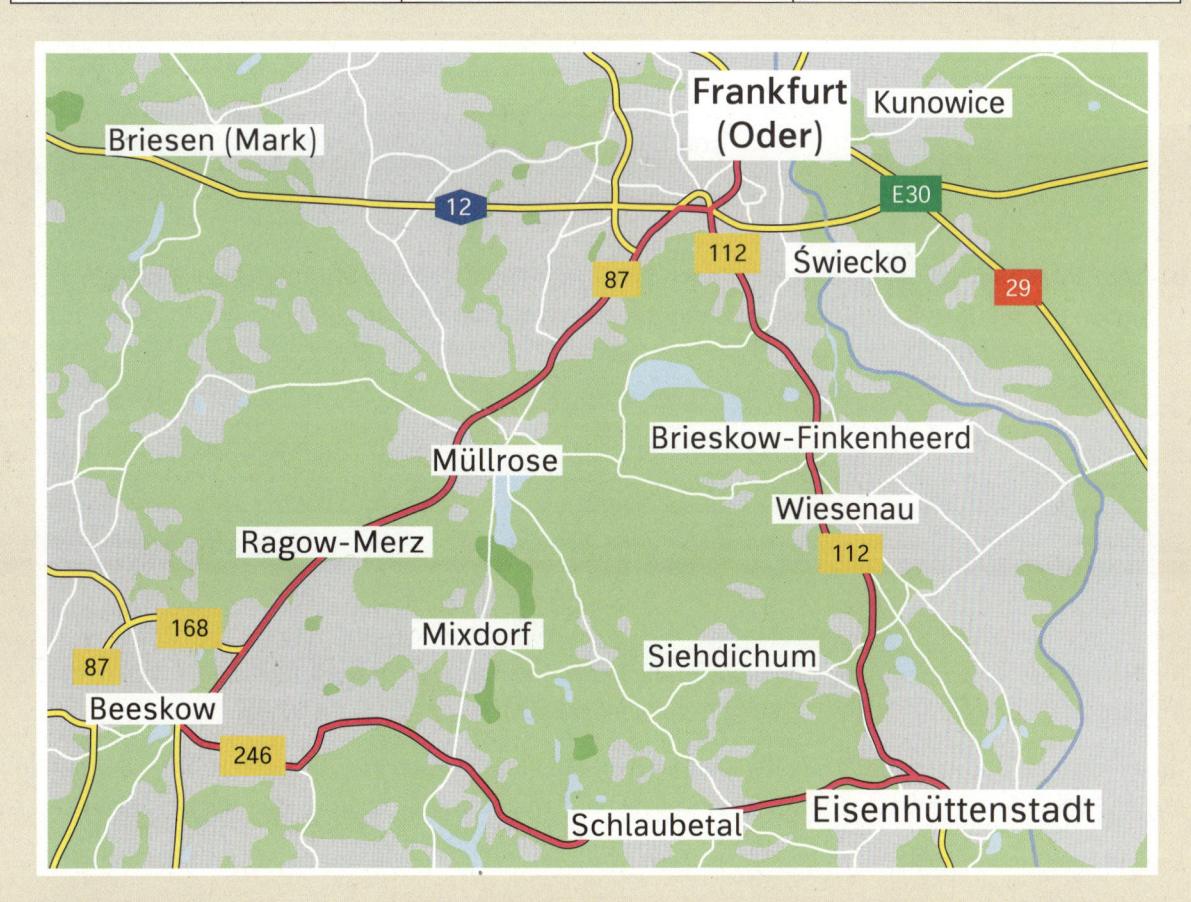

Entfernungstabelle

Angabe in km	Frankfurt	Müllrose	Eisenhüttenstadt	Beeskow	Wiesenau
Frankfurt	–	16	28	32	17
Müllrose	16	–	23	16	15
Eisenhüttenstadt	28	23	–	35	11
Beeskow	32	16	35	–	40
Wiesenau	17	15	11	40	–

1. Zeichnen Sie den gewählten Tourenverlauf in die Karte ein.

2. a) Tragen Sie die Lieferorte in der richtigen Reihenfolge in die Tabelle ein.

   b) Ermitteln Sie die Entfernungen zwischen den Lieferorten und tragen Sie diese ein.

   c) Berechnen Sie die Gesamtlänge der Tour in km. Tragen Sie diese in die Tabelle ein.

   d) Berechnen Sie die Gesamtfahrzeit in Stunden und Minuten. Tragen Sie diese in die Tabelle ein.

Tourenplan	
Ort	Länge der Teilstrecke in km
Von Frankfurt/Oder	–
Nach	
Nach	
Nach	
Nach	
Nach	16
Gesamtlänge:	
Gesamtfahrzeit:	

3. Der Fahrer benötigt nach der Ankunft noch 35 min zur Entladung und Wartung des Fahrzeugs. Geben Sie die Uhrzeit an, wann der Fahrer frühestens mit der nächsten Tour beginnen kann.

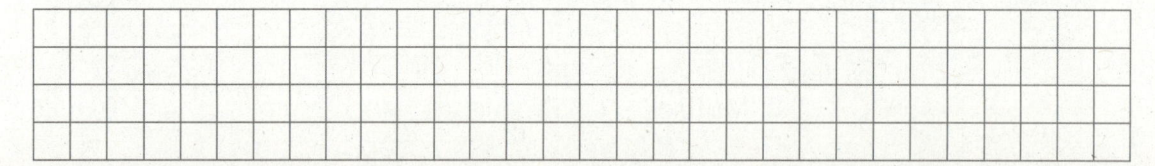

Situation

Als Mitarbeiter in der zentralen Teileauslieferung der Automobil AG in Halle an der Saale haben Sie die Aufgabe, die Autohändler der Umgebung mit Teilen zu beliefern.

Ihnen liegt die nachstehende Liste der Händler vor, die am nächsten Tag die bestellten Teile erhalten sollen. Für die Auslieferung stehen Ihnen zwei Lastkraftwagen zur Verfügung, aber nur ein Fahrer.

Es sind zwei Touren geplant:

Tour 1 (Ost) am Vormittag Tour 2 (West) am Nachmittag

Arbeitsbeginn ist 07:00 Uhr, Mittagspause für den Fahrer von 12:00 bis 13:00 Uhr.

Beide Lkws verfügen über ein maximales Ladegewicht von je 3 500 kg.

Liste mit den Lieferungen für den morgigen Tag:

Adresse des Kunden	Bestellung des Kunden	Anzahl	Gewicht pro Stück	Bemerkungen
Max Müller KG 06749 Bitterfeld	Motorenöl Bremsklötze Fahrradständer	100 32 5	1,0 kg 6,5 kg 15,0 kg	
Autohaus Schulte 04509 Delitzsch	Auspuff Lautsprecher Kotflügel Reifen	5 4 2 16	7,2 kg 3,0 kg 35,0 kg 9,0 kg	
Kluge Autohandel 06333 Hettstedt	Schalter Gewindestäbe Felgen Frontscheibe	20 50 4 3	0,75 kg 1,5 kg 7,25 kg 16,0 kg	ab 13:00 Uhr
Ingo Schmidt GmbH 06420 Könnern	Achse Lautsprecher Tür Bremsscheiben	2 4 2 20	175,0 kg 3,0 kg 75,0 kg 7,4 kg	
Autohaus Landsberg 06188 Landsberg	Motorenöl Kotflügel Felgen	200 6 12	1,0 kg 36,5 kg 5,5 kg	bis 08:00 Uhr
Keller & Nagel 06295 Lutherstadt Eisleben	Motorenöl Schrauben Reifen	100 500 4	1,0 kg 2,0 kg je 100 Stück 10,0 kg	
Schnur & Sohn Autoreparatur 06268 Querfurt	Frontscheibe Autoradio Achse	2 2 2	17,5 kg 6,0 kg 165,0 kg	ab 15:00 Uhr
Autopark Seidl 06217 Merseburg	Lautsprecher Achse Kotflügel	4 2 1	3,0 kg 160,0 kg 40,0 kg	
Mutze & Schreiber 04435 Schkeuditz	Felgen Reifen Motorenöl Tür	6 10 200 2	7,0 kg 9,0 kg 1,0 kg 67,5 kg	bis 12:00 Uhr

4. Planen Sie die Routen für Tour 1 und Tour 2 nach der vorliegenden Landkarte auf der S. 151 und tragen Sie die anzufahrenden Orte und Kunden in einer sinnvollen Reihe in die abgebildeten Tourenpläne ein. Berücksichtigen Sie dabei die zeitlichen Sonderwünsche der Kunden.

5. Berechnen Sie das Gewicht der Ladung je Lkw und tragen Sie dieses ebenfalls in den Tourenplan ein.

Automobil AG – Tourenplan			
Tour 1 (Ost)			
Laufende Nr.	Ort	Empfänger	Gewicht
1			
2			
3			
4			
5			

Ladegewicht gesamt: _____

Automobil AG – Tourenplan			
Tour 2 (West)			
Laufende Nr.	Ort	Empfänger	Gewicht
1			
2			
3			
4			
5			

Ladegewicht gesamt: _____

Arbeitsblatt 5   151

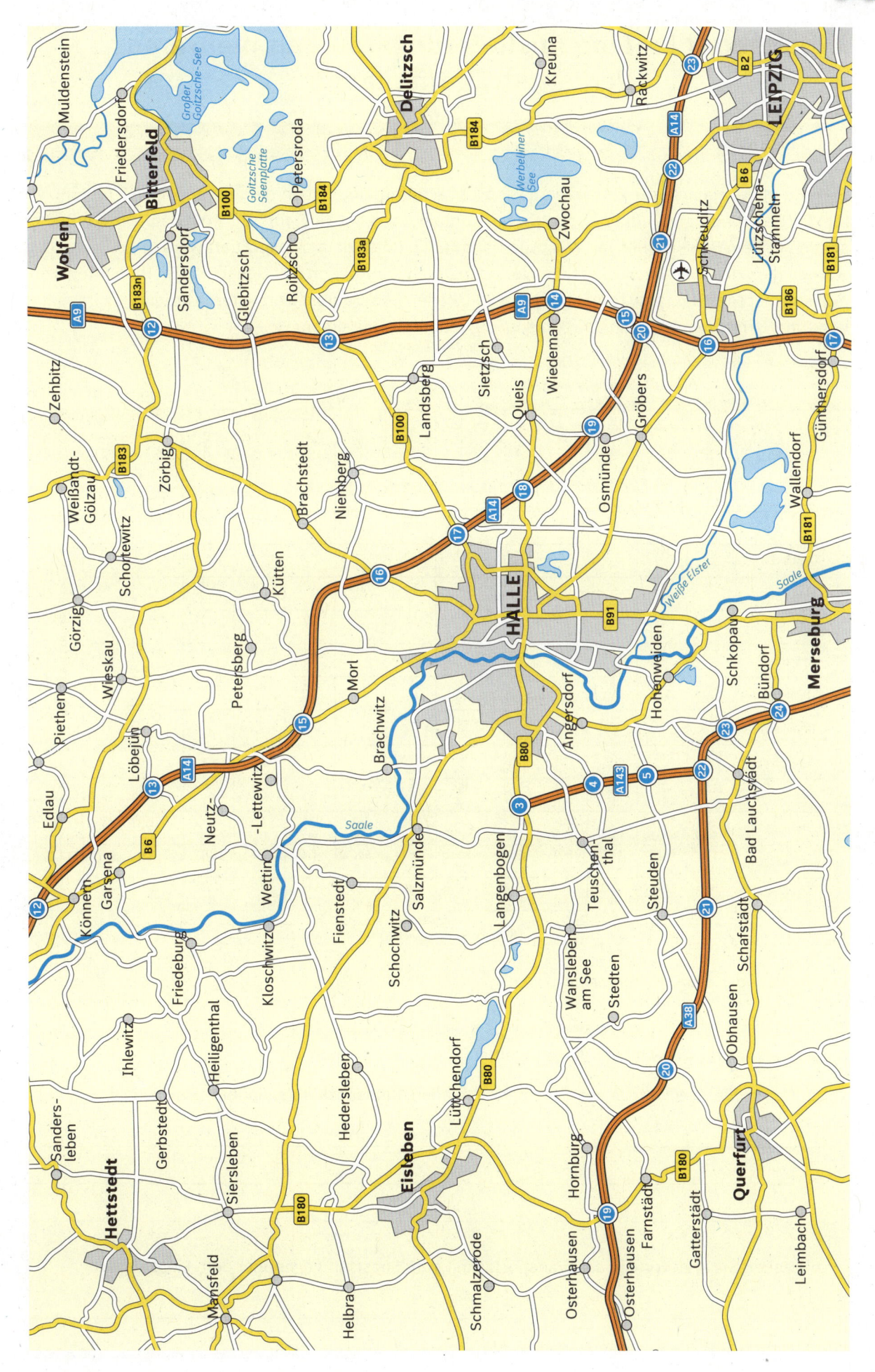

Maßstab 1 : 30 000

© Westermann Gruppe

Arbeitsblatt 6: Eine Auslieferungstour mit mehreren Verkehrsträgern planen

Situation

Sie sind in der Hafenlogistik Würzburg GmbH beschäftigt und haben die Aufgabe, einen Tourenplan für die Beförderung von drei Stück 40-Fuß-Containern nach New York zu erstellen. Die Container sollen mit dem Binnenschiff von Würzburg zum Hafen Rotterdam transportiert werden. In Rotterdam werden die Container auf ein Seeschiff verladen. Nach der Ankunft des Seeschiffs im Hafen New York müssen diese mit dem Lkw beim Kunden in 300 Meilen Entfernung ausgeliefert werden. Der Transport von Ihrer Firma zum Hafen in Würzburg erfolgt ebenfalls mit einem Lkw.

Entfernungen und geschätzte Fahrzeiten auf der Main-Donau-Wasserstraße
(für ein beladenes Motorgüterschiff mit Antrieb 0,5 Kw pro t bei mittlere Wasserführung auf Rhein, Main u. Donau)

	Rotterdam	Duisburg	Mainz	Frankfurt	Aschaffenburg	Würzburg	Bamberg	Nürnberg	Regensburg	Deggendorf	Passau	Linz	Wien
Rotterdam		14	31	36	45	71	96	108	134	145	152	160	180
Duisburg	225 (–)		17	22	31	57	82	94	120	131	138	146	166
Mainz	503 (–)	278 (–)		6	14	41	65	77	103	114	121	129	149
Frankfurt	538 (3)	313 (3)	35 (3)		8	35	59	71	97	108	115	123	143
Auschaffenburg	590 (7)	365 (7)	87 (7)	52 (4)		27	51	63	89	100	107	116	136
Würzburg	755 (20)	530 (20)	252 (20)	217 (17)	165 (13)		25	37	63	74	81	89	109
Bamberg	890 (34)	665 (34)	387 (34)	352 (31)	300 (27)	135 (14)		12	38	49	56	64	84
Nürnberg	959 (41)	734 (41)	456 (41)	421 (38)	369 (34)	204 (21)	69 (7)		26	37	44	52	72
Regensburg	1091 (52)	866 (52)	588 (52)	553 (49)	501 (45)	336 (32)	201 (18)	132 (12)		11	18	26	46
Deggendorf	1149 (54)	924 (54)	646 (54)	611 (51)	559 (47)	394 (34)	259 (20)	190 (14)	93 (3)		7	15	35
Passau	1242 (55)	1017 (55)	739 (55)	704 (52)	652 (48)	487 (35)	352 (21)	283 (15)	151 (4)	57 (1)		8	28
Linz	1343 (58)	1118 (58)	840 (58)	805 (55)	753 (51)	588 (38)	453 (24)	384 (18)	252 (7)	157 (4)	101 (3)		20
Wien	1538 (64)	1313 (64)	1035 (64)	1000 (61)	948 (57)	783 (44)	648 (30)	579 (24)	447 (13)	352 (10)	296 (9)	195 (6)	

Entfernung in km
Klammerwerte – Anzahl der Schleusen

Fahrzeit in Stunden

Entfernung und geschätzte Fahrzeiten

1. Sie bereiten die Auswahl der Verkehrsmittel für diesen Transport vor.

   a) Geben Sie zwei Vorteile des Transportes mit dem Binnenschiff gegenüber dem Lkw an.

   b) Geben Sie zwei Vorteile des Transportes mit dem Seeschiff gegenüber dem Flugzeug an.

c) Sie entscheiden sich für den Transport der Container von Würzburg nach Rotterdam mit dem Binnenschiff. Ermitteln Sie mithilfe der Tabelle „Entfernung und geschätzte Fahrzeiten" auf S. 152 die Entfernung und die Fahrzeit für den Transport der Container mit dem Binnenschiff von Würzburg nach Rotterdam.

Fahrtzeit	
Entfernung	

2. Für die Tourenplanung wurden schon einige Werte in der folgenden Tabelle eingetragen. Vervollständigen Sie die fehlenden Eintragungen in der abgebildeten Tabelle. Bearbeiten Sie dazu die folgenden Aufgaben.

   a) Ihnen stehen für den Transport der Container zum Hafen Würzburg drei Lkw zur Verfügung. Die Fahrzeit bis zum Hafen beträgt 30 min. Geben Sie an, wann Sie spätestens ab dem Unternehmen abfahren müssen.

   b) Ermitteln Sie die Ankunftszeit des Binnenschiffs in Rotterdam.

   c) Ermitteln Sie die Ankunftszeit des Seeschiffs in New York. Verwenden Sie hierzu die Karte zum Oberflächenverkehr auf S. 341 im Lehrbuch.

   d) Der Empfangsspediteur übernimmt die Fracht am 25.07. um 10:00 Uhr im Hafen New York. Berechnen Sie die Ankunftszeit beim Kunden, wenn der Lkw 40 Meilen/h fährt.

Versandablauf	Datum	Uhrzeit
Versand ab Unternehmen	07.07.	
Bereitstellung der Container im Hafen Würzburg	07.07.	bis 12:30 Uhr
Verladung der Container im Hafen Würzburg	07.07.	14:00 Uhr
Abfahrt des Binnenschiffs im Hafen Würzburg	07.07.	16:00 Uhr
Ankunft des Binnenschiffs im Hafen Rotterdam		
Bereitstellung zur Verladung in Rotterdam	11.07.	12:00 Uhr
Abfahrt des Seeschiffs in Rotterdam	12.07.	00:00 Uhr
Ankunft des Seeschiffs in New York		
Übernahme der Fracht durch den Empfangsspediteur	25.07.	10:00 Uhr
Auslieferung beim Kunden		

3. Ihr Unternehmen sucht noch nach einer Alternative zum Transport mit dem Seeschiff. Sie schlagen vor, den Transport mit dem Flugzeug durchzuführen.

   a) Der Transport des Containers muss von Würzburg nach Frankfurt mit dem Lkw erfolgen. Ermitteln Sie mit der Karte „Großkilometrierung zwischen deutschen Verkehrszentren" auf S. 146 die Entfernung zwischen Würzburg und Frankfurt am Main.

   b) Berechnen Sie die Fahrzeit in Stunden und Minuten, wenn der Lkw mit einer Durchschnittsgeschwindigkeit von 60 km/h unterwegs ist. Runden Sie auf volle Stunden auf.

154 Lernfeld 7: Touren planen

c) Das Flugzeug fliegt in Frankfurt um 19:30 Uhr ab. Die Güter müssen 4 Stunden vor Abflug in Frankfurt angeliefert werden. Berechnen Sie, wann die LKW spätestens in Würzburg abfahren müssen.

d) Ermitteln Sie die Flugzeit von Frankfurt nach New York. Verwenden Sie hierzu die Karte zum Oberflächenverkehr auf S. 341 im Lehrbuch.

e) Ermitteln Sie das Datum und die Ankunftszeit des Flugzeugs in New York. Beachten Sie den Zeitunterschied. Verwenden Sie hierzu die Abbildung S. 314 im Lehrbuch

f) Die Auslieferung beim Kunden erfolgt am 08.07. um 17:30 Uhr. Ermitteln Sie mit Ihrem Ergebnis aus Aufgabe 2 den Zeitunterschied zwischen dem Transport mit dem Seeschiff und dem Flugzeug.

g) Begründen Sie, für welche Güter der Transport mit dem Flugzeug sinnvoller wäre als der Transport mit dem Lkw.

Arbeitsblatt 7: Einen Frachtauftrag bearbeiten

Situation

Der Fuhrunternehmer Frank Fix, 04129 Leipzig, Pretzscher Str. 12 erhält von der Firma Sachsen-Bäcker am 28.10.20.. folgenden Transportauftrag:

Auftraggeber	Firma Sachsen-Bäcker Reudnitzer Straße 14 04103 Leipzig
Transportgut	28 Europaletten mit Gebäck, nicht stapelbar Gewicht 9358 kg Markierung FK
Empfänger:	Großmarkt Frisch-Kauf Daimler Straße 27 89079 Ulm
Transporttermin	01.11.20..
Frachtkosten	übernimmt Firma Sachsen-Bäcker

Frank Fix verfügt über einen Sattelzug (Kennzeichen L-IS-113) mit einer Ladelänge von 12,20 m sowie einer Nutzlast von 22760 kg und einen Lkw-Zug mit zwei Wechselbehältern, Ladelänge jeweils 7,15 m. Die Nutzlast je Wechselbehälter beträgt 12240 kg. Das Kennzeichen der Zugmaschine lautet L-IS-114, das Kennzeichen des Anhängers L-EH-123.

Arbeitsblatt 7

1. Überprüfen Sie, ob Sie für den Transport der Sendung der Firma Sachsen-Bäcker den Sattelzug einsetzen können. Berechnen Sie dabei, wie viele Lademeter die Sendung der Firma Sachsen-Bäcker benötigt.

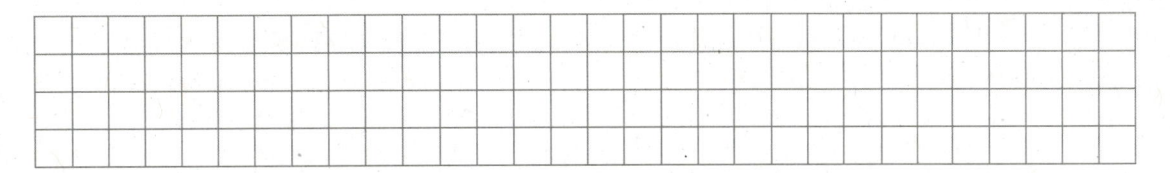

2. Zeichnen Sie den Stauplan für den Lkw-Transport der Firma Sachsen-Bäcker. Nummerieren Sie die Paletten.

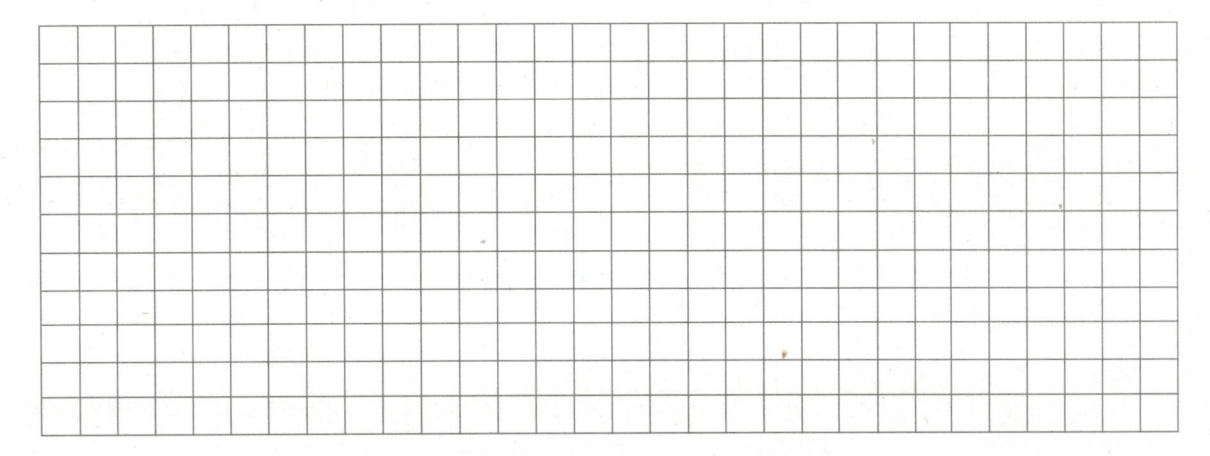

3. Nach der Beladung des Lkw startet Frank Fix um 06:30 Uhr in Leipzig. Die Strecke beträgt 469 km. Wann wird er den Großmarkt Frisch-Kauf in Ulm bei einer Durchschnittsgeschwindigkeit von 70 km/h voraussichtlich erreichen? Berücksichtigen Sie dabei die Sozialvorschriften im Straßengüterverkehr (45 Minuten Fahrzeitunterbrechung nach einer Fahrzeit von 4,5 h).

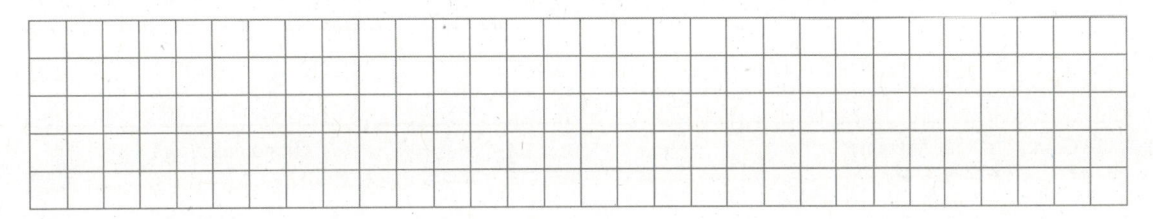

4. Geben Sie an, wer nach dem deutschen Frachtrecht für das Beladen und Entladen des Lkw verantwortlich ist. Unterscheiden Sie zwischen beförderungssicherer Verladung und betriebssicherer Verladung. Erklären Sie kurz diese Begriffe.

   Für die beförderungssichere Verladung ist der _____

   Für die betriebssichere Verladung ist der _____

   Für die Entladung ist der _____

© Westermann Gruppe

5. Füllen Sie den Frachtbrief aus.

1 Absender (Name, Anschrift)	**FRACHTBRIEF** für den gewerblichen Güterkraftverkehr		
2 Empfänger (Name, Anschrift)	3 Frachtführer (Name, Anschrift)		
4 Meldeadresse	5 Nachfolgende Frachtführer (Name, Anschrift)		
6 Übernahme des Gutes Versandort _____ Beladestelle _____	7 Vorbehalte und Bemerkungen der Frachtführer		
8 Ablieferung des Gutes Ort _____ Entladestelle _____			
9 Beigefügte Dokumente			

10 Anzahl der Packstücke	11 Zeichen und Nummern	12 Art der Verpackung	13 Bezeichnung des Gutes	14 Bruttogewicht in kg	15 Volumen in m³

16 Gefahrgut-Klassifikation	Nettomasse kg/l
UN-Nr. ____ Offizielle Bennung _____	
Nummer Gefahrzettelmuster ____ Verpackungsgruppe ____	

17 Weisungen des Absenders	
18 Nachnahme 19 Frankatur	20 Besondere Vereinbarungen

21 Ausgefertigt in _____ am _____	Gut empfangen am
22 Unterschrift und Stempel des Absenders	23 Unterschrift und Stempel des Frachtführers	24 Unterschrift und Stempel des Empfängers

	25 Amtl. Kennzeichen	26 Nutzlast in kg	
KFZ			
Anhänger			

© Westermann Gruppe

Arbeitsblatt 8: Einen CMR-Frachtbrief ausfüllen

Situation

Sie sind Mitarbeiter der Fluggeräte GmbH, Industriestr. 4, 04229 Leipzig.

Ihr Betrieb versendet mit heutigem Datum in 15 Verschlägen Maschinenteile an Ihren Kunden, die Instrumentale Colvosco, Viale Isonzo 20, 3452 Mailand, Italien. Außerdem gehören zur Ladung auch zwei Holzkisten mit erklärungspflichtigen Chemikalien, Gefahrenklasse 3, UN-Nummer 1263. Die dazugehörigen Gefahrgut-Daten stehen in der beiliegenden Ladeliste Nummer 543278922. Dem Frachtbrief ist auch ein Unfallmerkblatt/schriftliche Weisung beigefügt. (Hinweis: Die Ladeliste und das Unfallmerkblatt/schriftliche Weisung selbst sind nicht zu bearbeiten, sondern im Frachtbrief zu erwähnen!) Für den Transport gelten die internationalen Gefahrgutvorschriften für die Straße (ADR). Dies ist im Frachtbrief auch kenntlich zu machen.

Frachtführer ist die Spedition Erich Haslbeck, Straubinger Str. 42, 84130 Dingolfing. Jeder Verschlag hat ein Gewicht von 625 kg und die Maße 1,40 m × 1,20 m × 0,80 m. Die Holzkisten wiegen mit Inhalt je 90 kg und sind 0,75 m × 0,75 m × 0,75 m groß.

Die Transportkosten von Leipzig nach Mailand übernimmt die Fluggeräte GmbH.

Die Verladung der Verschläge auf den Lkw mit dem Kennzeichen DGF-EP 5, Nutzlast 20 000 kg, erfolgt auf dem Werksgelände der Fluggeräte GmbH in Leipzig. Die Entladestelle ist das Werksgelände der Instrumentale Colvosco in Mailand.

Bei der Übernahme der Verschläge stellt der Fahrer der Spedition fest, dass bei einem Verschlag zwei Seitenbretter beschädigt sind. Er möchte dies im Frachtbrief vermerkt haben.

Die Spedition bittet Sie außerdem, im Frachtbrief in Feld 25 die Angaben zur Ermittlung der Entfernung mit Grenzübergängen einzutragen. Die Fahrt erfolgt über die Brennerautobahn in Österreich. Als Hilfsmittel dienen die im Anhang stehende Kilometrierung und eine Europa-Landkarte. Einzutragen sind nur die Gesamtstrecken in den drei betroffenen Ländern.

1. Füllen Sie den Frachtbrief entsprechend den obigen Angaben aus. Das Ausfertigungsdatum entspricht dem Versanddatum.

2. Suchen Sie auf einer Europa-Landkarte eine alternative Fahrroute für den Fall, dass die Fahrt über den Brenner wegen Murenabgängen nicht möglich ist.

_____
_____
_____

Anhang:
Kilometrierung: Leipzig – Mailand

Strecke	Kilometer
Leipzig – München	450 km
München – Kufstein	110 km
Kufstein – Innsbruck	55 km
Innsbruck – Brenner	50 km
Brenner – Verona	240 km
Verona – Mailand	160 km

© Westermann Gruppe

3. Ermitteln Sie die voraussichtliche Fahrzeit des Lkw unter Berücksichtigung der Lenk- und Ruhezeiten im Straßengüterverkehr (siehe S. 416 im Lehrbuch). Bedingt durch Staus auf den Autobahnen wird eine Durchschnittsgeschwindigkeit von 70 km/h angesetzt. Wann kann der Fahrer frühestmöglich bei der Instrumentale Colvoscoin in Mailand ankommen? Rechnen Sie mit einer Tageslenkzeit von 9 Stunden. Der Lkw verlässt am Montag pünktlich um 8.00 Uhr das Betriebsgelände der Fluggeräte GmbH in Leipzig.

Arbeitsblatt 8

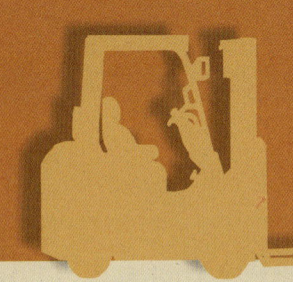

Lernfeld 8

Güter verladen

Arbeitsblatt 1: Rechtliche Grundlagen der Ladungssicherung

1. Nennen Sie die Beteiligten an der Be- und Entladung von Fahrzeugen nach § 412 HGB.

   _____
   _____

2. Erklären Sie den Unterschied zwischen betriebssicherer und beförderungssicherer Verladung. Wer ist jeweils dafür verantwortlich?

   _____
   _____
   _____
   _____
   _____
   _____
   _____
   _____
   _____

3. Ordnen Sie die folgenden Tätigkeiten den Anforderungen der betriebssicheren Verladung bzw. der beförderungssicheren Verladung zu:

Tätigkeit	Betriebssichere Verladung	Beförderungssichere Verladung
Beladen des Fahrzeugs		
Verpacken des Gutes und Beschriftung der Versandstücke		
Festlegen der Gewichtsverteilung		
Auswahl eines geeigneten Fahrzeugs und Fahrers		
Bereitstellung der Mittel zur Ladungssicherung		
Befestigung und Sicherung der Ladung		
Anmeldung des Transportes (Art, Menge, Ziel)		
Überprüfung der Beladung und der Ladungssicherung		

© Westermann Gruppe

Arbeitsblatt 1

4. Wer übernimmt in den folgenden Situationen die Verantwortung für die ungenügende Sorgfalt bei der Verladung und Ladungssicherung?

Situation	Absender/ Verlader	Frachtführer/ Fahrer
Die Ladung ist verrutscht, da die Lücken zwischen den Packstücken nicht ausgefüllt waren.		
Eine Flüssigkeit ist ausgelaufen, da falsche Behälter verwendet wurden.		
An geladenen Schachteln wurden Feuchtigkeitsschäden durch eine zerrissenen Plane verursacht.		
Der Fahrer führt den Transport trotz festgestellter technischer Mängel am Fahrzeug durch.		
Zurrgurte sind durch Nichtbeachtung der zulässigen Spannkraft beim Zurren der Ladung gerissen.		
Der Absender weist den Fahrer auf die Kontrolle der Ladungssicherung vor der Abfahrt hin. Der Fahrer besteht darauf, aus Zeitgründen auf die Kontrolle zu verzichten.		
Bei einer Notbremsung lösen sich Teile eines Packstücks und beschädigen die Ladebordwand.		
Durch einen Fehler im Beladeplan wird die zulässige Achslast überschritten.		
Durch falsche Angaben des Absenders wird bei der Beladung die Nutzlast des Fahrzeuges überschritten.		

Beladung eines Lkw

Situation

Der Fahrer erhält den Auftrag, Baumaterialien von einer Baustelle abzuholen. Vertraglich wurde vereinbart, dass er die Beladung in eigener Verantwortung durchführt. Beim Anheben der Ziegel wird die obere Lage durch die Greifarme beschädigt.

5. a) Beschreiben Sie die Situation in der Abbildung und nennen Sie die Tätigkeiten, die dem Fahrer aufgrund der vertraglichen Vereinbarung zusätzlich übertragen werden.

_____
_____
_____
_____
_____

© Westermann Gruppe

b) Welche Maßnahmen führt der Fahrer hinsichtlich der betriebssicheren und beförderungssicheren Verladung der Baumaterialien durch?

betriebssichere Verladung:
_____
_____
_____
_____
_____

beförderungssichere Verladung:
_____
_____
_____
_____

c) Begründen Sie, wer die Haftung für die beschädigten Ziegel übernimmt.
_____
_____
_____

Arbeitsblatt 2: Physikalische Grundlagen der Ladungssicherung

1. Ergänzen Sie die fehlenden Begriffe im Text.

Immer dann, wenn sich die _____ des Fahrzeugs ändert, wirken _____, die eine Ladungssicherung erforderlich machen. Beim Beschleunigen wirken Massenkräfte _____ der Fahrtrichtung. Beim _____ wirken Massenkräfte in Fahrtrichtung. Bei der Kurvenfahrt wirkt die _____ entgegen dem Verlauf der Kurve.

Damit die Ladung in den genannten Situationen nicht verrutschen kann, müssen Gegenkräfte wirken, die mindestens so groß sind wie die zu erwartenden _____. Als natürliche Sicherungskraft wirkt die _____. Die Reibungskraft ist abhängig von der Materialpaarung zwischen _____ sowie dem Zustand der Ladefläche. Ist

Arbeitsblatt 2 163

die Reibungskraft _____ als die in der jeweiligen Richtung wirkende Massenkraft,

sind zusätzliche Maßnahmen zur _____ erforderlich. Diese zusätzlichen

Maßnahmen müssen die notwendige Sicherungskraft als _____ zwischen der

wirkenden Massenkraft und der Reibungskraft erzeugen.

2. Ergänzen Sie die fehlenden Eintragungen in der Tabelle.

Physikalische Größe	Beschreibung	Formelzeichen	Physikalische Einheit
Masse			
Geschwindigkeit			
Kraft			

3. Berechnen Sie die Masse m in kg und die Gewichtskraft F_G in daN (mit g = 10 m/s²) der Gesamtladung der einzelnen Lkws.

Zu beladender Lkw	Teile der Ladung	Masse der Gesamtladung	Gewichtskraft der Gesamtladung
Lkw 1	Packstück 1: m = 1 200 kg Packstück 2: m = 235,5 kg Packstück 3: m = 6 870,5 kg		
Lkw 2	Packstück 1: m = 380 kg Packstück 2: m = 5,65 t Packstück 3: m = 6 870 kg Packstück 4: m = 0,98 t Packstück 5: m = 7,685 t		
Lkw 3	Packstück 1: m = 12 000 g Packstück 2: m = 235 kg Packstück 3: m = 78,85 kg Packstück 4: m = 0,25715 t Packstück 5: m = 9,865 t		

© Westermann Gruppe

4. Beim Verladen von Baustoffen, z.B. Schüttgütern, kennt man oft nur die Art des Stoffes und sein Volumen. Mithilfe der Dichte lässt sich die Masse einzelner Ladungen leicht bestimmen.

$$\rho = \frac{m}{V}$$
$$m = \rho \cdot V$$

m: Masse
V: Volumen
ρ: Dichte (Rho)

Die Einheiten der Dichte: g/cm^3; kg/dm^3; t/m^3.
Für die Praxis: kg/m^3; t/m^3.

Beispiel: $V = 10\ m^3$; $\rho = 1{,}7\ t/m^3$ $m = \rho \cdot V$; $m = 1{,}7\ t/m^3 \cdot 10\ m^3$ $m = 17\ t$

Berechnen Sie die Massen der Ladungsgüter in kg.

Ladungsgut 1: 35 Holzbalken der Länge 6 m, der Breite 15 cm und der Höhe 15 cm, das Holz hat eine Dichte von 700 kg/m³.

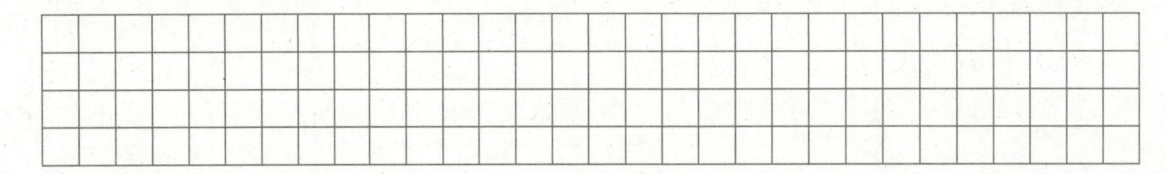

Ladungsgut 2: Ein Metallbehälter mit den Maßen 120 cm × 80 cm × 60 cm (L × B × H) ist zu zwei Dritteln mit losem Streusand der Dichte ρ = 1,75 t/m³ gefüllt. Der Metallbehälter hat eine Masse von 80 kg.

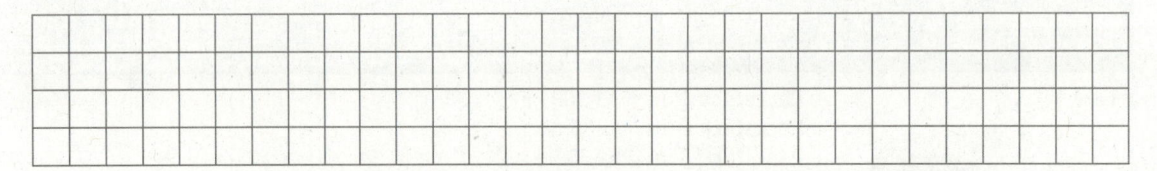

5. Ein Ladungsgut aus Holz mit der Masse m = 5 800 kg soll auf einen Lkw verladen werden. Beachten Sie, dass bei Aufgaben der Ladungssicherung mit g = 10 m/s² gerechnet wird!

a) Ordnen Sie den Kraftpfeilen an der Ladung die Kräfte im normalen Fahrbetrieb zu.

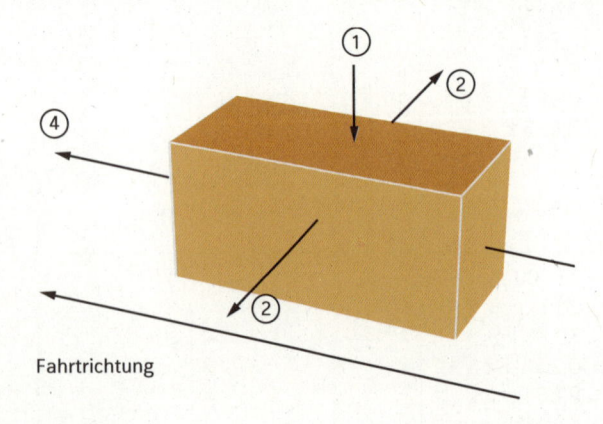

Fahrtrichtung

Kräfte im normalen Fahrbetrieb

b) Berechnen Sie die Gewichtskraft F_G in daN.

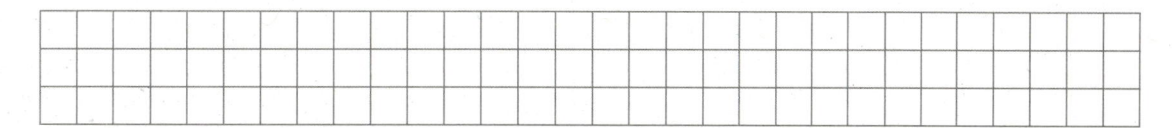

c) Berechnen Sie die auf die Ladung wirkenden Massenkräfte F_M in daN.

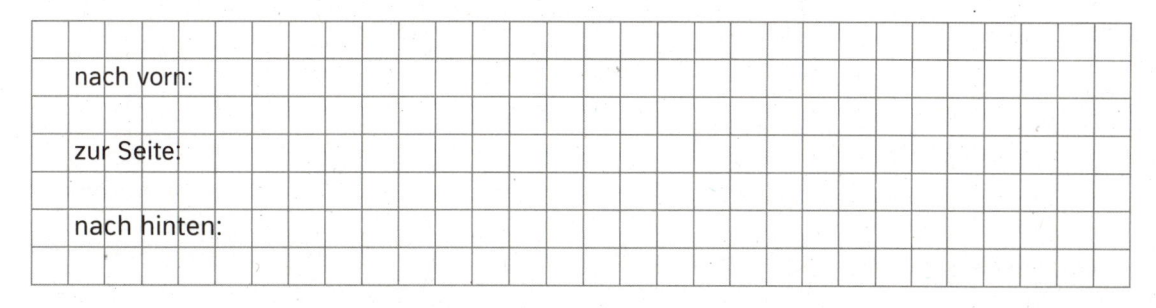

nach vorn:

zur Seite:

nach hinten:

d) Berechnen Sie die Reibungskraft F_R, wenn das Ladungsgut auf einer Ladefläche aus Holz (Gleitreibbeiwert $\mu_{Holz/Holz} = 0{,}35$) steht.

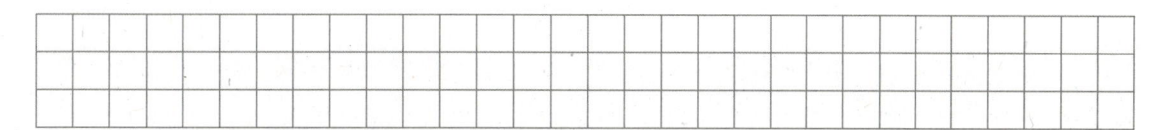

e) Berechnen Sie die Reibungskraft F_R, wenn Sie durch die Verwendung einer Antirutschmatte die Reibung um 40 % erhöhen.

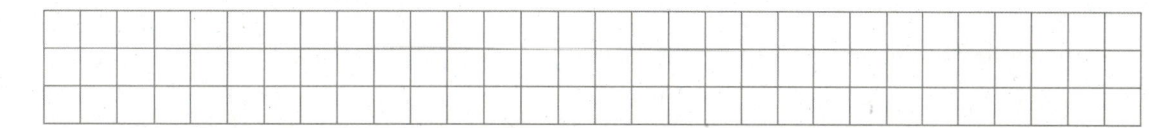

6. Das Gewicht (Masse) einer Ladung Bauhölzer beträgt m = 1,5 t. Die Bauhölzer werden auf einer Ladefläche aus Holz verladen. Die Ladefläche ist sauber und trocken (Gleitreibbeiwert μ = 0,3). Bei einer Vollbremsung wirkt eine Massenkraft von 80 % der Gewichtskraft F_G.
Ermitteln Sie zeichnerisch die Sicherungskraft. Wählen Sie als Maßstab 1 cm = 100 daN. Beschriften Sie die Kraftpfeile.

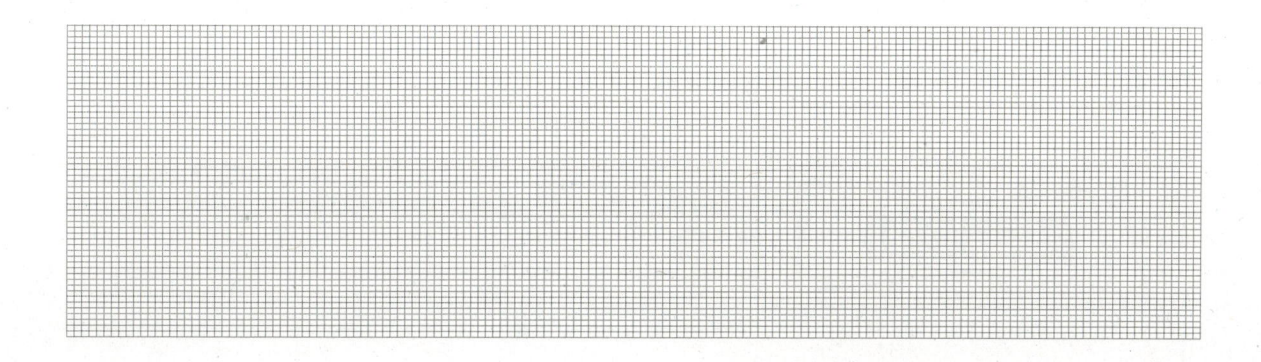

Arbeitsblatt 3: Schritte bei der Ladungssicherung und formschlüssige Ladungssicherung

1. Pappschachteln mit Schuhen sollen mit einem Lkw transportiert werden. Die Schachteln werden auf Europaletten gestapelt, mit Stretchfolie eingestretcht und danach auf den Lkw geladen, gestaut und gesichert. Beschreiben Sie anhand dieses Beispiels die zwei Schritte der Ladungssicherung.

   _____
   _____
   _____
   _____
   _____
   _____
   _____
   _____

2. Geben Sie drei Möglichkeiten an, wie das Ladegut auf der Ladeeinheit gesichert werden kann.

   _____
   _____

3. Nennen Sie die drei Arten der Ladungssicherung auf dem Transportmittel.

   _____
   _____
   _____

4. Beschreiben Sie, um welche Ausführung der formschlüssigen Ladungssicherung es sich in den Abbildungen handelt.

Abbildung	Ausführung der formschlüssigen Ladungssicherung

Arbeitsblatt 3

Abbildung	Ausführung der formschlüssigen Ladungssicherung
	_____
	_____
	_____
	_____

5. Sie haben die Aufgabe, eine Holzkiste mit einem Bruttogewicht von 3700 kg auf einen Lkw mit einer Ladefläche aus Metall zu verladen. Die Ladung ist auf dem Lkw ordnungsgemäß zu sichern. Gleittreibbeiwerte: $\mu_{Holz/Holz} = 0{,}4$; $\mu_{Metall/Holz} = 0{,}3$; $\mu_{Metall/Metall} = 0{,}15$.

   a) Berechnen Sie die Gewichtskraft der Holzkiste in daN.

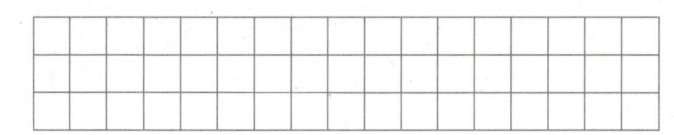

   Lkw mit Holzkiste

   b) Berechnen Sie die Massenkraft nach vorn (f = 0,8) in daN.

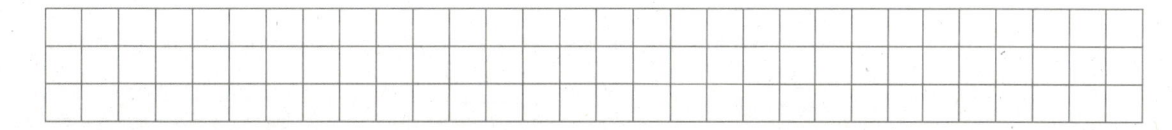

   c) Ein Teil der Sicherungskraft wird durch die Reibung zwischen Ladung und Ladefläche aufgebracht. Berechnen Sie die Reibungskraft F_R in daN.

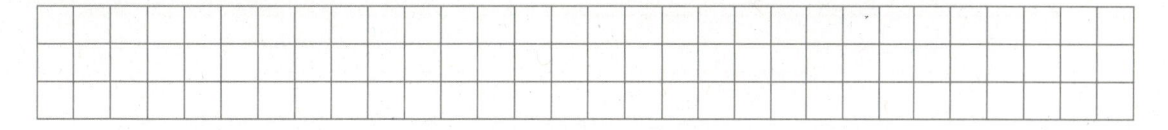

© Westermann Gruppe

d) Ermitteln Sie die erforderliche Sicherungskraft nach vorne in daN.

e) Sie entscheiden sich für eine Ladungssicherung durch Schrägzurren. Skizzieren Sie die Kiste mittig auf der Ladefläche (Draufsicht) und zeichnen Sie die notwendigen Zurrmittel ein.

f) Geben Sie die Fahrtrichtung an und kennzeichnen Sie in Ihrer Skizze die Zurrmittel, die bei einer Vollbremsung hauptsächlich wirken.

g) Zur Sicherung stehen Ihnen Zurrgurte mit der Kennzeichnung L_C = 1 000 daN zur Verfügung. Begründen Sie, ob diese Gurte für die Ladungssicherung nach vorne ausreichen.

Arbeitsblatt 4: Kraftschlüssige Ladungssicherung und Kippgefahr

1. Geben Sie die allgemeine Voraussetzung für die Standsicherheit des Ladungsgutes auf einem Fahrzeug an.

Arbeitsblatt 4

2. Warum eignet sich das Niederzurren nicht für forminstabile Güter?

   _____
   _____
   _____
   _____

3. Ergänzen Sie die fehlenden Begriffe im Text.

   Beim Niederzurren wird die _____ zwischen Ladung und Ladefläche erhöht. Niederzurren ist nur wirksam, wenn _____ erfasst werden. Um eine hohe Vorspannkraft zu erzeugen, ist eine hohe Stabilität _____ erforderlich. Weiterhin beeinflusst der Zurrwinkel α die Vorspannkraft entscheidend. Je größer der Zurrwinkel α, desto _____ ist die auf die Ladung übertragene Vorspannkraft. Das bedeutet: Je geringer der Zurrwinkel α, desto _____ Zurrmittel müssen bei gleicher Vorspannkraft verwendet werden.

4. Auf einen Lkw mit der zulässigen Gesamtmasse von 7,5 t und einer Ladefläche aus Holz sollen vier Module einer Schaltanlage mit Metallboden verladen werden. Ein Modul hat eine Länge von 2,00 m, eine Breite von 1,00 m und eine Höhe von 1,40 m. Es besteht die Möglichkeit, die Module längs bzw. quer zur Fahrtrichtung zu verladen. Ein Modul wiegt 850 kg. Jedes Modul steht separat und soll durch Niederzurren gesichert werden.

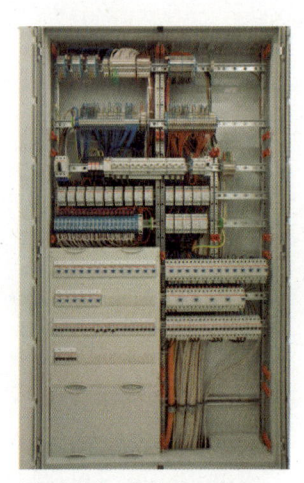

   Modul der Schaltanlage

   a) Ermitteln Sie die Standfestigkeit der Güter für die Verladung.

Sicherungsfaktor	Verladung längs der Fahrtrichtung	Verladung quer zur Fahrtrichtung
nach vorne: f = 0,8		
zur Seite: f = 0,7		
nach hinten: f = 0,5		

© Westermann Gruppe

b) Begründen Sie mit Ihrem Ergebnis aus Aufgabe a), für welche Variante Sie sich bei der Beladung des Lkw entscheiden.

c) Berechnen Sie die Vorspannkraft, die zur Sicherung eines Moduls erforderlich ist.

$$F_V = \frac{f - \mu}{\mu} \cdot \frac{F_G}{1{,}5}$$

Berechnung der Vorspannkraft

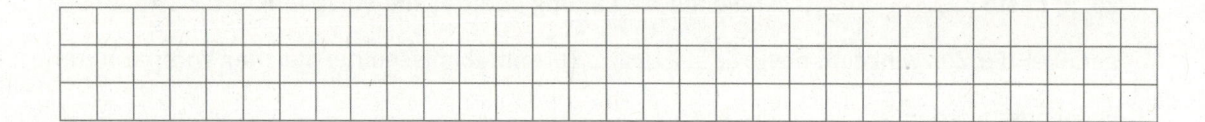

d) Bestimmen Sie die Anzahl der Zurrgurte, die Sie zur Sicherung der Gesamtladung benötigen, wenn Sie Gurte mit der Angabe S_{TF} = 400 daN verwenden.

Arbeitsblatt 5: Lastverteilungsplan

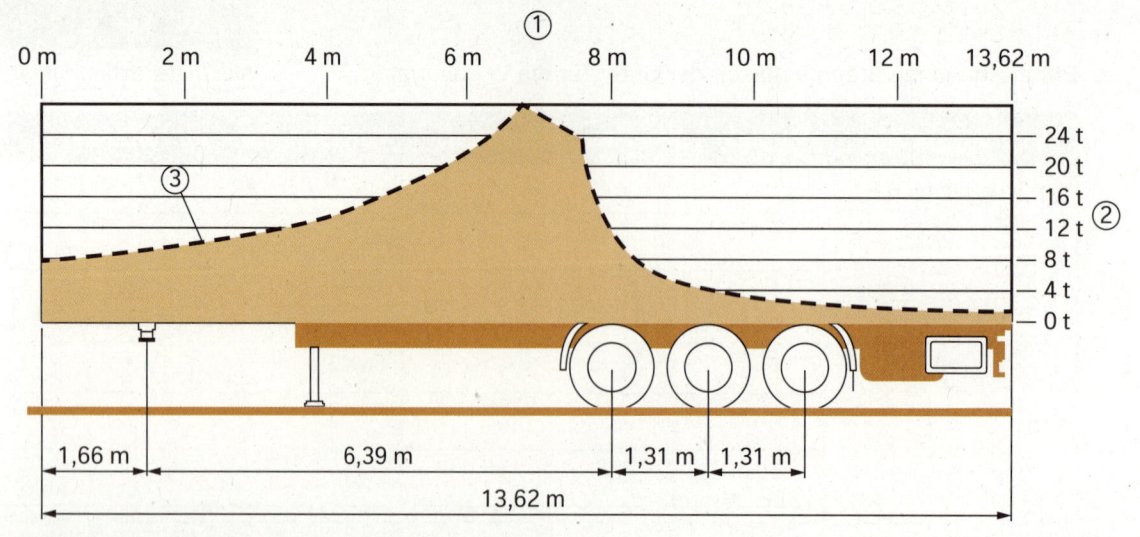

Lastverteilungsplan (Beispiel für ein Standardfahrzeug vom Typ SPKH24 ohne Zusatzlasten und ohne Beladung)
1 Abstand des Ladungsschwerpunktes von der Stirnwand der Ladefläche
2 Masse der Zuladung in t
3 Lastverteilungskurve

Arbeitsblatt 5

1. Ermitteln Sie anhand des Lastverteilungsplans die maximale Nutzlast des Sattelanhängers.

   _____

2. Ermitteln Sie den Schwerpunktabstand S von der vorderen Ladebordwand, wenn das Gewicht der Ladung der maximalen Nutzlast des Sattelanhängers entspricht.

   _____

3. Ermitteln Sie jeweils den minimalen und den maximalen Schwerpunktabstand S_{Ges} von der vorderen Ladebordwand für Ladungsgewichte verschiedener Gesamtladungen.

   Ladung 1: m = 8 t   _____ m < S_{Ges} < _____ m

   Ladung 2: m = 12 t   _____ m < S_{Ges} < _____ m

   Ladung 3: m = 16 t   _____ m < S_{Ges} < _____ m

   Ladung 4: m = 24 t   _____ m < S_{Ges} < _____ m

4. Sie haben die Aufgabe, ein Ladegut der Länge l = 13 m und der Masse m = 20 t auf dem Sattelanhänger zu verladen. Bestimmen Sie die Ladeposition, wenn der Schwerpunkt in der Mitte des Ladegutes liegt.

   _____

   _____

5. a) Bestimmen Sie den Gesamtschwerpunkt der Ladung aus zwei Ladeeinheiten. Beginnen Sie die Beladung mit Ladeeinheit 1 an der vorderen Ladebordwand. Der Schwerpunkt liegt jeweils in der Mitte der Ladeeinheit.

   Ladeeinheit 1: Länge l = 9 m; Masse m = 13 t
   Ladeeinheit 2: Länge l = 4 m; Masse m = 9 t

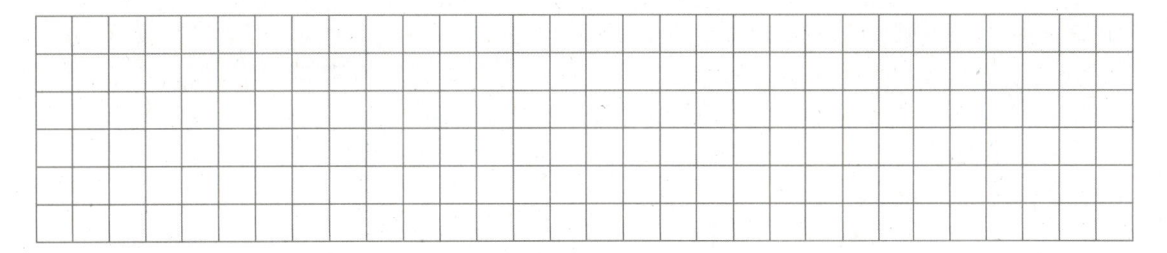

   b) Begründen Sie, ob Sie die Beladung in der geforderten Reihenfolge durchführen können.

   _____

   _____

   _____

   _____

   _____

   _____

© Westermann Gruppe

Arbeitsblatt 6: Mittel zur Ladungssicherung

1. Jedes Zurrmittel besteht aus Spannelement, Spannmittel und Verbindungselement. Erklären Sie diese drei Begriffe.

   Spannelement: _____

   Spannmittel: _____

   Verbindungselement: _____

2. Ergänzen Sie die Tabelle mit Beispielen.

	Zurrgurt	Zurrkette	Zurrdrahtseil
Spannmittel			
Spannelement			
Verbindungselement			

3. Was versteht man unter dem Begriff „Ablegereife" bei Zurrmitteln?

_____
_____
_____
_____

4. Bei welchen erkennbaren Verschleißmerkmalen dürfen Zurrgurte nicht mehr verwendet werden?

_____
_____
_____
_____
_____
_____

5. Erläutern Sie die Bedeutung der Kennzeichnungen auf dem Zurrgurtetikett.

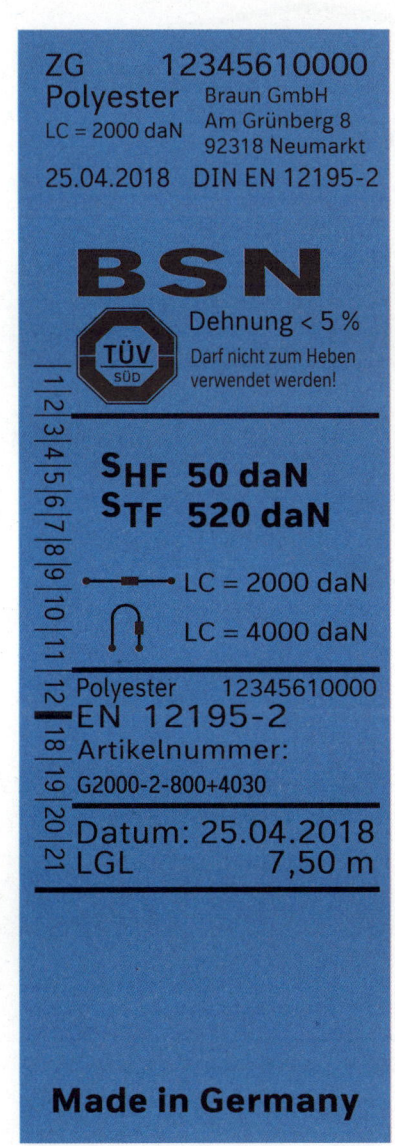

```
ZG        12345610000
Polyester  Braun GmbH
LC = 2000 daN  Am Grünberg 8
               92318 Neumarkt
25.04.2018  DIN EN 12195-2

BSN
       Dehnung < 5 %
TÜV    Darf nicht zum Heben
SÜD    verwendet werden!

S_HF  50 daN
S_TF  520 daN

       LC = 2000 daN
       LC = 4000 daN

Polyester    12345610000
EN 12195-2
Artikelnummer:
G2000-2-800+4030

Datum: 25.04.2018
LGL           7,50 m

Made in Germany
```

6. Ordnen Sie den Einrichtungen der Ladungssicherung die richtige Bedeutung zu.

Bedeutung:	Einrichtung zur Ladungssicherung	
1. Fest mit Fahrzeugaufbau verbundene Befestigungseinrichtungen	Zahnleisten	☐
2. Drücken sich in die Oberfläche der Ladung ein und schaffen eine formschlüssige Verbindung	Coilmulden	☐
3. Erhöhen die Reibung zwischen Ladegut und Ladefläche	Twistlock	☐
4. Einrichtungen zum Verriegeln von Containern mit dem Trägerfahrzeug	Ankerschienen	☐
5. Im Fahrzeugaufbau verankerte Metallprofile zur Aufnahme fixierender Hilfsmittel	Rutschhemmende Matten	☐
6. Wannenförmige Vertiefungen zur Aufnahme rollender Ladungsgüter	Zurrpunkte	☐

Arbeitsblatt 7: Beladung von Containern

Sie haben die Aufgabe, einen Container für die Beladung vorzubereiten.

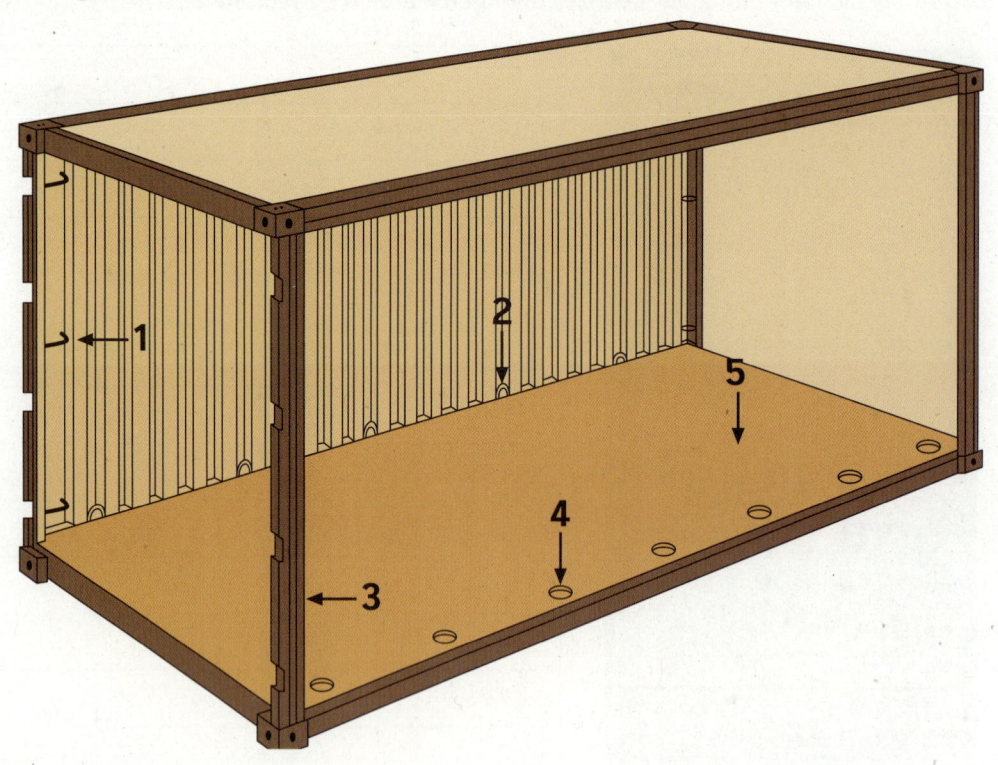

Abbildung eines Containers

1. Benennen Sie die Teile des Containers und deren Funktionen für die Ladungssicherung.

Nummer	Bauteil	Ladungssicherung
1		

Nummer	Bauteil	Ladungssicherung
2		
3		
4		
5		

2. Nach welcher Richtlinie muss die Beladung von Containern für die Beförderung über See erfolgen?

_____

3. Ordnen Sie die Prüfungen des Containers zu, indem Sie in der entsprechenden Spalte ankreuzen.

Prüfung	Innen	Außen	Nach der Beladung
Container ist sauber, trocken und geruchsneutral			
keine Risse und Löcher in den Wänden			
Ladungssicherung in Ordnung			
Container ist wasserdicht			
keine alten Aufkleber vorhanden			
keine Verformung im Boden und in den Wänden			
Nutzlast eingehalten			
Türen und Dachabdeckungen fest verschlossen			
gangbare Türen			
Versandpapiere für Zoll richtig angebracht			

4. Lesen Sie den Text zu den Grundregeln für das Stauen von Ladungen. Streichen Sie die falschen Eintragungen durch. Berichtigen Sie die Aussagen in der Freizeile darunter.

a) Das Gewicht der Ladung darf die zulässige Nutzlast der Ladefläche nur in Ausnahmefällen überschreiten.

_____
_____
_____

b) Das Gewicht ist vorne auf der Ladefläche zu verteilen.

_____
_____

c) Bei schweren Packstücken muss die Belastung des Bodens z. B. durch Kanthölzer vermindert werden.

_____
_____
_____

d) Schweres Gut ist oben, leichtes Gut ist unten zu verstauen.

_____
_____

e) Schweres Gut ist im hinteren Ladebereich zu verstauen, um die Druckbelastung beim Bremsen zu erhöhen.

_____
_____
_____

f) Fässer und Trommeln sind möglichst liegend zu verstauen.

_____
_____

g) Geruchserzeugende Güter sind nicht mit stauberzeugenden Gütern zu stauen.

_____
_____
_____

h) Frostempfindliche Güter nicht im vorderen Ladebereich, sondern nur an den Wänden verstauen.

_____
_____
_____

i) Packstücke sind so zu verstauen, dass beim Öffnen des Lkws die Ladung leicht nach hinten rutscht.

_____
_____
_____

j) Feste Packstücke immer oben, weniger feste Packstücke (z. B. Säcke) unten stauen, um Ladelücken zu vermeiden.

_____
_____
_____

k) Packstücke mit Flüssigkeiten sind niemals mit Packstücken mit festen Stoffen zu verladen.

_____
_____
_____

Arbeitsblatt 8: Gefahrgut

1. a) Welches Gesetz regelt in Deutschland die Beförderung von gefährlichen Gütern auf öffentlichen Verkehrswegen?

   _____

   b) Welche Tätigkeiten zählen zur Beförderung nach obigem Gesetz?

   _____

2. Nennen Sie die nationalen und internationalen Vorschriften für den Transport gefährlicher Güter

   a) mit dem Lkw,   national: _____   international: _____

   b) mit der Eisenbahn, national: _____   international: _____

   c) mit dem Flugzeug.   national: _____   international: _____

3. Nennen Sie drei Aufgaben eines Gefahrgutbeauftragten.

   - _____
   - _____
   - _____

4. a) Wer ist für die Kennzeichnung des Fahrzeugs bei der Beförderung von Gefahrgut verantwortlich?

   _____
   _____
   _____

   b) Welche Kennzeichnungen müssen am Fahrzeug vorgenommen werden?

   _____
   _____

   c) Gefahrgut-Lkws sind bei einigen Transporten zusätzlich zu kennzeichnen. Ordnen Sie den zusätzlichen Kennzeichnungen die richtige Bedeutung zu: Transport von gefährlichen Gütern in Versandstücken, Transport umweltgefährdender Stoffe, Transport von Abfall, Transport erwärmter Güter.

   _____ _____ _____ _____
   _____ _____ _____ _____
   _____ _____ _____ _____
   _____ _____ _____ _____

5. Für welche Transporte sind orangefarbene Warntafeln mit Nummern unbedingt vorgeschrieben?

   _____
   _____

6. Die Tabelle zeigt Beispiele von Gefahrgütern, die auf der Straße transportiert werden. Ergänzen Sie die fehlenden Angaben in der Tabelle.

Gefahrgut-klasse	Stoffbezeich-nung Placard	UN Stoffnum-mer	Nummer der Gefahr	Art der Gefahr	Kennzeichnung der Warntafel
3	Benzin		33		33 / 1203
	Natrium			Berührung mit Wasser verboten, entzündbarer fester Stoff, Entweichen von Gasen, entzündbar	X423 / 1428
	Propan	2037	23		
	Salzsäure				80 / 1789
	Bitumen				99 / 3257
	Schwefel	1350			40

© Westermann Gruppe

Lernfeld 8: Güter verladen

7. Welche Angaben muss ein Beförderungspapier für Gefahrgut mindestens enthalten, die für die Beförderung normaler Güter nicht erforderlich sind?

- _____
- _____
- _____
- _____
- _____

8. Das ADR lässt Freistellungen bei der Beförderung kleiner Mengen zu.

   a) Welche Bedeutung hat diese Freistellung für den Fahrer und für das Fahrzeug?

- _____
- _____
- _____

   b) Zeichnen Sie die Kennzeichnung von Packstücken nach ADR, die als begrenzte Mengen verpackter Güter mit dem Lkw transportiert werden sollen, auf.

Lernfeld 9

Güter versenden

Arbeitsblatt 1: Der Güterverkehr in der Wirtschaft

1. Erklären Sie die Bedeutung des Güterverkehrs für die Wirtschaft der Bundesrepublik Deutschland.

   _____

   _____

   _____

   _____

2. Finden Sie zehn Begriffe zur Verkehrswirtschaft in folgendem Worträtsel. Markieren Sie diese.

I	K	O	N	T	R	A	K	T	L	O	G	I	S	T	I	K
S	E	R	U	N	L	F	G	I	K	M	H	J	L	A	M	I
V	X	Y	A	C	T	E	I	M	W	A	G	G	O	N	P	S
A	P	I	E	I	S	E	N	B	A	H	N	E	L	I	O	M
D	O	M	B	I	N	N	E	N	V	E	R	K	E	H	R	A
G	R	A	V	B	M	L	U	F	T	F	R	A	C	H	T	N
D	T	R	A	N	S	I	T	V	E	R	K	E	H	R	B	H
B	I	N	N	E	N	S	C	H	I	F	F	F	A	H	R	T

3. Vergleichen Sie die Verkehrsaufkommen der verschiedenen Verkehrsträger in der Bundesrepublik Deutschland.

   a) Berechnen Sie die prozentualen Anteile der einzelnen Verkehrsträger. Geben Sie die Prozentsätze mit zwei Stellen nach dem Komma an. Vervollständigen Sie dazu die folgende Übersicht.

   Verkehrsaufkommen in der Bundesrepublik Deutschland: beförderte Tonnen in Mio.

Verkehrsträger	1970 in Mio. t	1970 in %	1980 in Mio. t	1980 in %	2000 in Mio. t	2000 in %	2008 in Mio. t	2008 in %	2018 in Mio. t	2018 in %
Eisenbahnverkehr	378,0		350,1		299,1		371,3		402,3	
Binnenschifffahrt	240,0		241,1		242,2		245,7		197,9	
Seeschifffahrt	131,9		154,3		238,3		316,7		290,6	
Luftverkehr	0,3869		0,7103		2,4		3,6		4,94	
Straßengüterverkehr	2 136,9		2 553,2		3 244,2		3438,0		3746,6	
Gesamt		~ 100		~ 100		~ 100		~ 100		~ 100

b) Vergleichen Sie die Entwicklung der Verkehrsträger Eisenbahn und Straßengüterverkehr und begründen Sie diese Entwicklung.

_____
_____
_____
_____
_____
_____
_____
_____
_____

4. Die Kontraktlogistik hat in der Logistik eine wachsende Bedeutung.

   a) Beschreiben Sie den Begriff „Kontraktlogistik".

   _____
   _____
   _____
   _____
   _____

   b) Finden Sie in den Bereichen Beschaffung, Lagerhaltung und Absatz je drei Beispiele.

Beschaffung	
Lagerhaltung	
Absatz	

Arbeitsblatt 2: Transportrecht

1. Nennen Sie vier Verkehrsträger, für die das Frachtrecht nach dem HGB gilt.

   _____
   _____
   _____

2. Wer sind die Vertragspartner im Frachtvertrag? Ergänzen Sie das folgende Schaubild.

   [ ] ←—Frachtvertrag—→ [ ]

3. Das Frachtgeschäft ist ein zweiseitiges Rechtsgeschäft zugunsten eines Dritten. Erklären Sie diese Aussage.

_____
_____
_____

4. Wer hat die folgenden Pflichten aus dem Frachtvertrag zu erfüllen? Ordnen Sie zu.

Pflichten aus dem Frachtvertrag	Frachtführer	Absender
Frachtzahlung		
betriebssicheres Verladen		
Ablieferung beim Empfänger		
Verpackung		
Kennzeichnung der Packstücke		
Information über Gefahrgut		
fristgerechter Transport des Gutes an den Bestimmungsort		
beförderungssicheres Verladen		
Ladungssicherung		
Obhut über das Transportgut und Begleitpapiere		
Entladen bzw. Entladung organisieren		
Begleitpapiere zur Verfügung stellen		
Frachtbrief ausstellen		
besondere vertragliche Pflichten, z. B. Nachnahme einziehen		

5. Was beurkundet der Frachtbrief?

_____
_____
_____
_____

6. Wer erhält die drei Originalausfertigungen des Frachtbriefs?

_____
_____
_____

7. Die Spedition Euroline aus Leipzig erhält von der Großbäckerei Franz Haller KG, ebenfalls aus Leipzig, einen Transportauftrag: Lkw-Transport von 32 Europaletten mit Backwaren, nicht stapelbar, am 16.07.20.. zum Globalmarkt in Stuttgart. Die Spedition Euroline setzt dafür den Fuhrunternehmer Frank Fix mit seinem Sattelzug ein.

   a) Tragen Sie alle Beteiligten in die Kästchen ein und geben Sie die Vertragsbeziehungen zwischen ihnen an. Verwenden Sie Fachbegriffe.

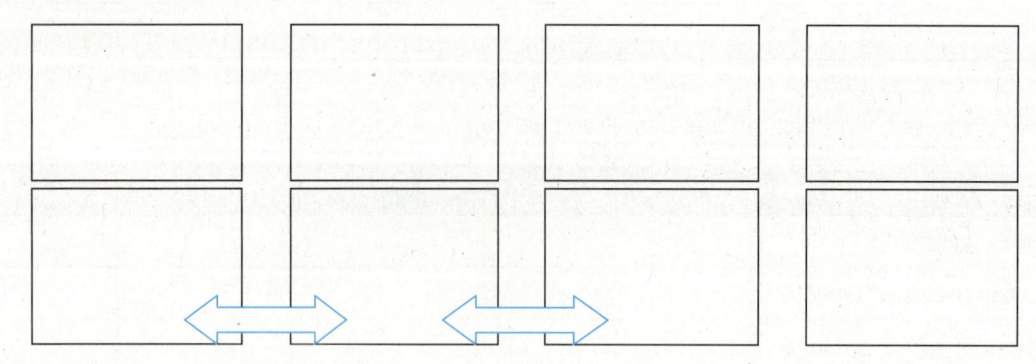

   b) Nennen Sie die Pflichten, die sich für den Spediteur und für den Frachtführer aus dem Speditionsvertrag ergeben.

   _____
   _____
   _____
   _____
   _____
   _____
   _____
   _____

Arbeitsblatt 3: Haftung für Transportschäden

1. Transportschäden muss der Absender oder Empfänger innerhalb bestimmter Fristen dem Frachtführer schriftlich melden. Ergänzen Sie in der folgenden Übersicht die Reklamationsfristen bei verschiedenen Schadensarten.

Art des Schadens	Zeitpunkt der Anzeige
Verlust, Beschädigung erkennbar	
Verlust, Beschädigung nicht erkennbar (verdeckter Schaden)	
Lieferfristüberschreitung	

Arbeitsblatt 3

2. Der Fuhrunternehmer Frank Fix hat in diesem Monat einige Schadensfälle zu verzeichnen. Prüfen Sie, welche Schadensart vorliegt und in welcher Höhe er haftet (1 SZR = 1,10 €). Ergänzen Sie dazu die folgende Tabelle.

Sendung	Transportauftrag 13-1: 14 t Hundefutter von Leipzig nach Stuttgart	Transportauftrag 13-2: 15 t Sandsteine von Pirna zur Baustelle in München	Transportauftrag 13-3: eine Maschine (900 kg) von Magdeburg zur Messe in Nürnberg
Warenwert	18 000,00 €	7 800,00 €	12 000,00 €
Schaden	Lkw-Unfall auf der Autobahn (Totalschaden)	Ein Motorschaden am Sattelzug verzögert den Transport um einen Tag. Der Empfänger macht einen Schaden von 15 000,00 € wegen Bauverzögerung geltend.	Lkw-Unfall auf der Autobahn, die Maschine ist stark beschädigt (Schaden 5 000,00 €) und kann nicht mehr ausgestellt werden. Der Auftraggeber macht Gewinneinbußen und Verlust von Kunden im Wert von 35 000,00 € geltend.
Schadensart			
Haftungshöchstbetrag			
Tatsächliche Haftung des Frachtführers			

3. Die Spedition Euroline hat für den Monat April Schadensfälle zu bearbeiten. Beantworten Sie für die Fälle a) bis c) die beiden folgenden Fragen.

   - Welche Schadensart liegt vor?
   - In welcher Höhe muss der Spediteur Schadenersatz leisten?

   a) Im Lager der Spedition werden mehrere Europaletten mit Haushaltsgeräten auf einen Lkw nach Mainz verladen. Dabei wird durch Unachtsamkeit des Staplerfahrers eine Palette mit zehn Bodenstaubsaugern zerstört. Ein Staubsauger wiegt 4,2 kg und hat einen Wert von 200,00 €.

   b) 5 120 kg Süßwaren werden beim Transport von Halle nach Kiel bei einem Autobahnunfall vollständig zerstört. Der Wert der Ware beträgt 4 500,00 €.

© Westermann Gruppe

c) Durch einen Planungsfehler des Spediteurs trifft die Sendung mit Schaltelementen für die Gerätebau Hoffman KG einen Tag verspätet ein. Die Sendung hat einen Wert von 7 000,00 €. Das Bruttogewicht beträgt 1,2 t. Die Verzögerung hat für die Hoffman KG einen Tag Produktionsstillstand zur Folge. Das Unternehmen macht einen Schaden von 10 000,00 € geltend.

Arbeitsblatt 4: Güterkraftverkehr

1. Ein Großhandelsbetrieb für Heizungs- und Sanitärbedarf beliefert täglich seine Kunden, Klempner und Installateure, mit dem firmeneigenen Lkw.

   Nennen Sie vier Gründe, die für den Transport mit dem Lkw sprechen.

2. In der Straßenverkehrs-Zulassungs-Ordnung sind für die einzelnen Fahrzeugtypen die maximalen Maße und Gewichte angegeben. Ergänzen Sie dazu die folgende Tabelle.

	Einzelfahrzeug: 3 Achsen	Sattelzug: 5 Achsen	Gliederzug: 5 Achsen
Höhe			
Länge			
Breite normal Breite Isothermfahrzeug			
Gesamtgewicht im Vor- und Nachlauf des kombinierten Verkehrs			

3. Nennen Sie die beiden Bestandteile, aus denen sich das Gesamtgewicht eines Fahrzeugs zusammensetzt.

4. Die Spedition Euroline soll heute die folgenden palettierten Sendungen im Sammelgutverkehr von verschiedenen Kunden abholen. Die Paletten sind nicht stapelbar. Berechnen Sie die benötigten Lademeter.

   a) Zwölf Europaletten mit den Maßen 0,80 m × 1,20 m:

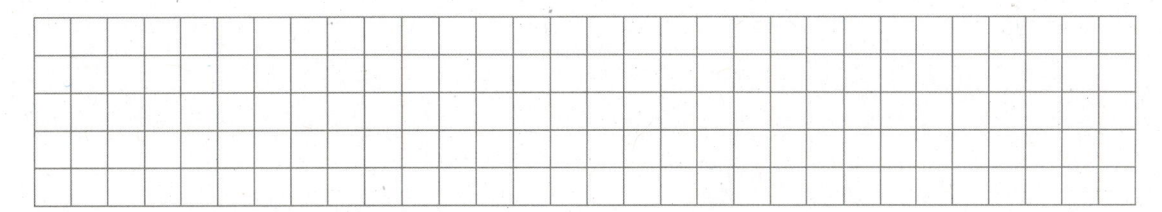

   b) Vier Einwegpaletten mit den Maßen 1,20 m × 1,00 m:

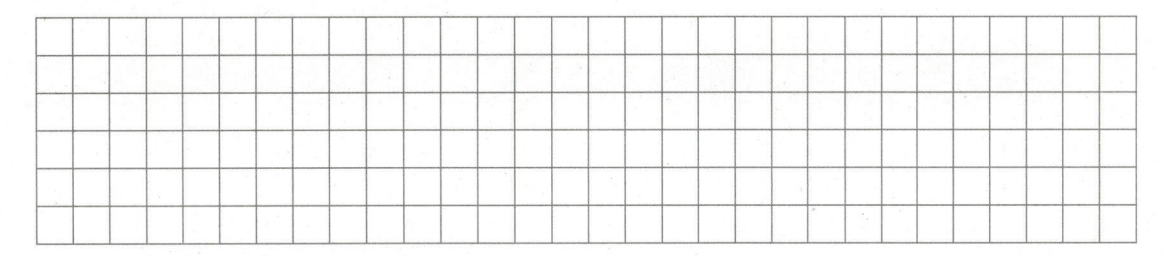

   c) Neun Europaletten und neun Einwegpaletten:

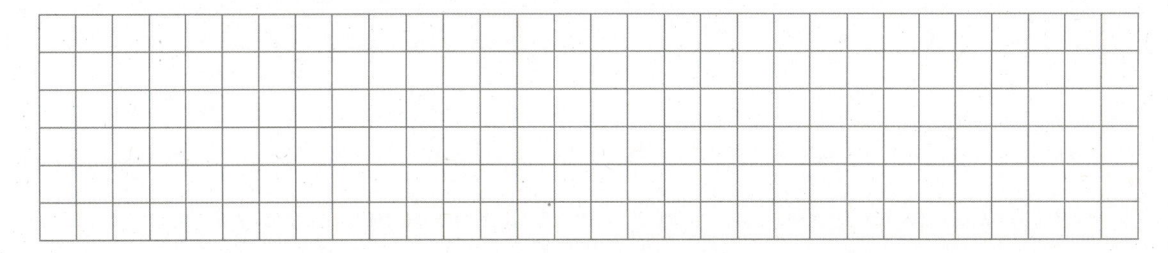

Arbeitsblatt 5: Kurier-, Express- und Paketdienst

1. Worin unterscheiden sich die verschiedenen KEP-Dienste? Ordnen Sie den nachfolgenden Erklärungen die entsprechenden Dienste zu, indem Sie folgende Kürzel in die Kästchen eintragen: K für Kurierdienst, E für Expressdienst und P für Paketdienst.

   Sie übernehmen die Sendung vom Auftraggeber und befördern sie persönlich und direkt zum Empfänger. ☐

   Sie garantieren keinen festen Auslieferungstermin, doch erfolgt die Auslieferung innerhalb einer angemessenen Zeit. ☐

   Die Beförderungskosten sind durch den hohen Personalaufwand relativ hoch. ☐

   Die Beförderung der Sendungen erfolgt im Sammeltransport über Umschlagzentren; dabei wird eine Zustellung mit festen Zustellzeiten garantiert. ☐

   Sie sind häufig in Städten mit Fahrrädern und Mopeds unterwegs, um eine schnelle Zustellung zu garantieren. ☐

   Die Beförderungskosten sind relativ günstig. Die Sendungen sind in Größe und Gewicht beschränkt. ☐

© Westermann Gruppe

2. Viele KEP-Dienstleister arbeiten mit dem Hub-and-Spoke-System.

a) Erklären Sie das Hub-and-Spoke-System. Nutzen Sie hierfür die Abbildung auf S. 421 im Lehrbuch.

___

b) Stellen Sie zwei Vorteile und zwei Nachteile des Hub-and-Spoke-Systems in der Tabelle gegenüber.

Vorteile	Nachteile

3. KEP-Dienste arbeiten in den Bereichen B2B und B2C. Was versteht man darunter?

a) B2B = ___

b) B2C = ___

4. Folgende drei Pakete sollen im folgenden Jahr mit einem KEP-Dienst versendet werden.

Paketvariante	Paket	Länge in cm	Breite in cm	Höhe in cm	Gewicht in kg
1	A	90	80	80	34,5
2	B	150	50	50	32,5
3	C	110	70	22	38,6

Der KEP-Dienstleister hat u. a. nachfolgende Geschäftsbedingungen:

Maximale Gewichtsobergrenze je Paket	38,5 kg
Maximales Gurtmaß	365 cm
Maximale Länge je Paket	160 cm

a) Überprüfen Sie, ob die Versendung der Paketvarianten A, B und C anhand der Geschäftsbedingungen möglich ist.

b) Ergänzen Sie hierzu in der nachfolgenden Tabelle 1 die Spalten F, G und H in den grau unterlegten Zellen für das Gurtmaß, das Gewicht und die max. Länge sachgerecht.

c) Markieren Sie das Ergebnis Ihrer Prüfung mit einem Kreuz bei Ja oder Nein, in den grau unterlegten Feldern der Spalten I oder J der Tabelle.

d) Begründen Sie ein mögliches Nein in der Spalte K.

	A	B	C	D	E	F	G	H	I	J	K
1	Paket	Länge in cm	Breite in cm	Höhe in cm	Gewicht in kg	Prüfung von Gurtmaß/ Gewicht/max. Länge					Begründung für ein mögliches Nein
2						Gurtmaß	Gewicht	Max. Länge	Ja	Nein	
3	A	90	80	80	33,5						
4	B	150	50	50	22,5						
5	C	110	70	22	38,6						

© Westermann Gruppe

Arbeitsblatt 6: Eine Sendung per Nachnahme versenden

Situation

Sie sind im Versand der Großbäckerei FRIWE in Nürnberg tätig, machen ein Paket für einen Kunden versandfertig und übergeben das Paket am DHL-Schalter der Post.

Absender:

Großbäckerei FRIWE Nürnberg
Kressengartenstraße 2
90402 Nürnberg

BLZ 900343417
Konto Nummer 123456789
Kreditinstitut Postbank Nürnberg

Sendung

Nachnahme 110,00 €
DHL Paket: 100 cm × 60 cm × 60 cm
Gewicht der Sendung: 29,5 kg

Empfänger:

Delikatessenhandlung Schmacki
Hafnerstraße 3
97070 Würzburg

Preisübersicht für das DHL Paket (Stand 01.01.2021)

Gewicht	Maximalmaße	Filialpreis in €**	Onlinepreis in €**
bis 2 kg	60 × 30 × 15 cm	-	4,99
bis 5 kg	120 × 60 × 60 cm*	7,49	5,99
bis 10 kg	120 × 60 × 60 cm*	9,49	8,49
bis 31,5 kg	120 × 60 × 60 cm	16,49[1]	16,49[1]

* max. Gurtmaß (= L + 2 x B + 2 x H) für DHL Pakete bis 10 kg: 300 cm
** Alle Preise sind Endpreise. Das Porto für Päckchen und Pakete bis 10 kg, die nicht als Sperrgut gelten, ist nach UStG umsatzsteuerfrei. Alle übrigen Preise enthalten die gesetzliche Umsatzsteuer.
[1] Preis inkl. gesetzlicher Umsatzsteuer

Nachnahme

Sie möchten sichergehen, dass Sie Ihr Geld für die versendete Ware erhalten?
Mit dem Service Nachnahme erhält der Empfänger das DHL Paket erst nach Bezahlung des angegebenen Nachnahmebetrags. Der eingezogene Betrag wird - abzüglich des Übermittlungsentgelts - auf das vom Absender angegebene Konto überwiesen.

- Nachnahmeentgelt (zusätzlich zum Paketpreis): **4,90 €**
- Übermittlungsentgelt (zusätzlich zum Nachnahmebetrag vom Paketzusteller kassiert): **2,00 €**
- Höchstbetrag, der vom Paketzusteller kassiert werden kann: **3 500,00 €**
- Ausschließlich Barzahlung durch den Empfänger möglich

Vgl. Deutsche Post AG: DHL Paket – Produktinformationen

Arbeitsblatt 6

1. Welchen Betrag bezahlen Sie am Schalter bei der Übergabe des Paketes?

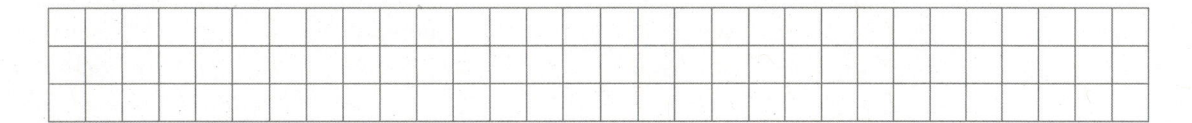

2. Welchen Betrag bezahlt die Delikatessenhandlung Schmacki?

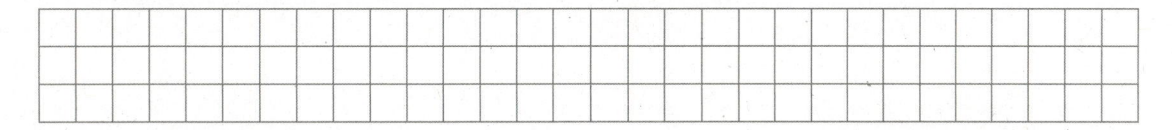

3. Bis zu welchem Wert ist das Paket versichert?

4. Füllen Sie die Paketkarte aus.

DHL PAKET UND PÄCKCHEN DEUTSCHLAND + EU

Absender / Sender

Postleitzahl   Ort
Deutschland / Germany

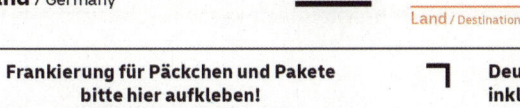

Empfänger / Addressee

Tel. (nur bei EU-Versand oder Sperrgut)
Straße und Hausnummer (kein Postfach)
Postleitzahl   Ort
Land / Destination

Frankierung für Päckchen und Pakete bitte hier aufkleben!

Deutschlandweit 100% klimaneutraler Versand inklusive! Mehr Informationen unter dhl.de/gogreen

Auftragnehmer (Frachtführer) ist die Deutsche Post AG. Es gelten für Päckchen die AGB Brief National bzw. International und für Pakete die AGB DHL Paket / Express National bzw. Paket International in der jeweils zum Zeitpunkt der Einlieferung gültigen Fassung. Der Absender versichert, dass keine danach ausgeschlossenen Güter in der von ihm eingelieferten Sendung enthalten sind.

Zulässige Maße, Gewichte, Services und Bestimmungsländer: siehe Rückseite oder unter dhl.de

5. Nennen Sie sechs weitere Zusatzleistungen im Paketversand.

© Westermann Gruppe

Arbeitsblatt 7: Schienengüterverkehr

1. Welche grundlegenden Leistungsangebote bietet der Schienengüterverkehr?

_____

2. Für den Gütertransport mit der Bahn können verschiedene Güterwagen genutzt werden. Ordnen Sie die abgebildeten Güterwagen dem Wagentyp zu und ergänzen Sie die Gattungsbuchstaben.

Abbildung 1 *Abbildung 2* *Abbildung 3*

Abbildung 4 *Abbildung 5* *Abbildung 6*

Wagentyp	Gattung	Abbildung	Wagentyp	Gattung	Abbildung
Wagen für Druckluft entladung	_____	_____	Zweiachsiger Flachwagen	_____	_____
Offene Wagen	_____	_____	Vierachsiger Drehgestellflachwagen	_____	_____
Gedeckte Wagen	_____	_____	Sechsachsiger Drehgestellflachwagen	_____	_____

3. Für den Wagenladungsverkehr sucht die Spedition Euroline geeignete Bahnwagen. Recherchieren Sie im Internet unter www.stinnes-freight-logistic.de/güterwagenkatalog und wählen Sie für die jeweilige Sendung einen geeigneten Wagentyp aus. Ergänzen Sie dazu die folgende Tabelle.

Gewicht	Sendungen	Wagentyp – Gattung
36 t	18-m lange Stahlträger	
42 t	Kies	
54 t	5 Coils für den Karosseriebau	
27 t	Zement, lose	
38 t	7 Stahlblechtafeln	
46 t	2 Wechselbrücken	
23 t	16 Pkws	
22 t	15 Papierrollen für den Zeitungsdruck	
40 t	Schrott	
30 t	30 Europaletten mit Elektroartikeln	

Arbeitsblatt 7

4. Ein 42-t-Autotransporter aus Erlangen nutzt in Nürnberg die Rollende Landstraße bis Trento (Italien) und liefert die mitgeführten Pkws am nächsten Tag in Arco am Gardasee beim Autohändler ab.

   a) Beschreiben Sie den Transportverlauf.

   _____
   _____
   _____
   _____
   _____
   _____
   _____
   _____

   b) Welche Vorteile hat der Transport auf der Rollenden Landstraße?

   _____
   _____
   _____

Situation

Die Pumpen- und Verdichter GmbH in 04129 Leipzig, Fabrikstraße 3 versendet Pumpen und Zubehör im Wagenladungsverkehr an die Gruner Vertriebs GmbH, Gertnerstraße 3 in 9586 Villach (Österreich). Die Pumpen- und Verdichter GmbH nutzt ein Freiladegleis in 04439 Engelsdorf Gvst 234716. Die Gruner Vertriebs GmbH hat einen eigenen Gleisanschluss in Villach.

Absender:	Empfänger:
Pumpen- und Verdichter GmbH	Gruner Vertriebs GmbH, Gertnerstraße 3 in
04129 Leipzig, Fabrikstraße 3	9586 Villach
Tel.: 49341/123450	Tel.: 434242/89674
Fax: 49341/123451	Fax: 434242/89673
Kundencode: 123456	Kundencode: 654321

Informationen zur Sendung:

Bestellung vom 30.07.20... Lieferung am 6.08.20...
Pumpen und Zubehör   NHM Code 84135069
52 Europaletten   Bruttogewicht 44 932 kg
Beilagen: Lieferschein 334455/12
Wagennummer: H-310-393-612-8
Wagen steht am 05.08.20.. ab 07:00 Uhr zur Beladung bereit
Frachtkosten: 3 346,20 € übernimmt der Empfänger

5. a) Welchen Wagentyp empfehlen Sie für die Versendung?

   _____
   _____

© Westermann Gruppe

Lernfeld 9: Güter versenden

b) Informieren Sie sich über Incoterms 2020 (International Commercial Terms). Welche Klausel steht für die Übernahme der gesamten Transportkosten durch den Empfänger?

_____

c) Füllen Sie den Frachtbrief aus.

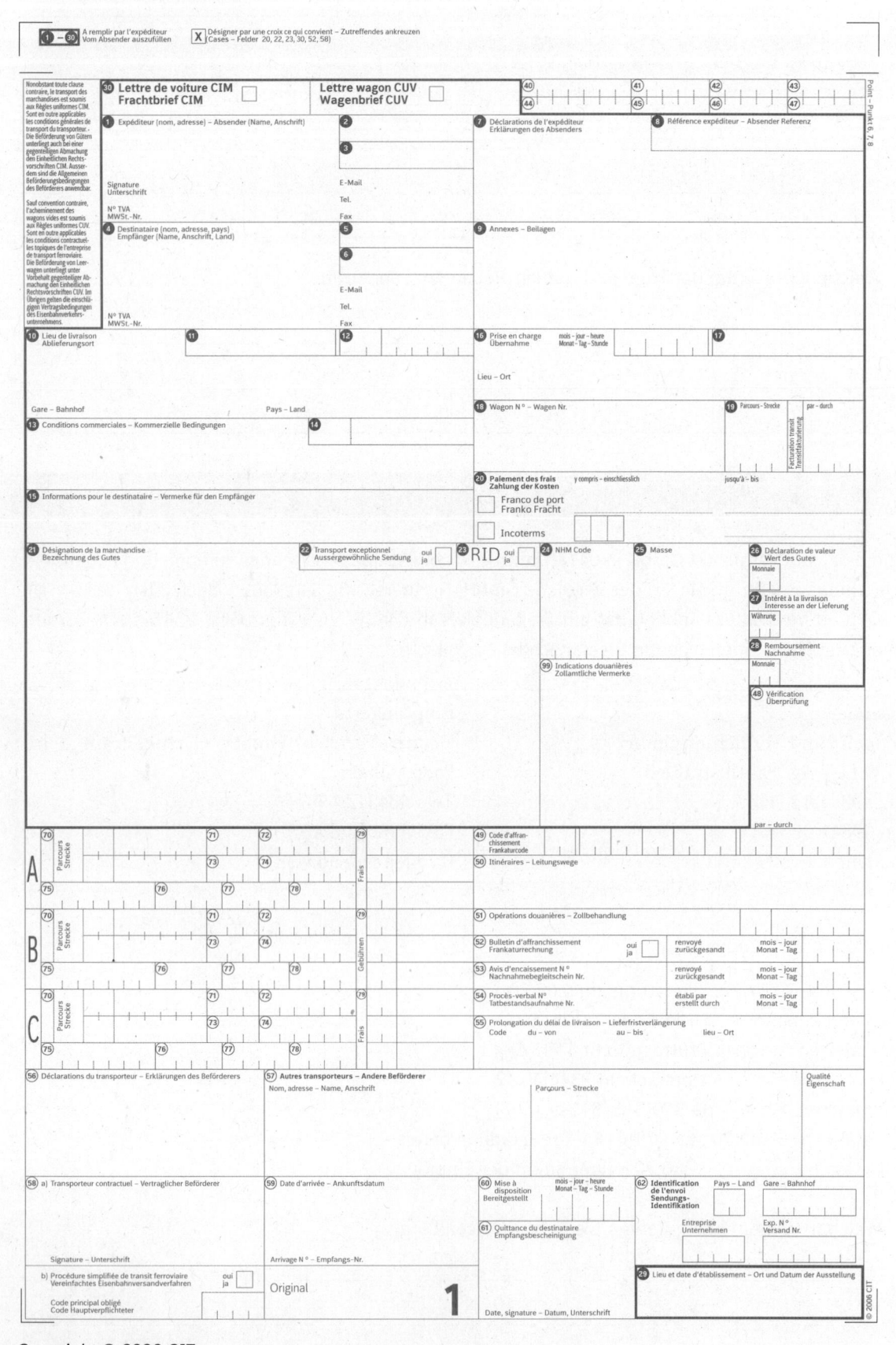

d) Wer ist nach den CIM-Frachtrecht für verantwortlich für
- Erstellen des Frachtbriefes?

  _____

- Verpacken und Kennzeichnen des Transportgutes?

  _____

- Verladen im Waggon?

  _____

- Einhaltung der Lieferfrist?

  _____

- Entladen des Waggons?

  _____

- Säubern des Waggons?

  _____

Arbeitsblatt 8: Schifffahrt

1. Ergänzen Sie den unten stehenden Lückentext mit den entsprechenden Begriffen aus der Wörterliste.

Wörterliste alphabetisch:

Bremen	Hamburg	Main-Donau-Kanal	Seehäfen
Donau	Kanälen	Meldeadresse	Stralsund
Elbe	Küstenschifffahrt	Oder	Verkehrsträger
Flensburg	Ladeliste	Rhein	Weser
Frachtbrief	Ladeschein	Sassnitz	Wilhelmshaven

Die Schifffahrt stellt einen wichtigen _____ in der Bundesrepublik Deutschland

dar. Grundsätzlich werden See- und Binnenschifffahrt unterschieden.

Seeschifffahrt

Sie findet auf den Weltmeeren als Seeverkehr und entlang der deutschen Nord- und Ostseeküste als

_____ statt.

Seeschiffe landen an den deutschen _____ und übernehmen oder löschen dort ihre

Ladung. Je drei Beispiele dafür sind an der Nordsee _____, _____

und _____ sowie an der Ostsee _____,

_____ und _____.

© Westermann Gruppe

Binnenschifffahrt

Im Landesinneren werden Güter auf Flüssen und _____ transportiert.

Natürlich vorgegebene Hauptverkehrslinien sind dabei im Westen der _____, im Norden die _____ und die _____, im Osten die _____ und im Süden die _____.

Manche Verbindungen aber mussten künstlich geschaffen werden, damit Massengüter möglichst weit innerhalb Deutschlands verbracht werden können. So ermöglicht der _____ _____ einen Transport von der Nordsee in den Südosten Deutschlands und sogar bis ans Schwarze Meer.

Begleitpapiere

Ein mögliches Begleitpapier des Schiffers ist der _____. Er dient als Beweis dafür, dass ein Frachtvertrag geschlossen wurde.

Sicherer aber ist der _____, weil der Schiffer die Ladung damit nur an den Empfänger selbst oder eine berechtigte Person übergeben darf. Häufig wird auch eine _____ genannt, weil der Empfänger nicht selbst am Empfangsort wohnt oder dort keine Niederlassung hat.

Notwendig kann auch eine _____ sein: Sie erleichtert den Überblick über die verschiedenen Güter, die geladen sind, und die Stationen, an denen ein- oder ausgeladen werden soll.

© Westermann Gruppe

BUNDESWASSERSTRASSEN
- Wasserstraßen- und Schifffahrtsverwaltung des Bundes

Arbeitsblatt 8

Quelle: Kartographie: Fachstelle für Geoinformationen Süd, Regensburg, zur Verfügung gestellt gemäß GeoNutzV
Bundeswasserstraßen, die eine Länge von unter 5 km aufweisen, sind maßstabsbedingt teilweise nicht dargestellt.

Stand: September 2016 Karte W 162 p

- ■ Generaldirektion Wasserstraßen und Schifffahrt (GDWS)
- ■ Standorte der GDWS
- ♦ Wasserstraßen- und Schifffahrtsamt (WSA)
- ▲ Wasserstraßen-Neubauamt
- ● Oberbehörde

- Seewasserstraßen des Bundes
- Binnenwasserstraßen des Bundes
- nicht klassifizierte BinWaStr
- WaStr-Klasse I - III nach UN ECE
- WaStr-Klasse IV - VI nach UN ECE

© Westermann Gruppe

Lernfeld 9: Güter versenden

2. Vom Binnenhafen Duisburg sollen 1 400 t Stahl per Binnenschiff nach Magdeburg transportiert werden.

   a) Suchen Sie mithilfe der Abbildung „Bundeswasserstraßen" auf der S. 437 im Lehrbuch einen geeigneten Weg zum Ziel.

   Hafen Duisburg

   _____
   _____
   _____
   _____

   Magdeburg

   b) Finden Sie heraus, welche Sehenswürdigkeit und verkehrstechnische Besonderheit hier abgebildet ist. Bestimmen Sie dabei das obere und das untere Gewässer.

   ©www.wsv.de

   _____
   _____

   c) Begründen Sie, warum die Schifffahrt auf dem kürzesten Wasserweg zwischen Hafen Duisburg und Magdeburg meist keine Probleme mit Hoch- oder Niedrigwasser haben wird.

   _____
   _____
   _____

3. Ergänzen Sie die folgende Tabelle so, dass sich jeweils ein ergänzendes Begriffspaar ergibt (entsprechend dem Beispiel in der ersten Zeile).

Seeschifffahrt	Binnenschifffahrt
Partikuliere	
Linienschifffahrt	
Stückgutversand	
Vollcharterung	

4. Tragen Sie in die Tabelle zu allen gegebenen Kriterien eine zutreffende Bemerkung für die Verkehrsmittel ein.

	Binnenschiff	Lkw	Eisenbahn
Ladekapazität			
Transportgeschwindigkeit			
Eignung für Güter			
Just-in-time-Fähigkeit			
Umweltverträglichkeit			
Zuverlässigkeit			
Kostengünstigkeit			

5. Finden Sie für die nachfolgenden Beschreibungen die entsprechenden Begriffe aus der Schifffahrt. Tragen Sie die Begriffe als Überschrift ein.

a) _____

Die Schiffe verkehren nach festen Fahrplänen zwischen den Häfen eines Verkehrsgebietes. Häufig werden dabei Stückgutverträge geschlossen.

b) _____

Verschiedene Reedereien vereinbaren einheitliche Beförderungsbedingungen und gemeinsame Fahrpläne. Damit soll z. B. ein „ruinöser Wettbewerb" vermieden werden.

c) _____

Verschiedene Schifffahrtsgesellschaften schließen sich zusammen, um einheitliche Bedingungen und Tarife anzubieten.

d) _____

Diese Person oder dieses Unternehmen transportiert die Güter über See und erhält im Gegenzug die Fracht.

e) _____

Mit diesem Dokument verpflichtet sich der Verfrachter, die Güter gemäß dem Auftrag zu transportieren.

f) _____

Darin werden Stoffe und Gegenstände entsprechend ihrer Gefährlichkeit klassifiziert. Um die Gefährlichkeit nach außen hin erkennbar zu machen, müssen verschiedene Kennzeichen angebracht werden.

Lernfeld 9: Güter versenden

Situation

Sie arbeiten als Fachkraft im Lagerbereich bei einer Spedition in Stuttgart. Für den Auftrag eines Druckmaschinen-Herstellers sollen Sie die Route planen und die notwendigen Schritte ergreifen.
Zehn Druckmaschinen und notwendige Zubehörteile im Gesamtgewicht von 1 200 t müssen innerhalb von drei Wochen vom Hersteller in Heidelberg nach Bremerhaven transportiert werden, wo die Verschiffung für den Überseetransport nach Brasilien erfolgen wird.

6. a) Welche(n) Verkehrsträger wählen Sie für diese Tour (mit Begründung)?

_____
_____
_____

b) Markieren Sie die von Ihnen festgelegte Tour in der Karte „Bundeswasserstraßen" in gelber Farbe und beschreiben Sie sie hier in Worten.

_____
_____
_____
_____
_____
_____

c) Welche Begleitpapiere sind für Ihre Route notwendig?

_____
_____
_____
_____

d) Suchen Sie eine Alternativ-Route für diesen Transport und beschreiben Sie diese hier. Tragen Sie diese in grüner Farbe in die Karte ein.

_____
_____
_____
_____
_____

e) Warum sollten Sie immer eine „Ausweichmöglichkeit" zur Entscheidung heranziehen?

_____
_____

© Westermann Gruppe

Arbeitsblatt 9: Luftverkehr

1. Was bedeutet der Begriff „IATA"?

   _____
   _____

2. Als Mitarbeiter einer Spedition sollen Sie entscheiden, ob es sinnvoll ist, die folgenden Güter als Luftfracht zu versenden. Begründen Sie Ihre Antwort.

   a) Eine Flaschen-Befüllanlage im Gewicht von 250 Tonnen:

   _____
   _____
   _____

   b) Ein Elefantenbulle aus Afrika für den Zoo in Karlsruhe mit einem Gewicht von 2,40 Tonnen:

   _____
   _____

   c) 400 Kisten Aprikosen aus Israel mit einem Gesamtgewicht von 8 Tonnen:

   _____
   _____

   d) Die St.-Edwards-Krone aus den Britischen Kronjuwelen für eine Ausstellung in New York, geschätztes Gewicht 2,25 Kilogramm:

   _____
   _____
   _____

   e) Eine menschliche Leber aus Schweden für eine Transplantation, Gewicht etwa 1 500 Gramm:

   _____
   _____

© Westermann Gruppe

Lernfeld 9: Güter versenden

> **Situation**
>
> Für den Transport von dringend benötigten Maschinenteilen in zwei Kisten (Bruttogewicht 200 kg, 1,480 m³) zur Fertigstellung eines Wasserkraftwerkes in Nairobi (Kenia) entscheidet sich die Wasser- und Sonnenkraft AG, 84032 Landshut, Benzstraße 6, für eine Beförderung als Luftfracht bei LH CARGO.

3. a) Als Mitarbeiter der Wasser- und Sonnenkraft AG sind Sie damit beauftragt, den nachfolgend abgebildeten Luftfrachtbrief auszufüllen.

Weiter stehen Ihnen folgende Angaben zur Verfügung:

Empfänger: Waters Ltd.
Key Lands Box 4563
Nairobi (Kenia)

Flug: ab München (MUC), geplant 07:05 Uhr, heute
LH 4711/11
an Nairobi (NBO), geplant 14:35 Uhr, heute

Berechnetes Gewicht: 235 kg
Fracht: 634,60 € (Mit LH CARGO durch den Leiter-Export vereinbart)
Steuern: 70,00 €

Nicht aufgeführte Daten für den Transport brauchen auch im Air Waybill nicht eingetragen zu werden.

b) Nachträglich müssen weitere Teile zum Kraftwerk in Nairobi geliefert werden, die zum Teil Beförderungsbeschränkungen unterliegen.
Wird LH CARGO die Beförderung der Teile übernehmen? Geben Sie Ihre Entscheidung mit Begründung an.

_____
_____
_____
_____
_____
_____
_____

c) Der Luftfrachtbrief liegt Ihnen in englischer Spache vor. Übersetzen Sie die englischen Begriffe und Texte in die deutsche Sprache und übernehmen Sie diese auf einem eigenen Blatt in Ihre Englischunterlagen.

Air Waybill (Not negotiable) – Issued by

- Shipper's Name and Address
- Shipper's account Number
- Copies 1, 2 and 3 of this Air Waybill are Originals and have the same validity
- Consignee's Name and Address
- Consignee's account Number

It is agreed that the goods described herein are accepted in apparent good order and condition (except as noted) for carriage SUBJECT TO THE CONDITIONS OF CONTRACT ON THE REVERSE HEREOF. ALL GOODS MAY BE CARRIED BY ANY OTHER MEANS INCLUDING ROAD OR ANY OTHER CARRIER UNLESS SPECIFIC CONTRARY INSTRUCTIONS ARE GIVEN HEREON BY THE SHIPPER, AND SHIPPER AGREES THAT THE SHIPMENT MAY BE CARRIED VIA INTERMEDIATE STOPPING PLACES WHICH THE CARRIER DEEMS APPROPRIATE. THE SHIPPERS ATTENTION IS DRAWN TO THE NOTICE CONCERNING CARRIER'S LIMITATION OF LIABILITY. Shipper may increase such limitation of liability by declaring a higher value for carriage and paying a supplemental Charge if required.

- Issuing Carrier's Agent Name and City
- Accounting Information
- Agent's IATA Code
- Account No.
- Airport of Departure (Addr. of first Carrier) and requested Routing
- Reference Number
- Optional Shipping Information
- to / By first Carrier / Routing and Destination / to / by / to / by
- Currency / CHGS Code / WT/VAL PPD COLL / Other PPD COLL
- Declared Value for Carriage
- Declared Value for Customs
- Airport of Destination
- Requested Flight/Date
- Amount of Insurance
- INSURANCE – If carrier offers insurance, and such insurance is requested in accordance with the conditions thereof, indicate amount to be insured in figures in box marked "Amount of Insurance".
- Handling Information
- SCI
- No. of Pieces RCP
- Gross Weight / kg / lb
- Rate Class / Commodity Item No.
- Chargeable Weight
- Rate / Charge
- Total
- Nature and Quantity of Goods (incl. Dimensions or Volume)
- Prepaid / Weight Charge / Collect
- Other Charges
- Valuation Charge
- Tax
- Total other Charges Due Agent
- Total other Charges Due Carrier

Shipper certifies that the particulars on the face hereof are correct and that insofar as any part of the consignment contains dangerous goods, such part is properly described by name and is in proper condition for carriage by air according to the applicable Dangerous Goods Regulations.

- Total prepaid / Total collect
- Signature of Shipper or his Agent
- Currency Conversion Rates / cc charges in Dest. Currency
- Executed on (Date) at (Place) Signature of Issuing Carrier or its Agent
- For Carrier's Use only at Destination / Charges at Destination / Total collect Charges

ORIGINAL 3 (FOR SHIPPER)

4. Ergänzen Sie den folgenden Lückentext nach Bearbeitung des Kapitels „Luftverkehr" aus dem Lehrbuch.

Von vielen deutschen Flughäfen werden Güter als _____ in die ganze Welt verschickt.

In Frachtflugzeugen, aber auch in Passagiermaschinen, für Spezialfälle auch mit _____ werden Güter transportiert. Am größten deutschen Flughafen (gemessen am Frachtaufkommen), _____, wurden im Jahr 2019 etwa 2,04 Mio. t an Fracht be- und entladen.

Häufig sind die Güter in speziellen Behältern, den sogenannten _____ (ULDs) gepackt. Das bietet verschiedene Vorteile:

- bessere _____ des zur Verfügung stehenden Raumes,
- _____ des Be- und Entladevorgangs,
- weniger Schäden an den Sendungen.

Für fast jeden Zweck gibt es ULDs, auch _____ für temperaturempfindliche Güter oder Tiercontainer.

Als Begleitpapier im Luftverkehr ist der _____ (Air Waybill) vorgeschrieben. Er muss in _____ Sprache ausgefüllt werden und dient u. a. als Nachweis dafür, dass ein Luftfrachtvertrag abgeschlossen wurde.

Die Kosten für diesen Luftfrachtvertrag können dem _____ _____ (TACT) entnommen werden. Allerdings ist zu beachten, dass jeder Transporteur seine Preise grundsätzlich selbst festlegen kann. Also gilt auch hier: Mehrere Angebote einholen und Preise vergleichen!

Dies gilt umso mehr, weil sich die Fluggesellschaften vorwiegend in ihren _____ wie Lagerung oder Zollabfertigung unterscheiden.

Wie bei anderen Verkehrsträgern auch darf aber nicht jedes Gut zusammen mit anderen oder überhaupt transportiert werden: Auch bei der Luftfracht gibt es _____ _____, die beachtet werden müssen.

Arbeitsblatt 10: Internationaler Versand

1. Erklären Sie den Begriff „Zoll".

_____
_____
_____

2. Lesen Sie den folgenden Text und markieren Sie die Tätigkeiten des Zolls, die darin angesprochen sind. Tragen Sie anschließend die markierten Textstellen in die unten vorgegebenen Zeilen ein.

Hauptzollamt Regensburg mit Rekordeinnahmen

Regensburg – Erstmals seit seinem Bestehen hat das Hauptzollamt Regensburg im vergangenen Jahr über 1 Mrd. € eingenommen. Laut eigenen Angaben stellten den größten Anteil daran die Einfuhrumsatzsteuer (532 Mio. €) sowie die Verbrauchssteuern (543 Mio. €), zu denen u. a. die Stromsteuer (426 Mio. €) und die Mineral- und Energiesteuer (101 Mio. €) zählen. Die Leiterin der Behörde, Margit Brandl, erklärte, damit befinde man sich unter den erfolgreichsten Hauptzollämtern der Republik. Hinsichtlich der Bekämpfung des Drogenschmuggels gebe es ebenso Grund zur Freude: Im letzten Jahr konnten 175 Kilogramm harte Drogen beschlagnahmt werden, davon 150 Kilogramm Heroin. Ferner wurden 3,5 Mio. unversteuerte Zigaretten, 5100 verbotene oder gefälschte Medikamente und 321 Waffen sichergestellt. Durch die Marken- und Produktpiraterie entstand ein wirtschaftlicher Schaden von rund 1,1 Mio. €; Ermittlungserfolge in Sachen Schwarzarbeit zogen Geldbußen in Höhe von knapp 900 000,00 € nach sich.

Aufgaben des Zolls:

- _____
- _____
- _____
- _____

Situation

Als Mitarbeiter eines Elektronik-Großhändlers in Nürnberg sind Sie mit der Zollabwicklung für importierte bzw. zu exportierende Waren beauftragt. Eine Auszubildende im ersten Jahr ist Ihrer Abteilung zugeteilt und möchte Auskünfte darüber erhalten, ob Zoll erhoben wird.
Begründen Sie kurz Ihre Entscheidung.

3. a) „Die 70 Monitore für den Export nach Monaco sind fertig zum Versand."

_____
_____
_____
_____

b) „Im Freihafen Bremerhaven sind die Bauteile aus Japan eingetroffen."

___

c) „Bei der Lieferung aus der Schweiz liegen Präferenzpapiere. Was bedeutet das?"

___

4. Finden Sie für die nachfolgenden Beschreibungen die entsprechenden Begriffe aus dem Zollwesen. Tragen Sie die Begriffe als Überschrift ein.

a) ___

In verschiedenen Vereinbarungen wird bestimmt, dass nur eine reduzierte Abgabe bei der Einfuhr von Waren zu bezahlen ist. Voraussetzung dafür ist, dass die Herkunft der Waren durch ein Dokument bestätigt ist.

b) ___

Hierbei werden Güter aus einem Drittland in das Gebiet der Europäischen Union gebracht.

c) ___

Hierbei werden Güter z. B. aus Frankreich nach Deutschland gebracht.

5. Erklären Sie die folgenden Begriffe aus dem Zollwesen.

a) Wertzoll

___

b) Versendung

___

c) Ausfuhr

___

6. Begründen Sie, warum manche Güter erst nach Genehmigung und manche Güter überhaupt nicht aus der Europäischen Union in Drittländer gebracht werden dürfen. Geben Sie drei Gründe an.

- _____
- _____
- _____

7. Verbinden Sie die Begriffe in den Kästchen auf der linken Seite mit den Kästchen auf der rechten Seite so, dass die richtige Erläuterung zugeordnet ist.

Handelsfaktura	Nachweis der Herkunft der Ware
Ursprungszeugnis	„Beilage" in oder an Paketen
Gesundheitszeugnis	Warenausgangsrechnung des Lieferers
Zollinhaltserklärung	Nachweis für die Seuchenfreiheit

Lernfeld 10

Logistische Prozesse optimieren

Arbeitsblatt 1: Einführung in die Logistik

1. Ergänzen Sie die folgende Aussage über den Logistikbegriff, indem Sie die fehlenden Begriffe im Text einsetzen.

   effektiven – Objekten – Prozessdenken – Zeit – Menge – Ort – Qualität

   Logistik ist branchenübergreifendes _____ mit dem Ziel der _____ Gestaltung von Abläufen. Dazu zählt die Versorgung mit richtigen _____ (z. B. Güter, Informationen, finanzielle Mittel, Arbeitskräfte, Betriebsmittel) zur richtigen _____, in der richtigen _____, am richtigen _____, in der richtigen _____, zu richtigen (vertretbaren) _____.

2. Kennzeichnen Sie die „6 R der Logistik" im ausgefüllten Lückentext in Aufgabe 1 farbig.

3. Beschreiben Sie, was man unter dem Begriff „branchenübergreifend" versteht.

   _____
   _____
   _____

4. Jeder logistische Prozess ist durch planende, ausführende und kontrollierende Tätigkeiten gekennzeichnet. Überlegen Sie, welche dieser Tätigkeiten Sie beim Verpacken von Gütern ausführen. Ordnen Sie je drei dieser Tätigkeiten in die entsprechende Spalte der Tabelle ein.

Planende Tätigkeiten	Ausführende Tätigkeiten	Kontrollierende Tätigkeiten

5. a) Nennen Sie drei Ziele der Logistik, die durch die effektive Gestaltung von Abläufen erreicht werden sollen.

   _____
   _____
   _____

© Westermann Gruppe

b) Erklären Sie den Zielkonflikt zwischen hoher Lieferbereitschaft und möglichst geringem Lagerbestand.

_____

_____

_____

_____

Arbeitsblatt 2: Unternehmenslogistik

Situation

Sie sind im Unternehmen Paletten Paul GmbH tätig und wollen sich einen Überblick über die logistischen Aktivitäten im Unternehmen verschaffen. Hauptaufgabe des Unternehmens ist es, standardisierte Holzpaletten herzustellen. Für die Herstellung werden Holz als Stammware und Palettennägel benötigt. Die Holzstämme werden im betriebseigenen Sägewerk zu Brettern und Klötzen zersägt. Die zersägten Hölzer werden getrocknet, kommen dann in die Fertigung und werden zu gebrauchsfertigen Holzpaletten verarbeitet. Die fertigen Paletten werden im betriebseigenen Lager bis zu Auslieferung an den Kunden gelagert.

1. Logistische Ketten beginnen bei der Urerzeugung und enden bei der Entsorgung.

   a) Ergänzen Sie im Schaubild die folgenden Begriffe:

   Ernten des Holzes – Gebrauch der Holzpalette – Transport des Holzes zur Paletten Paul GmbH – Entsorgung der gebrauchsunfähigen Holzpalette – Energiegewinnung durch Verbrennen des Holzes – Produktion von Holzpaletten in der Paletten Paul GmbH

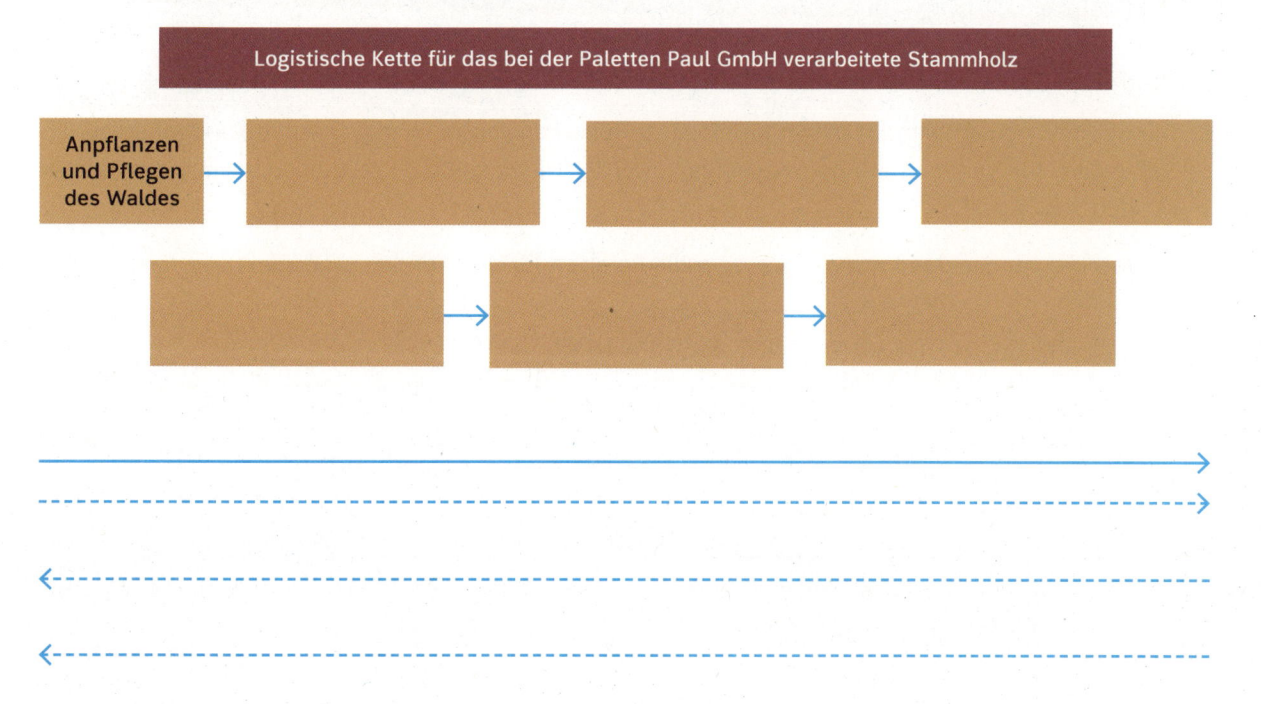

   Logistische Kette für das bei der Paletten Paul GmbH verarbeitete Stammholz

   Anpflanzen und Pflegen des Waldes → ☐ → ☐ → ☐

   ☐ → ☐ → ☐

   b) In allen logistischen Prozessen finden wir Informationsflüsse, Materialflüsse und Werteflüsse. Informationen eilen dem Material voraus, begleiten das Material und laufen ihm nach. Beschriften Sie die Pfeile im Schaubild mit den Begriffen „Materialfluss", „Informationsfluss" und „Wertefluss".

c) Nennen Sie Beispiele für Informationen, die dem Material vorauseilen, das Material begleiten, dem Material nachlaufen.

___

d) Im Unternehmen bezeichnet man die logistische Kette als Wertschöpfungskette „Supply Chain". Ergänzen Sie im Schaubild die fehlenden Logistikbereiche der Paletten Paul GmbH (vereinfacht). Verwenden Sie als Hilfe die Abbildung auf der S. 462 im Lehrbuch.

e) Tragen Sie in der Tabelle die Logistikbereiche und je zwei Aufgaben der einzelnen Logistikbereiche der Paletten Paul GmbH ein.

Logistikbereich	Aufgaben

2. Die Herstellung der Paletten erfolgt termingenau für einen vorher eingegangenen Kundenauftrag. Spätestens 48 Stunden nach Auftragseingang werden die bestellten Paletten deutschlandweit beim Kunden ausgeliefert.

a) Beschreiben Sie das Prinzip, nach dem die Paletten für den Kunden produziert und ausgeliefert werden.

___

b) Geben Sie zwei Gründe an, warum die Paletten nicht auf Vorrat produziert werden.

___

3. Die Paletten Paul GmbH überlegt, den Transport der Paletten zum Kunden in Zukunft nicht mehr mit eigenen Lkw durchzuführen, sondern an einen Fuhrunternehmer zu übergeben.

   a) Wie bezeichnet man dieses Vorhaben der Ausgliederung eines Unternehmensbereiches?

   _____

   b) Nennen Sie zwei Gründe, warum die Paletten Paul GmbH diese Überlegungen anstellt.

   _____
   _____
   _____
   _____

Arbeitsblatt 3: Optimierung von Geschäftsprozessen

1. Bei der Arbeit im Lager begegnen Ihnen täglich immer wiederkehrende Abläufe. Diese Abläufe sollen von Zeit zu Zeit überprüft und optimiert werden.

   a) Tragen Sie in der Tabelle drei Optimierungsziele ein.

   b) Beschreiben Sie diese am Beispiel der Tätigkeiten im Lager.

   c) Geben Sie je ein Beispiel aus dem Lager an.

Optimierungsziel	Beschreibung	Beispiele aus dem Lager

© Westermann Gruppe

2. Die Vorgänge in der Warenkontrolle sollen überprüft werden. Zur Überprüfung verwenden Sie das abgebildete Flussdiagramm.

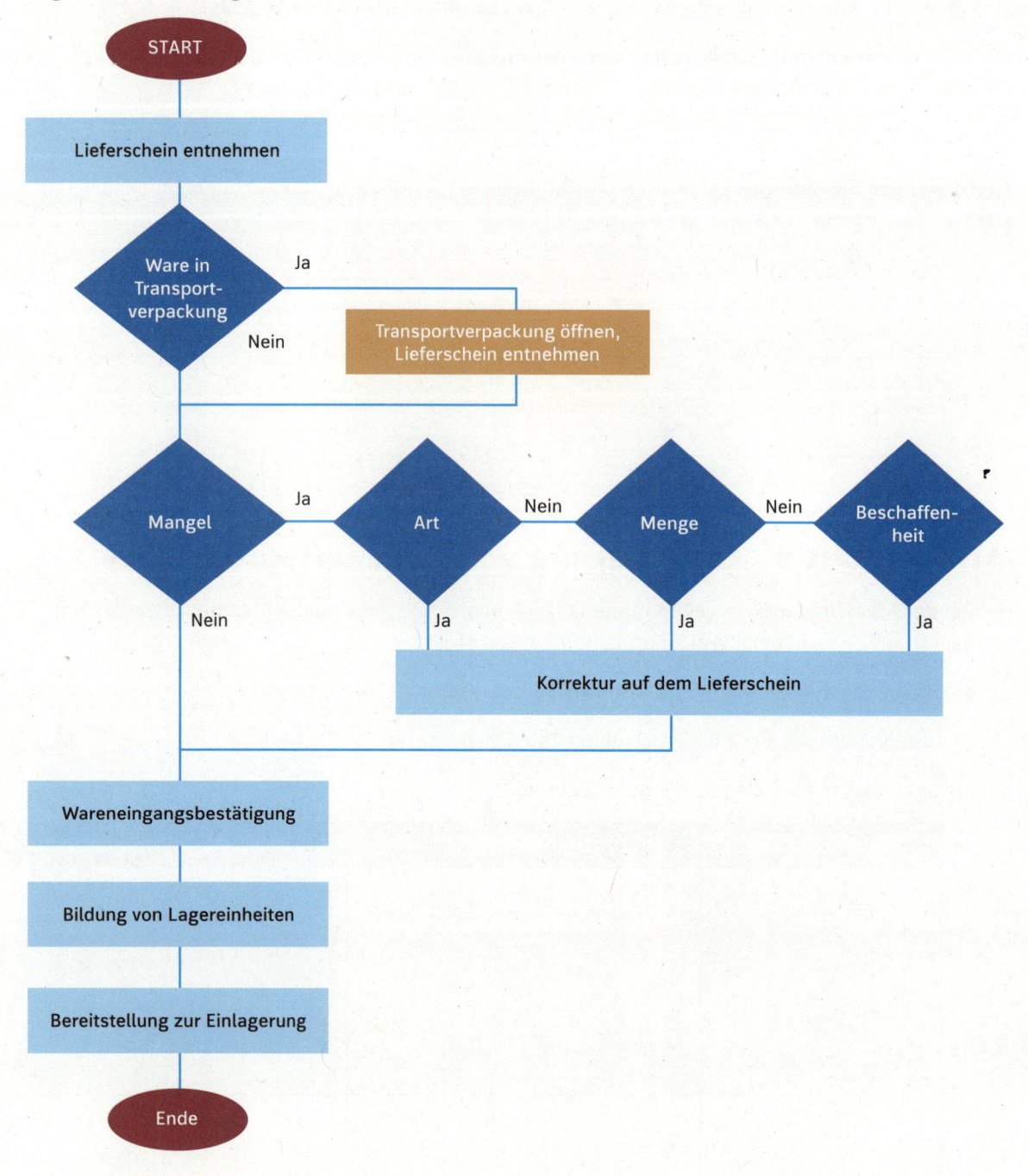

```
START
  │
  ▼
Lieferschein entnehmen
  │
  ▼
◇ Ware in Transportverpackung ─ Ja ─► Transportverpackung öffnen, Lieferschein entnehmen
  │ Nein                                │
  │◄───────────────────────────────────┘
  ▼
◇ Mangel ─ Ja ─► ◇ Art ─ Nein ─► ◇ Menge ─ Nein ─► ◇ Beschaffenheit
  │ Nein          │ Ja             │ Ja                │ Ja
  │               ▼                ▼                   ▼
  │              Korrektur auf dem Lieferschein
  │◄──────────────┘
  ▼
Wareneingangsbestätigung
  │
  ▼
Bildung von Lagereinheiten
  │
  ▼
Bereitstellung zur Einlagerung
  │
  ▼
Ende
```

a) Beschreiben Sie die Vorgehensweise, wenn sich die Ware in der Transportverpackung befindet.

_____

b) In welcher Reihenfolge nehmen Sie die Prüfung der Ware auf Mängel vor?

_____

c) Was tun Sie, wenn Sie einen Mangel feststellen?

_____

3. Jedes Unternehmen ist an der Optimierung von Geschäftsprozessen interessiert.

a) Nennen Sie drei Managementkonzepte zur Optimierung von Geschäftsprozessen.

_____
_____
_____

b) Erklären Sie kurz, wie die Mitarbeiter in den kontinuierlichen Verbesserungsprozess (KVP) eingebunden werden sollen.

_____
_____
_____
_____
_____

c) Nennen Sie zwei Ziele, die im KVP erreicht werden sollen.

_____
_____
_____
_____
_____

4. Der Deming-Kreis beschreibt vier immer wiederkehrende Aufgaben, die in einem sich wiederholenden Prozess ablaufen und damit die kontinuierliche Verbesserung vorantreiben. Beschreiben Sie die vier Schritte im Deming-Kreis.

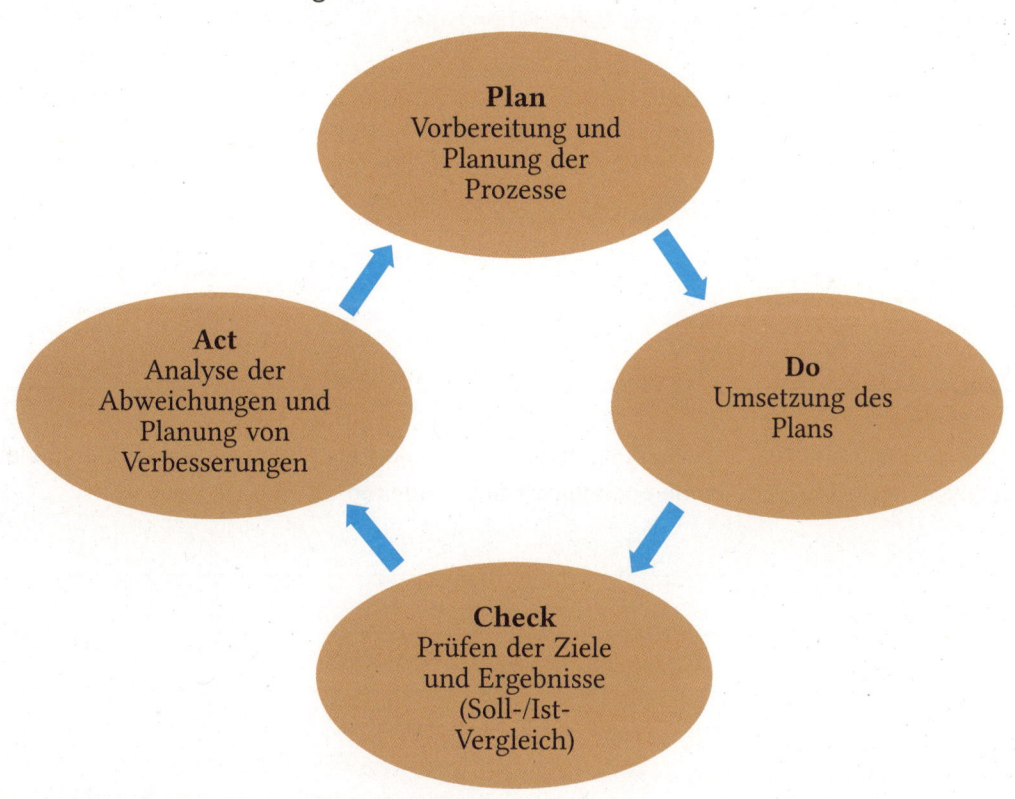

Plan – Vorbereitung und Planung der Prozesse

Do – Umsetzung des Plans

Check – Prüfen der Ziele und Ergebnisse (Soll-/Ist-Vergleich)

Act – Analyse der Abweichungen und Planung von Verbesserungen

1. Schritt: Plan (Planung)

_____
_____

2. Schritt: Do (Durchführen)

_____
_____
_____

3. Schritt: Check (Kontrolle)

_____
_____
_____

4. Schritt: Act (Verbessern)

_____
_____
_____

Arbeitsblatt 4: ABC-Analyse

1. Die ABC-Analyse ist eine Optimierungsmethode in logistischen Prozessen. Was versteht man unter einer ABC-Analyse hinsichtlich der im Lager befindlichen Güter?

_____
_____
_____
_____
_____

2. Welche materialwirtschaftlichen Entscheidungen bei der Beschaffung und Lagerung können Sie aus der ABC-Analyse für die im Unternehmen benötigten Güter ableiten?

A-Güter: _____
_____
_____

B-Güter: _____

_____

C-Güter: _____

_____

_____

3. Sie arbeiten in der LagerMAX GmbH und sind für die Beschaffung der Güter verantwortlich. Dabei wird die ABC-Analyse (vereinfacht) als wichtiges Instrument zur Prozessoptimierung angewendet. Sie wollen sich einen Überblick über die folgenden fünf Materialnummern M1 bis M5 verschaffen.

Material-nummer	Jahresbedarf in Stück	Einstandspreis je Stück	Jahresbedarfswert in €	Wertanteil in %	Kategorie A-, B-, C-Gut
M1	5 000	0,55			
M2	3 000	92,50			
M3	16 500	0,75			
M4	200 000	0,25			
M5	1 400	17,50			
Summe:					

a) Ermitteln Sie die Jahresbedarfswerte in Euro und bestimmen Sie anschließend deren prozentualen Wertanteil an der Summe der Jahresbedarfswerte. Tragen Sie die Ergebnisse auf eine Stelle nach dem Komma gerundet in die Tabelle ein.

b) In der LagerMAX GmbH gibt es die Vereinbarung:

A-Gut: Wertanteil > 25 %

C-Gut: Wertanteil < 10 %

Die restlichen Güter sind B-Güter.

Bestimmen Sie anhand des Wertanteils, ob es sich um A-, B- oder C-Güter handelt. Tragen Sie Ihre Ergebnisse in die Tabelle ein.

4. Neben der ABC-Analyse gibt es die XYZ-Analyse. Wofür stehen die Buchstaben?

X: _____

y: _____

Z: _____

Arbeitsblatt 5: Eigen- und Fremdlagerung

1. Sie arbeiten im Lager der Logitec KG. Ihr Unternehmen plant die Umstrukturierung des Lagers.

   a) Geben Sie drei Möglichkeiten an, wie die Lagerkapazität in Ihrem bestehenden betriebseigenen Lager erhöht werden kann.

   b) Geben Sie zwei Gründe an, die eine Fremdlagerung erforderlich machen können.

2. Ihr Unternehmen plant aufgrund einer Betriebserweiterung den Umbau des Lagers und die Verringerung der Lagerkapazität. Ein großer Teil der Lagerkapazität wird derzeit durch die Lagerung von Formteilen auf Europaletten belegt. Die Formteile können durch die Logitec KG monatlich vierteljährlich, halbjährlich oder jährlich bestellt werden. Es werden jährlich 12 000 Europaletten in diesem Bereich benötigt.

   a) Nennen Sie je drei Beispiele für fixe Lagerkosten und für variable Lagerkosten, mit denen bei der Eigenlagerung in Ihrem Unternehmen zu rechnen ist. Nehmen Sie die Eintragung in der Tabelle vor.

Fixe Kosten	Variable Kosten

b) Berechnen Sie die Kosten für die Eigenlagerung und die Fremdlagerung der Formteile. Beachten Sie dabei die Bedingungen zur Berechnung der Lagerkosten.

Aufgrund der Bestellhäufigkeit wird für die Berechnung von einem durchschnittlichen Lagerbestand in Höhe der halben Bestellmenge ausgegangen.

Bedingungen zur Berechnung der Lagerkosten:

Einstandspreis:	80,00 € pro Europalette
Variable Lagerkosten bei Eigenlagerung:	10 % vom Einstandspreis
Fixe Lagerkosten bei Eigenlagerung:	6 000,00 €
Fremdlagerung pro Europalettenstellplatz:	12,00 €
Belegte Stellplätze werden taggenau abgerechnet.	

Tragen Sie Ihre Ergebnisse in die grau hinterlegten Felder der abgebildeten Tabelle ein. Die Eintragungen für eine Bestellung pro Jahr wurden bereits vorgenommen.

Kosten für die Eigenlagerung und Fremdlagerung der Europaletten mit Formteilen:

	Eigenlagerung					Fremdlagerung
Anzahl Bestellungen pro Jahr	Durchschnittl. Lagerbestand in Stück	Durchschnittl. Lagerbestand in €	Variable Lagerkosten in €	Fixe Lagerkosten in €	Gesamtkosten für die Eigenlagerung in €	Gesamtkosten in €
1	6 000	480 000	48 000	6 000	52 000	72 000
2	3 000	240 000	24 000	6 000	30 000	36 000
4	1 500	120 000	12 000	6 000	18 000	18 000
6	1 000	80 000	8 000	6 000	14 000	12 000
12	300	24 000	2 400	6 000	8 400	3 600

c) Ermitteln Sie aus der Tabelle die Anzahl der Bestellungen, welche Ihr Unternehmen im Jahr mindestens auslösen muss, damit die Fremdlagerung keine höheren Kosten als die bisherige Eigenlagerung hervorbringt.

Anzahl der Bestellungen: __4 Bestellungen pro Jahr__

d) Übertragen Sie Ihre Ergebnisse in das abgebildete Diagramm. Kennzeichen Sie fixe Kosten, Kosten für die Eigenlagerung, Kosten für die Fremdlagerung.

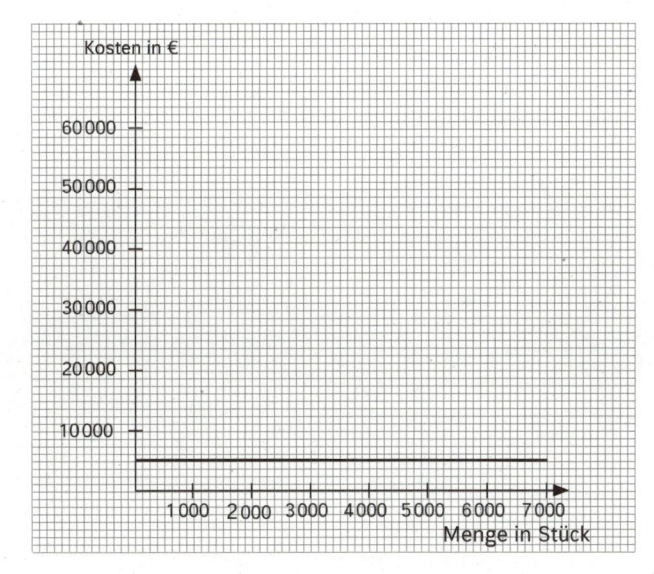

e) Bestimmen Sie die Stückzahl der eingelagerten Europaletten, bei der die Kosten für die Eigenlagerung gleich den Kosten für die Fremdlagerung sind. Kennzeichnen Sie die Menge farbig.

f) Eine weitere Möglichkeit, die kritische Lagermenge (Lagermenge, bei der die Kosten für Eigen- und Fremdlagerung gleich sind) zu ermitteln, ist die rechnerische Lösung. Berechnen Sie die kritische Lagermenge.

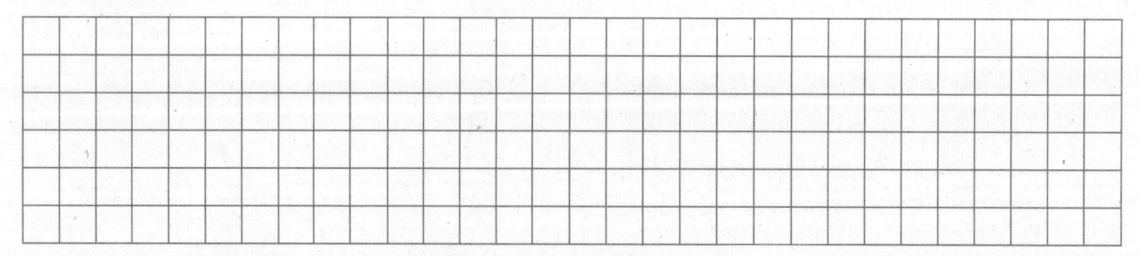

g) Um die Lieferbereitschaft zu gewährleisten, entscheidet sich Ihr Unternehmen für eine monatliche Bestellung. Begründen Sie, welche Lagervariante Sie vorschlagen.

_____
_____
_____
_____
_____

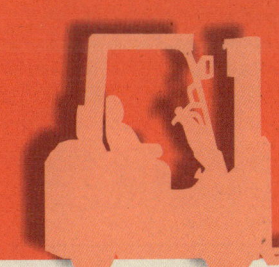

Lernfeld 11

Güter beschaffen

Arbeitsblatt 1: Bedarfsermittlung

Situation

Die Bürowelt 2020 GmbH führt neue Absatzplanungen durch. Dabei wird der Bedarf an Schreibtischen für das zweite Quartal auf 500 Stück festgelegt. Außerdem gilt, dass zu Beginn eines jeden Monats 100 Stück auf Lager vorhanden sein sollten.

1. Alle Festlegungen werden dem Einkauf für die weitere Beschaffungsplanung übergeben. Welche Aufgaben erfüllt die Beschaffungsplanung für die Einkaufabteilung?

   _____
   _____
   _____
   _____
   _____

2. Angenommen die Bürowelt 2020 GmbH würde regelmäßig zu viele Schreibtische bestellen. Beschreiben Sie, welche Folgen sich daraus ergeben würden.

   _____
   _____
   _____
   _____

3. Der Einkäufer Tom Neumann kauft immer dann die Handelswaren ein, wenn ein Kunde die Waren bestellt hat. Welche Bestellart liegt in diesem Fall vor?

   _____
   _____
   _____

4. Die Einkäuferin Bahar Öztürk kauft unter Berücksichtigung der Bedarfsplanung große Mengen ein. Die Bestände im Lager liegen regelmäßig weit über den Mindestbestand. Welche Bestellart liegt hier vor?

   _____
   _____

© Westermann Gruppe

Lernfeld 11: Güter beschaffen

5. Welchen entscheidenden Vorteil liefert die Vorratsbeschaffung?

_____
_____
_____
_____

6. Die Bürowelt 2020 GmbH möchte den luxuriösen Schreibtischstuhl „Eleganz" mit einem Listeneinkaufspreis in Höhe von 2 200,00 € neu ins Sortiment aufnehmen. Welche Vorteile hätte in diesem Fall die Einzelbeschaffung gegenüber der Vorratsbeschaffung?

_____
_____
_____
_____
_____
_____
_____

7. Der Bedarf an Kopierpapier wird in der Bürowelt 2020 GmbH verbrauchsorientiert ermittelt. Welche Aussage passt zur verbrauchsorientierten Bedarfsermittlung?

☐ Der Verbrauch an den entstehenden Kosten hat bei der Bedarfsplanung die größte Bedeutung.

☐ Aus den Bestellzahlen der letzten Woche wird der Bedarf für die Zukunft ermittelt.

☐ Aus den Absatzzahlen der Vergangenheit wird der Bedarf für die Zukunft ermittelt.

☐ Der Verbrauch an personellen Ressourcen im eigenen Unternehmen bestimmt den Absatz an Kopierpapier.

8. Die Bürowelt 2020 GmbH betreibt neben dem Vertrieb der Waren auch eine eigene Produktion von Büromöbeln. Für die Produktion von Konferenztischen wird der Bedarf programmorientiert ermittelt. Was versteht man unter einer programmorientierten Bedarfsermittlung?

_____
_____
_____
_____
_____

9. Für die Produktion der Schreibtische bezieht das Unternehmen die erforderliche Tischplatte über einen Zulieferbetrieb. Da die Bezugspreise des Zulieferers gestiegen sind, überlegt die Unternehmensleitung der Bürowelt 2020 GmbH die Tischplatten selbst herzustellen. Als Mitarbeiter der Bürowelt 2020 GmbH sollen Sie einen Kostenvergleich durchführen. Vom bisherigen Lieferanten wurde jede Tischplatte mit 10,00 € bezogen. Bei der Eigenfertigung wird mit Fixkosten in Höhe von 54 000,00 € und variablen Stückkosten von 4,00 € kalkuliert.

a) Führen Sie eine Kostenvergleichsrechnung durch.

Menge	Eigenherstellung			Fremdbezug	Günstiger ist ...
	Fixkosten	Variable Kosten	Gesamtkosten		
2 000					
4 000					
6 000					
8 000					
10 000					
12 000					

b) Berechnen Sie, ab welcher Menge die Eigenherstellung günstiger ist als der Fremdbezug.

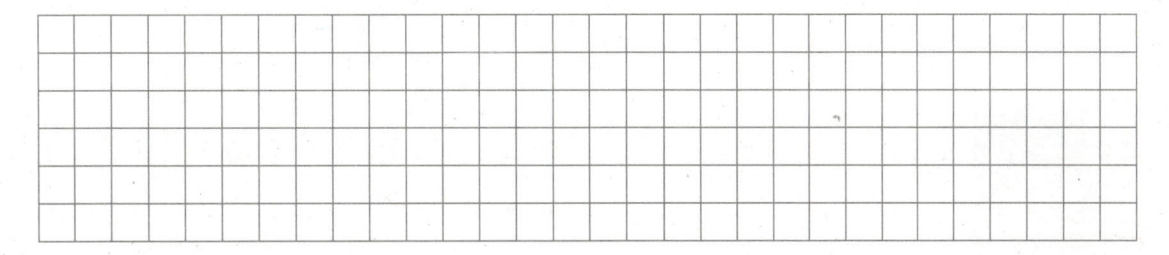

c) Die Bürowelt 2020 GmbH hat einen jährlichen Bedarf von ca. 8 400 Tischplatten. Was raten Sie der Unternehmensleitung?

d) Im gleichen Betrieb wird ein Bauteil bereits selbst gefertigt. Der Schnittpunkt der Kostengeraden von Eigenfertigung und Fremdbezug liegt bei 3 000 Stück. Die fixen Kosten betragen 150 000,00 €. Wie hoch ist der Bezugspreis des Lieferanten, wenn die bei der Eigenfertigung kalkulierten variablen Kosten um 1/3 niedriger sind?

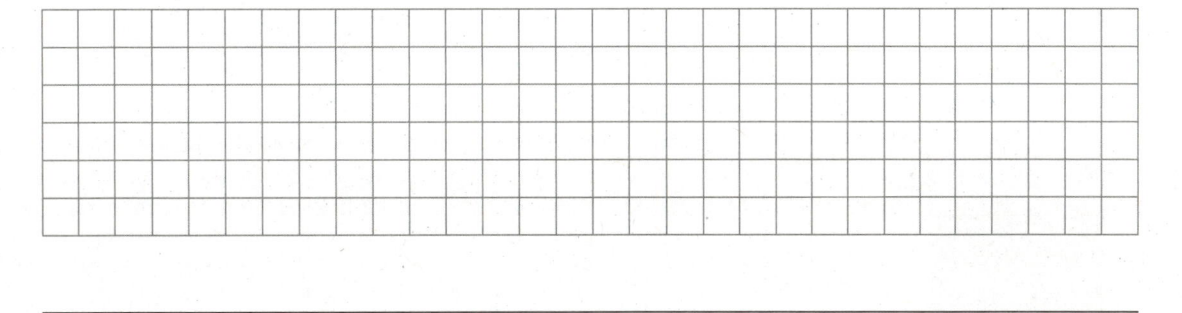

10. Ihnen liegt folgende Tabellenkalkulation der Bürowelt 2020 GmbH vor. Tragen Sie die Formeln zur Berechnung der fehlenden Zellen a) bis c) in die unten stehende Tabelle ein.

	A	B	C	D	E	F
1						
2		Kostenvergleich bei Eigen- und Fremdlagerug				
3						
4		Eigenlagerung			Fremdlagerung	
5	Menge in Stück	Fixkosten in €	Variable Kosten in €	Gesamtkosten in €	Fremdlagerung in €	
6	500	3.000,00 €	1.000,00 €	4.000,00 €	3.000,00 €	
7	600	3.000,00 €	a)	b)	c)	
8	800	3.000,00 €	1.600,00 €	4.600,00 €	4.800,00 €	
9	1000	3.000,00 €	2.000,00 €	5.000,00 €	6.000,00 €	
10						
11	Angaben Eigenlagerung			Angaben Fremdlagerung		
12	Fixkosten	3.000,00 €		Fixkosten	0,00 €	
13	var. Kosten	2,00 €		var. Kosten	6,00 €	
14						

a)	
b)	
c)	

Arbeitsblatt 2: Mengenplanung

Situation

Die Meyer Recycling AG stellt hauptsächlich Plastikbehälter für die Molkereien her. Diese benötigen die Becher, um die Joghurts darin abzufüllen. Die Unternehmung plant eine optimale Bestellmenge für ihre Granulate.

Jahresbedarf	20 000 kg	Bezugspreis	3,00 €/kg
Kosten pro Bestellung	200,00 €	Lagerhaltungssatz	12 %

1. Vervollständigen Sie die Tabelle.

Anzahl Bestellungen	Bestell- menge	DLB in Stück	DLB in €	Lagerkosten	Bestellkos- ten	Gesamtkos- ten
1						
2						
3						
4						
5						
6						
7						
8						

Arbeitsblatt 2

223

2. Wie oft muss im Jahr bestellt werden? Bestimmen Sie außerdem die optimale Bestellmenge.

_____
_____
_____

3. Geben Sie vier Faktoren an, die die optimale Bestellmenge beeinflussen.

_____
_____
_____

4. Beschreiben Sie, welche wirtschaftlichen Gründe gegen eine geringe Bestellmenge sprechen.

_____
_____
_____
_____
_____

5. Beschreiben Sie, welche wirtschaftlichen Gründe gegen eine hohe Bestellmenge sprechen.

_____
_____
_____
_____
_____

6. Kreuzen Sie an, welche Aussagen in Bezug auf die grafische Darstellung der optimalen Bestellmenge richtig sind.

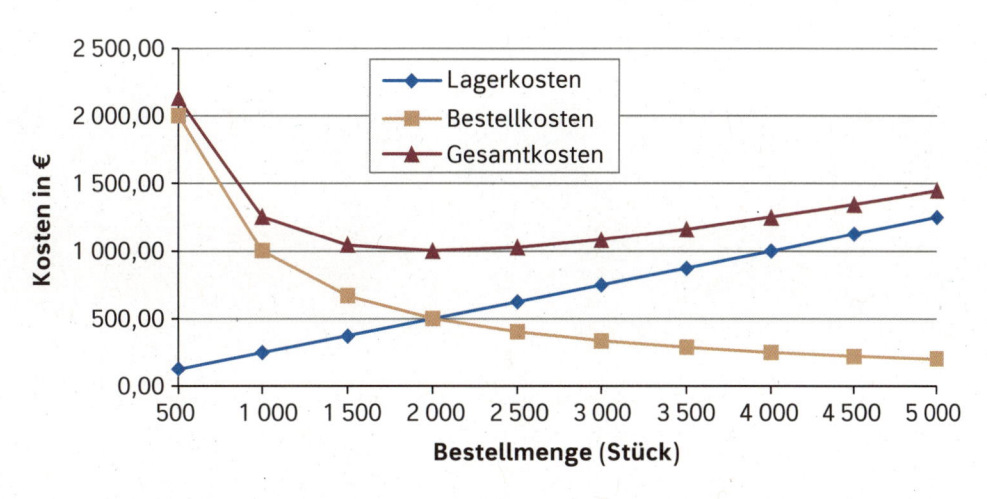

Grafische Darstellung

© Westermann Gruppe

☐ Der Schnittpunkt der Bestellkosten und Lagerkosten gibt die optimale Bestellmenge an.

☐ Je niedriger die Bestellkosten, desto niedriger sind die Lagerkosten.

☐ Je niedriger die Bestellkosten, desto höher sind die Lagerkosten.

☐ Die optimale Bestellmenge beträgt 2 000 Stück und die Gesamtkosten 500,00 €.

☐ Die optimale Bestellmenge beträgt 2 000 Stück und die Gesamtkosten 1 000,00 €.

☐ Die optimale Bestellmenge ist die Menge, bei der die Summe der Beschaffungs- und Lagerkosten am geringsten ist.

☐ Die optimale Bestellmenge ist die Menge, bei der die Summe der Beschaffungs- und Lagerkosten am höchsten ist.

Arbeitsblatt 3: Zeitplanung

1. Die Meyer Recycling AG verbraucht täglich 10 t Kunststoff. Die Lieferzeit beträgt 10 Tage. Der Mindestbestand soll für 6 Tage reichen. Der Lagerhöchstbestand ist auf 200 t festgelegt. Am Abend des 31. Oktober sind noch 170 t Kunststoff auf Lager.

   a) Ermitteln Sie den Meldebestand.

   b) Tragen Sie die Bestandsentwicklung in die unten stehende Wertetabelle ein und zeichnen Sie diese anschließend in das Koordinatensystem ein. Bezeichnen Sie hierbei die einzelnen Bestände möglichst genau.

Wertetabelle

November	1	2	3	4	5	6	7	8	9	10	11	12	13	14	15
Bestand															

November	16	17	18	19	20	21	22	23	24	25	26	27	28	29	30
Bestand															

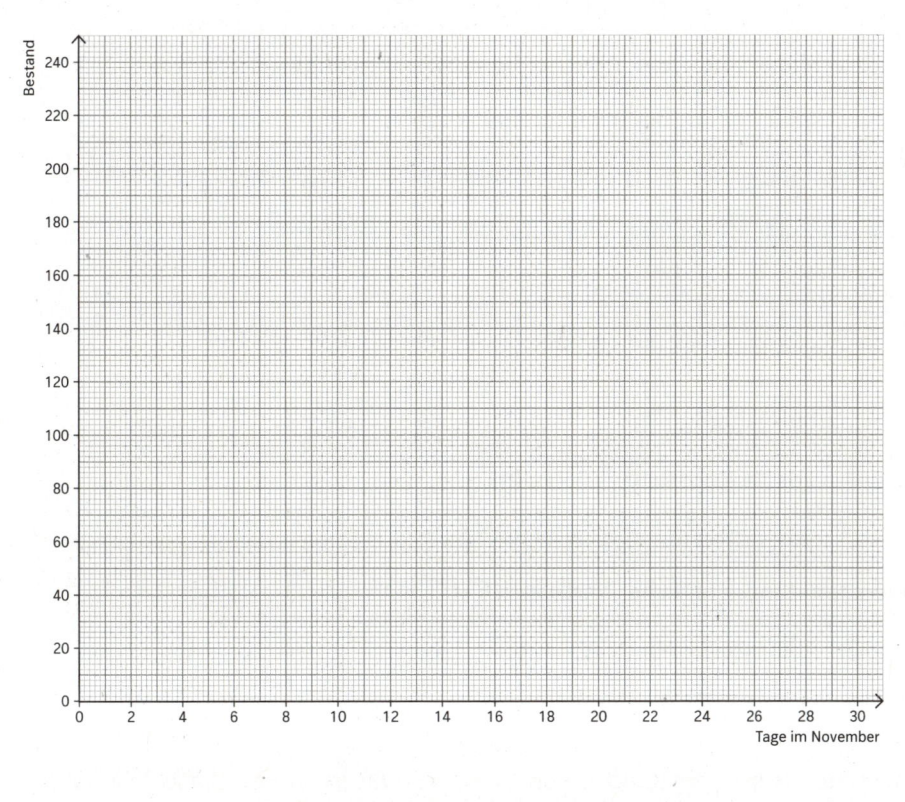

[Diagramm: Bestand (y-Achse, 0–240) über Tage im November (x-Achse, 0–30)]

c) An welchen Tagen im November muss bestellt werden?

_____

d) An welchen Tagen im November wird der Mindestbestand erreicht?

_____

e) Wie viel Stück beträgt die optimale Bestellmenge?

_____

f) Wie viele Tage liegen zwischen den Bestellzeitpunkten?

_____

2. Kreuzen Sie die richtigen Antworten an.

   a) Welche Aussage über den Mindestbestand ist richtig?

   ☐ Der Mindestbestand darf nicht zu niedrig angesetzt werden, weil sonst die Kommissionierleistung zu groß ist.

   ☐ Ein zu niedriger Mindestbestand führt dazu, dass die Ware veraltet.

   ☐ Ein zu niedriger Mindestbestand führt dazu, dass für die Produktion zu wenig Rohstoffe zur Verfügung stehen.

   ☐ Der Mindestbestand muss für den Fall vorhanden sein, dass sich die Lieferung neuer Güter verzögert.

   ☐ Der Mindestbestand darf niemals unterschritten werden.

© Westermann Gruppe

b) Welche Aussage über den Mindestbestand (eiserner Bestand) ist richtig?

☐ Der Mindestbestand spielt nur für die Inventur eine Rolle.
☐ Wenn der Mindestbestand erreicht ist, wird nachbestellt.
☐ Sicherheitsbestand und Meldebestand sind inhaltlich gleichzusetzen.
☐ Der Meldebestand ist kleiner als der Mindestbestand.
☐ Der Mindestbestand ist kleiner als der Meldebestand.

c) Wie wird der Meldebestand errechnet?

☐ Täglicher Verbrauch + Mindestbestand · Lieferzeit
☐ Täglicher Verbrauch · Mindestbestand + Lieferzeit
☐ Lieferzeit · Mindestbestand + täglicher Verbrauch
☐ Täglicher Verbrauch · Lieferzeit + Mindestbestand
☐ Täglicher Verbrauch · Lieferzeit + Höchstbestand

d) Für einen Artikel muss der Mindestbestand erhöht werden. Warum wurde diese Maßnahme notwendig?

☐ Weil der durchschnittliche Lagerbestand verringert werden soll.
☐ Weil die Lieferzeit sich verkürzt hat.
☐ Weil die Lieferzeit sich verlängert hat.
☐ Weil die Lagerkosten gestiegen sind.
☐ Weil der tägliche Verbrauch sich verringert hat.

e) Für einen Artikel ist der Mindestbestand von 120 Stück festgelegt. Bei welcher Stückzahl muss spätestens bestellt werden, wenn der tägliche Verbrauch 30 Stück und die Lieferzeit 4 Tage betragen?

☐ 210 Stück
☐ 240 Stück
☐ 150 Stück
☐ 180 Stück
☐ 120 Stück

f) Für einen Artikel ist der Meldebestand von 200 Stück festgelegt. Der tägliche Verbrauch beträgt 25 Stück und die Lieferzeit 5 Tage. Wie hoch ist der Mindestbestand?

☐ 75 Stück
☐ 100 Stück
☐ 50 Stück
☐ 25 Stück
☐ 125 Stück

g) Welche Aussage zum Meldebestand ist richtig?

☐ Je länger die Lieferzeit, desto höher muss der Meldebestand sein.

☐ Je länger die Lieferzeit, desto niedriger muss der Meldebestand sein.

☐ Je höher der Mindestbestand, desto niedriger ist der Meldebestand.

☐ Je niedriger der tägliche Verbrauch, desto höher muss der Meldebestand sein.

☐ Die Höhe des Meldebestandes richtet sich nach dem Höchstbestand.

h) Welche Aussage beschreibt den Bestellzeitpunkt richtig?

☐ Zeitpunkt, an dem die Bestellung erfolgen muss, damit es zu keinen Störungen bei der Produktion kommt.

☐ Zeitpunkt, an dem die Bestellung abgeschickt werden muss, damit sie zu den geringsten Beschaffungskosten führt.

☐ Zeitpunkt, an dem der Mindestbestand erreicht ist, damit auch bei unvorhergesehenen Fällen eine reibungslose Produktion gesichert ist.

☐ Zeitpunkt, an dem die Bestellung abgewickelt werden muss, damit die Umschlagshäufigkeit am größten ist.

☐ Zeitpunkt, an dem der Lagerbestand unter Ausnutzung des Mindestbestandes noch ausreicht, die Spanne zwischen Bestellung und Materialeingang zu überbrücken.

3. Beantworten Sie folgende Fragen zum Bestellrhythmusverfahren.

a) Welche Größe ist beim Bestellrhythmusverfahren konstant und welche variabel?

___

___

___

___

___

b) Beschreiben Sie, welche Gefahr bei konsequenter Anwendung des Bestellrhythmusverfahrens gegeben sind, wenn die Verbrauchsmengen an Gütern steigen.

___

___

___

c) Welche Gemeinsamkeiten haben das Bestellpunktverfahren und das Bestellrhythmusverfahren?

___

___

___

4. In der Büro 2020 GmbH wird das Fertigungsmaterial fertigungssynchron angeliefert.

a) Welche Bestellart liegt hier vor?

- ☐ Kauf auf Abruf
- ☐ Vorratsbeschaffung
- ☐ Just-in-time-Verfahren
- ☐ Einzelbeschaffung
- ☐ Rabattkauf

b) Was ist kein Vorteil des Just-in-time-Verfahrens?

- ☐ Senkung der Lagerkosten
- ☐ Verkürzung der Durchlaufzeiten
- ☐ Ausbau einer engen Zusammenarbeit
- ☐ Abhängigkeit vom Lieferer und umgekehrt
- ☐ Erhöhung der Produktivität

c) Welche Aussage zur Just-in-time-Beschaffung ist richtig?

- ☐ Die Just-in-time-Beschaffung ist sinnvoll, wenn für das Beschaffen von Gütern mit Schwankungen am Markt gerechnet werden muss.
- ☐ Bei der Just-in-time-Beschaffung muss der Lieferant Menge, Qualität und Lieferzeitpunkt dem Produktionsverlauf des Kunden angleichen.
- ☐ Durch die Just-in-time-Beschaffung werden größere Lagervorräte ständig auf- und abgebaut.
- ☐ Die Just-in-time-Beschaffung ist unabhängig vom Fertigungsprozess.
- ☐ Bei der Just-in-time-Beschaffung ist keine Planung erforderlich.

5. Bringen Sie den Ablauf der Tätigkeiten beim Kanban-System in die richtige Reihenfolge. Beginnen Sie mit der Entnahme aus den Behältern.

	Entnahme aus den Behältern
	Bedarfsermittlung durch Abscannen des Barcodes auf der Behälterkarte
	Einlagerung der neuen Lieferung ins Kanban-Regal beim Kunden
	Kommissionierung beim Lieferer
	Übermittlung des Bestellimpulses vom Kunden zum Lieferer
	Verladung der Sendung beim Lieferer

Arbeitsblatt 4: Anfrage und Angebot

Situation

Die Bürowelt 2020 GmbH hat sich im Rahmen einer starken Konkurrenz und der hohen Herstellungskosten entschieden, in Zukunft mit neuen Lieferanten zusammenzuarbeiten, um bezüglich der Preisgestaltung und der Qualität der Konkurrenz mithalten zu können.

Spekulationsgeschäfte des Stammlieferanten Hillebrand OHG haben bei diesem zu Lieferschwierigkeiten geführt, sodass die Geschäftsführung der Bürowelt 2020 GmbH dringend auf neue Lieferanten, insbesondere für die vom Lieferanten bereits vorgefertigte Sitzflächen für den Schreibtischstuhl ERGO angewiesen ist. Für die Produktion der Schreibtischstühle werden die Sitzflächen als Fertigteile bestellt.

Sie arbeiten in der Bürowelt 2020 GmbH und sind für den Einkauf zuständig. Im Folgenden sollen Sie einen qualitativen und quantitativen Angebotsvergleich von alten und neuen Lieferanten durchführen.

1. Um mögliche neue Lieferanten ermitteln zu können, müssen Sie sich auf externe Informationsquellen beziehen.

    a) Was versteht man unter Bezugsquellen?

    ☐ Bezugsquellen sind alle möglichen Lieferanten, welche die gewünschten Sitzflächen liefern können.

    ☐ Bezugsquellen sind Softwareprogramme, welche die Lieferanten anzeigen können.

    ☐ Bezugsquellen sind alle möglichen Kunden, an die die Schreibtischstühle verkauft werden können.

    ☐ Bezugsquellen sind nur die Stammlieferanten.

    b) Unterscheiden Sie die internen und externen Bezugsquellen voneinander.

    _____
    _____
    _____
    _____
    _____
    _____

    c) Wann ist es von Vorteil, auf neue externe Bezugsquellen zurückzugreifen?

    ☐ Die bisherigen Lieferanten liefern die Sitzflächen zu günstigen Preisen.

    ☐ Die bisherigen Lieferanten liefern zu teuer.

    ☐ Die bisherigen Lieferanten liefern regelmäßig zu besseren Qualitätsstandards als die Konkurrenz.

    ☐ Die bisherigen Lieferanten liefern zuverlässig und pünktlich.

© Westermann Gruppe

2. Nachdem Sie mögliche Lieferanten für die Armlehnen ermittelt haben, müssen Sie eine Anfrage erstellen. Welche Aussagen über Anfragen sind richtig?

☐ Anfragen erhöhen die Marktübersicht.

☐ Anfragen sind die ersten Willenserklärungen zum Abschluss des Kaufvertrages.

☐ Anfragen bedürfen der Schriftform.

☐ Anfragen beinhalten die Annahme der Angebote.

☐ Anfragen sind in der Regel rechtsverbindlich.

☐ Durch eine Anfrage und ein verbindliches Angebot kommt ein Kaufvertrag zustande.

☐ Die Anfrage ist rechtlich nicht bindend.

☐ Die Anfrage gilt als Bestellung, wenn die nachgefragte Ware sofort lieferbar ist.

☐ Für die Anfrage ist gesetzlich die Schriftform vorgeschrieben.

☐ Eine Anfrage gilt als Antrag im Rahmen des Kaufvertrages

3. Nachdem Sie die Anfragen erstellt und abgeschickt haben, liegen Ihnen folgende Angebote für mögliche neue Lieferanten vor:

	Brelage GmbH & Co. KG	**Zierden OHG**
Preis in € pro Stück	29,00	27,00
Mengenrabatt	5 %	10 %
Lieferbedingungen	frei Haus	0,10 € je Stück
Skontosatz	2 %	2 %
Lieferfrist in Tagen	14	10
Zuverlässigkeit	laut gut informierter Quellen aus der Branche ist hohe Lieferzuverlässigkeit zu erwarten	äußerst kulant und schnell
Qualität	nach bisherigen Erkenntnissen: beste Qualität	nach bisherigen Erkenntnissen: gut, bis auf die Nahtverarbeitung
Service, Garantie und Kulanz	mittelmäßig	mittelmäßig
Umweltverhalten	hervorragend	mittelmäßig

Der Bezugspreis des Stammlieferanten Hillebrand OHG liegt pro Sitzfläche bei 26,50 €.

Ermitteln Sie die Bezugspreise der potenziellen neuen Lieferanten Brelage GmbH & Co. KG und Zierden OHG sowie für den alten Lieferanten für eine Bestellmenge von 500 Stück.

Hinweis: Sie können für die Berechnung des Bezugspreises davon ausgehen, dass die Bürowelt 2020 GmbH den Skontoabzug ausnutzen wird.

		Brelage GmbH & Co. KG	Zierden OHG
	Listeneinkaufspreis		
−	Rabatt		
=	**Zieleinkaufspreis**		
−	Skonto		
=	**Bareinkaufspreis**		
+	Bezugskosten		
=	**Bezugspreis**		

_____
_____
_____

4. Der Bezugspreis reicht als alleiniges Entscheidungskriterium zur Auswahl eines geeigneten Lieferanten nicht aus. Die Nutzwertanalyse stellt eine Möglichkeit der qualitativen Auswahl dar. Beschreiben Sie die Vorgehensweise des qualitativen Angebotsvergleich zur Entscheidungsfindung.

_____
_____
_____
_____
_____
_____

5. Welche Kriterien spielen bei der Lieferantenauswahl u. a. eine Rolle?

☐ Freundschaftliche Beziehung zum Lieferanten

☐ Preis, Zahlungsbedingungen, Lieferbedingungen, Qualität der Ware, Zuverlässigkeit des Lieferers

☐ Preis, Zahlungsbedingungen, Lieferbedingungen, die Eintragung im allgemeinen deutschen Lieferantenregister

☐ Preis, Zahlungsbedingungen, Anzahl der Mitarbeiter im Betrieb, Qualität der Ware

6. Füllen Sie die Nutzwertanalyse aus und entscheiden Sie sich anschließend für einen der Lieferanten. Begründen Sie Ihre Entscheidung.

Entscheidungs-kriterium	Gewich-tung	Hillebrand OHG Bewertung (1–10)	Hillebrand OHG Gesamt (G · B)	Brelage GmbH & Co.KG Bewertung (1–10)	Brelage GmbH & Co.KG Gesamt (G · B)	Zierden OHG Bewertung (1–10)	Zierden OHG Gesamt (G · B)
Einstandspreis	30	10	300				
Qualität	40	4	160				
Zuverlässigkeit	10	10	100				
Lieferfrist	10	8	80				
Service	5	8	40				
Umweltverhalten	5	0	0				
Summe	**100**		**680**				

7. Des Weiteren sind Sie für die Beschaffung von Tastaturen zuständig. Für ein bestimmtes Modell liegen Ihnen folgende Angebote vor.

Firma	Atlas GmbH	Simplex AG	Olympia AG	Cyberworld KG
Listenpreis/Stück	27,98 €	26,79 €	26,70 €	25,03 €
Rabatt	10 % ab 100 Stück	12,5 % ab 150 Stück	8 % ab 60 Stück	0 %
Skonto	2 %	0 %	3 %	0 %
Bezugskosten	0,00 €	10,00 €/20 Stück	0,50 €/Stück	frei Haus

Angebotsvergleich				
Artikel	Tastatur			
Menge	120 Stück			
Lieferer	Atlas GmbH	Simplex AG	Olympia AG	Cyberworld KG
Listenpreis				
– Rabatt				
Zieleinkaufspreis				
– Skonto				
Bareinkaufspreis				
+ Versandkosten				
Bezugspreis				

8. Durch den Einsatz eines Tabellenkalkulationsprogramms soll die Bearbeitung des quantitativen Angebotsvergleichs bei der Bürowelt 2020 GmbH schneller durchgeführt werden. Geben Sie für die Zellen B13 bis B19 die richtigen Formeln an, um den Bezugspreis für 500 Stück zu kalkulieren. Beachten Sie, dass die Zellen B6 und B7 auf Prozent formatiert sind.

Arbeitsblatt 4

	A	B
1	**Bezugskalkulation**
2		
3	**Eingabebereich**	
4		
5	Listeneinkaufspreis:	100,00 €
6	Liefererrabatt:	5 %
7	Liefererskonto:	3 %
8	Bezugskosten pro Stück:	5,00 €
9	Menge in Stück:	500
10		
11	**Rechenbereich**	
12		€
13	Listeneinkaufspreis	
14	– Liefererrabatt	
15	Zieleinkaufspreis	
16	– Liefererskonto	
17	Bareinkaufspreis	
18	+ Bezugskosten	
19	**Bezugspreis**	
20		

B13	
B14	
B15	
B16	
B17	
B18	
B19	

9. Beantworten Sie die folgenden Fragen.

a) Bringen Sie die Tätigkeiten bei der Beschaffung eines neuen Rohstoffes in die richtige Reihenfolge.

	Versenden der Anfragen		Feststellen möglicher Lieferanten
	Entscheiden für einen Lieferer		Auswerten der Angebote
	Überwachen der Liefertermineinhaltung		Erfassen der Angebote
	Bestellen des Rohstoffes		

b) Welches Ergebnis liefert die Einkaufskalkulation?

☐ Optimale Losgröße

☐ Bezugspreis

☐ Bestellkosten

☐ Selbstkosten

☐ Optimale Bestellmenge

© Westermann Gruppe

c) Entscheiden Sie, ob in den folgenden Fällen ein Angebot (A) oder eine Kaufaufforderung (K) vorliegt.

	Ein Großhändler schickt an seinen Kunden einen Angebotsbrief.
	In der Postwurfsendung des öffentlichen Supermarktes steht das Angebot der Woche.
	Im Schaufenster wird ein Toaster für 22,95 € angeboten.
	Eine Verkäuferin bietet einem Kunden (mündlich) einen Mantel für 250,00 € an.
	In der Tageszeitung steht: „Günstig! Sonderangebot! Solarlampe nur 5,99 €".
	Ein Großhändler bietet einem Einzelhändler Ware freibleibend an.

d) Welche Formulierung des Angebots führt in jedem Fall bei fristgerechter Bestellung zu einem Vertrag?

☐ „Wir bieten Ihnen freibleibend an …"

☐ „Wir bieten Ihnen solange der Vorrat reicht …"

☐ „Wir bieten Ihnen an …"

☐ „Wir bieten Ihnen an … Liefermöglichkeit vorbehalten."

☐ „Wie bieten Ihnen unverbindlich an …"

e) Was versteht man unter einer Freizeichnungsklausel?

☐ Käufer trägt keine Transportkosten

☐ Anwenden von Frankierautomaten

☐ Ausschließen einer Mängelhaftung

☐ Freier Warenaustausch im internationalen Handel

☐ Ausschließen einer rechtlichen Bindung beim Angebot

f) In welchem Fall handelt es sich um ein Angebot im rechtlichen Sinn?

☐ Eine Ware wird einem Kunden von seinem Lieferer durch Zusendung von Prospekten mit Preislisten angeboten.

☐ Eine Ware wird auf einer Messe ausgestellt.

☐ Eine Ware wird in der Anzeige einer Fachzeitschrift beschrieben, wobei Preis, Beschaffenheit und Lieferbedingungen genannt werden.

☐ Eine Ware wird mit genauen Angaben durch eine Postwurfsendung angeboten.

☐ Eine Ware wird im Schaufenster ausgestellt.

g) Wann erlischt die Bindung an ein Angebot nicht?

☐ Der Kunde lehnt das Angebot ab.

☐ Das Angebot war bis zum 31. Mai befristet. Die Bestellung trifft am 4. Juni ein.

☐ Der Kunde bestellt aufgrund eines Angebots und ändert den Preis pro Stück um 0,10 €.

☐ Ein Lieferer schickt ein weiteres Angebot an einen anderen Kunden.

☐ Der Lieferer widerruft sein schriftlich abgegebenes Angebot bereits am nächsten Tag.

h) Welche rechtliche Wirkung hat die Auftragsbestätigung, wenn kein Angebot vorausging?

☐ Sie ist die Annahme des Antrages, wenn der Lieferer einzelne Konditionen der Bestellung verändert hat.

☐ Sie ist der Antrag zum Vertrag.

☐ Sie hat keine rechtliche Wirkung, sondern ist lediglich eine Information für den Käufer, dass die Bestellung bearbeitet wird.

☐ Sie ist der erste rechtswirksame Schritt zum Vertrag.

☐ Sie ist die Annahme des Antrages, wenn sie mit den Konditionen der Bestellung übereinstimmt.

i) In welchem Fall ist eine Auftragsbestätigung angebracht?

☐ Wenn Bestellung und Angebot übereinstimmen.

☐ Wenn die Preisangaben im Angebot und in der Bestellung übereinstimmen.

☐ Wenn der Bestellung ein verbindliches Angebot vorausging.

☐ Immer, denn ein Kaufvertrag kommt nur durch die Auftragsbestätigung zustande.

☐ Wenn die Bestellungen von neuen Kunden kommen.

j) Wann ist eine Bestellannahme für das Zustandekommen eines Kaufvertrages nicht notwendig?

☐ Wenn die Bestellung vom Angebot abweicht.

☐ Wenn die Bestellung aufgrund eines freibleibenden Angebotes erfolgte.

☐ Wenn die Bestellung ohne vorliegendes Angebot erfolgte.

☐ Wenn die Bestellung aufgrund eines Angebotes mit der Klausel „Solange der Vorrat reicht" erfolgte.

☐ Wenn die Bestellung aufgrund eines verbindlichen Angebotes erfolgte.

k) In welchen Fällen ist ein Kaufvertrag zustande gekommen? Kreuzen Sie an.

	Anfrage	Angebot		Bestellung		Auftragsbestätigung bzw. Lieferung	Kaufvertrag	
		verbindlich	unverbindlich	wie Angebot	abweichend		ja	nein
a)			✓	✓				
b)		✓			✓			
c)	✓	✓						
d)			✓	✓		✓		
e)	✓		✓	✓				
f)			✓		✓	✓		
g)		✓		✓				
h)	✓					✓		

l) Was versteht man unter Incoterms®?

☐ Eine Palettenart

☐ Bezeichnung für den Artikel, der am häufigsten bestellt wird

☐ Eine Containerart

☐ Menge der Ladung für den Außenhandel

☐ Sie regeln Vertragsbestandteile zwischen Verkäufern und Käufern

m) Welcher Vertragsbestandteil wird durch Incoterms® nicht geregelt?

☐ Aufteilung der Kosten für Fracht und Transportversicherung

☐ Details der Zahlungsmodalitäten zwischen Ex- und Importeur

☐ Beschaffung der notwendigen Ein- und Ausfuhrdokumente

☐ Bezahlung von Zöllen und Steuern

☐ Übergang der Gefahr vom Verkäufer auf den Käufer

Lernfeld 12

Kennzahlen ermitteln und auswerten

Arbeitsblatt 1: Rechnungswesen/Buchführung

1. Das kaufmännische Rechnungswesen lässt sich neben der Buchführung in weitere drei Teilbereiche untergliedern. Welche sind das?

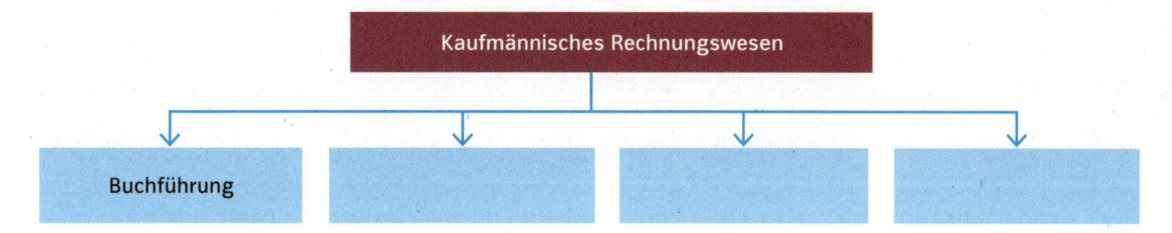

```
         Kaufmännisches Rechnungswesen
         ┌──────┬──────┬──────┬──────┐
    Buchführung
```

2. Ergänzen Sie vorliegenden Lückentext.

   lückenlose Aufzeichnung – Reihenfolge – Geschäftsvorfälle – Buchführung

   Von diesen organisatorisch eng verbundenen Teilbereichen stellt die _____

   für die nachfolgende Betrachtungen den wichtigsten dar, versteht man unter Buchführung doch die

   _____ aller _____ einer Unternehmung in

   der richtigen zeitlichen _____.

3. Die Buchführungspflicht ergibt sich aus folgenden Gesetzen, Verordnungen und Grundsätzen.

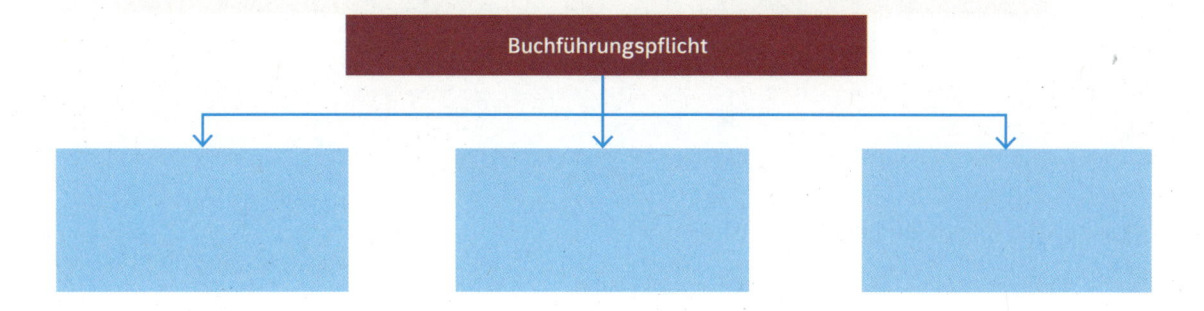

```
              Buchführungspflicht
         ┌──────────┬──────────┬──────────┐
```

4. Geben Sie fünf Ihnen bekannte Grundsätze ordnungsmäßiger Buchführung (GoB) an, z. B.

   (1) _____
       _____

   (2) _____
       _____

   (3) _____
       _____

© Westermann Gruppe

(4) _____

(5) _____

Arbeitsblatt 2: Inventur

1. Ergänzen Sie folgende Definition.

   Vermögenswerte – mengenmäßige – Inventur – wertmäßige

   Unter einer _____ versteht man die _____ und _____ Bestandsaufnahme aller _____ und Schulden.

2. Die Bestandsaufnahme bei der Inventur kann unterschiedlich erfolgen. Ergänzen Sie das Schaubild.

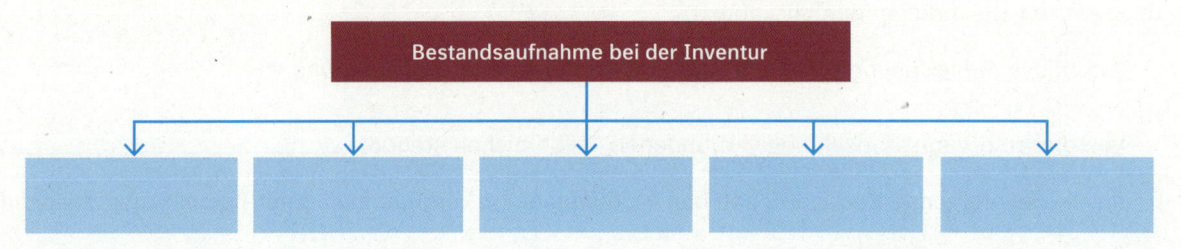

   Bestandsaufnahme bei der Inventur
   ↓   ↓   ↓   ↓   ↓
   [ ]   [ ]   [ ]   [ ]   [ ]

3. Nach dem Zeitpunkt der Bestandsaufnahme der Warenvorräte lassen sich folgende drei Inventurarten unterscheiden.

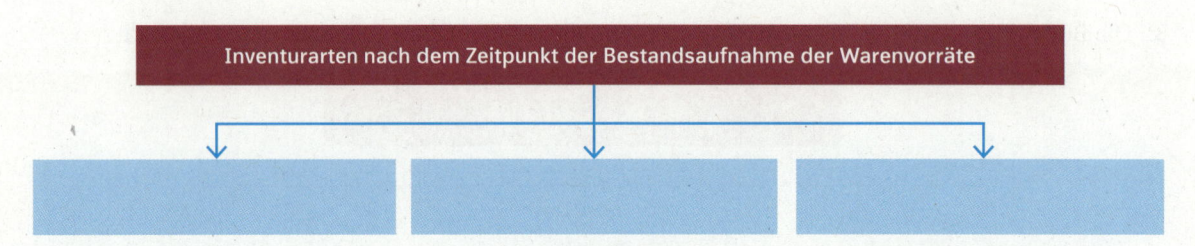

   Inventurarten nach dem Zeitpunkt der Bestandsaufnahme der Warenvorräte
   ↓   ↓   ↓
   [ ]   [ ]   [ ]

4. Ergänzen Sie folgenden Lückentext.

   zwei – Bilanzstichtag – drei – verlegten – Aufnahme

   Bei der _____ Inventur darf die _____ der Bestände maximal _____ Monate vor bis spätestens _____ Monate nach dem _____ erfolgen.

Arbeitsblatt 3: Inventar

1. Ergänzen Sie folgende Definition.

Vermögenswerte – Wert – lückenlose Aufzeichnung – Art

Unter Inventar versteht man die _____ aller _____

und Schulden nach _____, Menge und _____.

2. Das Inventar wird in drei große Teile untergliedert. Geben Sie diese Teile an.

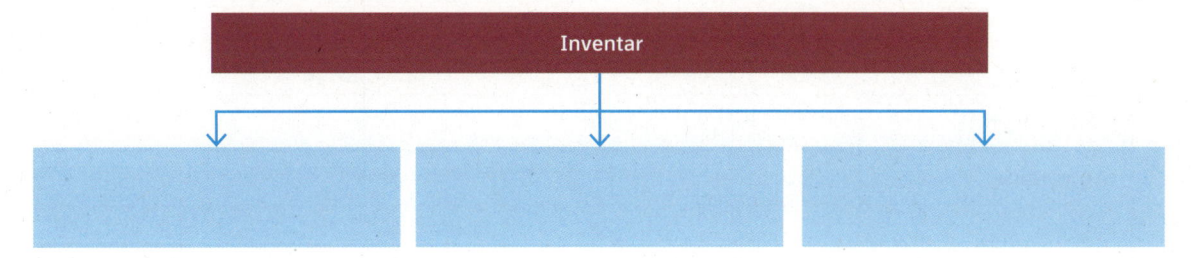

```
                    Inventar
        ↓              ↓              ↓
    [        ]     [        ]     [        ]
```

3. Ergänzen Sie folgenden Lückentext.

kurzfristige – zunehmenden – langfristige – Anlagevermögen – langfristig – Umlaufvermögen – kurzfristig – abnehmenden

Das Vermögen wird danach in das _____ und _____

unterteilt, wobei die Vermögenswerte nach dem Grundsatz der _____ Flüssig-

keit (steigende Liquidität) angeordnet werden.

Während das Anlagevermögen (AV) dem Unternehmen _____ zur Verfügung

steht, verweilt das Umlaufvermögen nur _____ im Unternehmen

Die Schulden lassen sich nach dem Prinzip der _____ Fälligkeit (Fristigkeit) in

_____ und _____ unterschieden.

4. Ordnen Sie nachfolgende Vermögenswerte entsprechend dem Prinzip der zunehmenden Flüssigkeit und kennzeichnen Sie diese als dem Anlagevermögen (AV) bzw. dem Umlaufvermögen (UV) zugehörig, indem Sie bei AV bzw. UV jeweils ein Kreuz setzen.

Bank – Forderungen – Gebäude – Kasse – Betriebs- und Geschäftsausstattung (BGA) – Fuhrpark – Waren – Maschinen

Vermögenswerte	AV	UV

© Westermann Gruppe

5. Ordnen Sie nachfolgende Positionen entsprechend zu.

Positionen	Werte in T€	Anlage-vermögen (AV)	Umlauf-vermögen (UV)	Langfristiges Fremdkapital (FK)	Kurzfristiges Fremdkapital (FK)
Darlehen	300			300	
Fuhrpark	0	0			
Waren	70		70		
Verbindlichkeiten	110				110
Bank	30		30		
Forderungen	50		50		
Grundstücke	380	380			
Kasse	5		5		
BGA	15	15			
Hypothekenschuld	160			160	

6. Erstellen Sie nun anhand der unter Aufgabe 5 angegebenen Größen ein Inventar und ermitteln Sie das Reinvermögen (Eigenkapital) des Unternehmens, indem Sie nachfolgende Vorlage vervollständigen.

A. Vermögen — Werte in T€

    I. Anlagevermögen
- Grundstücke 380
- BGA 15
- Fuhrpark 0
- **Summe Anlagevermögen: 395**

    II. Umlaufvermögen
- Waren 70
- Forderungen 50
- Bank 30
- Kasse 5
- **Summe Umlaufvermögen: 155**

Summe des Vermögens: 550

B. Schulden

    I. Langfristige Schulden
- Darlehen 300
- Hypothekenschuld 160
- **Summe langfristige Schulden: 460**

    II. Kurzfristige Schulden
- Verbindlichkeiten 110
- **Summe kurzfristige Schulden: 110**

Summe der Schulden: 570

C. Reinvermögen (Eigenkapital)

Summe des Vermögens 550
− Summe der Schulden 570
= Reinvermögen (Eigenkapital): −20

Arbeitsblatt 4: Bilanz

1. Ergänzen Sie folgenden Lückentext.

Aktiva – Mittelherkunft – Aktiva – Vermögen – Gegenüberstellung – Passiva – Kapital – Verwendung – Mittelverwendung – Finanzierung – Passiva – Bilanzseiten

Die Bilanz ist eine kurz gefasste _____ von _____

und _____ einer Unternehmung zu einem Stichtag. Dabei nennt man die linke

Seite _____ und die rechte Seite _____. Während die rechte

Seite angibt, wer die finanziellen Mittel (_____) bzw. das Kapital zur Verfügung

stellt, gibt die linke Seite die _____ der Mittel (Mittelverwendung) in diverse

Vermögenswerte (Vermögen) wieder. Da beide _____ stets die gleiche Höhe

ausweisen müssen, lassen sich folgende Bilanzgleichungen aufstellen:

    _____ = _____

bzw.   Vermögen   =   Kapital

bzw.   _____ =   Mittelherkunft

bzw.   Investition   =   _____

2. Die Grundlage der Bilanzerstellung ist das Inventar, wenngleich sich folgende Unterschiede ergeben.

Inventar	Bilanz
ausführlich	_____ und _____
Darstellung in _____	Darstellung in Kontenform

3. Bilden Sie aus folgenden Inventarwerten den entsprechenden Bilanzwert.

Inventar		Bilanz	
Fahrzeuge		Fuhrpark	
MA – SM 220	85 000,00 €		
MA – YB 271	22 500,00 €		
MA – EK 820	155 500,00 €		
MA – EL 621	7.000,00 €		

4. Am 31.12.20.. führte das Möbelfachgeschäft Kristin Mayer KG seine Jahresinventur durch. Anschließend wurde das Inventar ermittelt, sodass für die Bilanzerstellung nun folgende Werte vorliegen:

Darlehen 365 000,00 €, Fuhrpark 43 200,00 €, Kassenbestand 4 900,00 €, Verbindlichkeiten 55 100,00 €, Ladenausstattung 67 000,00 €, Forderungen 23 200,00 €, Grundstücke 382 000,00 €, Bankguthaben 24 200,00 €, Warenbestand 72 300,00 €.

© Westermann Gruppe

242　Lernfeld 12: Kennzahlen ermitteln und auswerten

a) Erstellen Sie unter Berücksichtigung der gesetzlichen Bestimmungen die Bilanz des Möbelfachgeschäfts Kristin Mayer KG und ermitteln Sie das Eigenkapital.

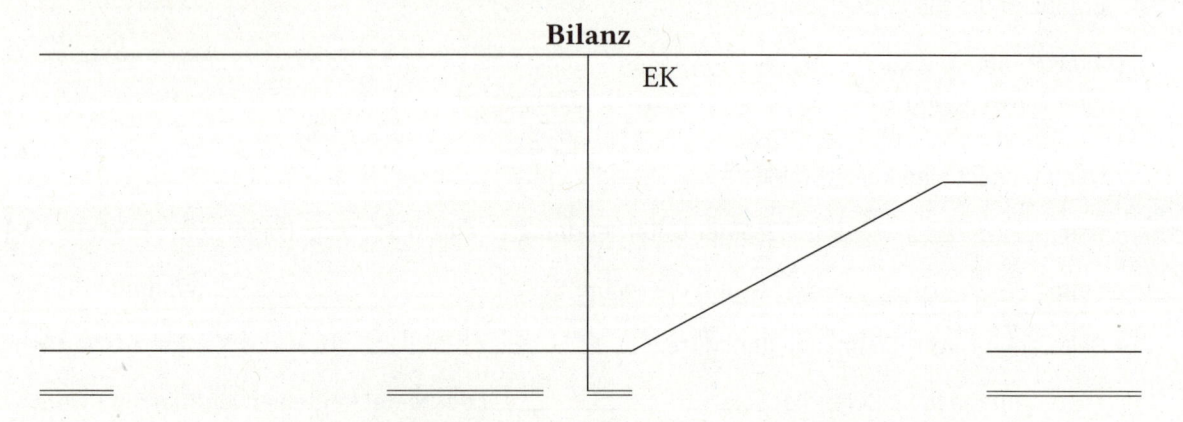

Bilanz

EK

b) Ermitteln Sie, wie viel Prozent der Bilanzsumme auf das Umlaufvermögen entfällt.

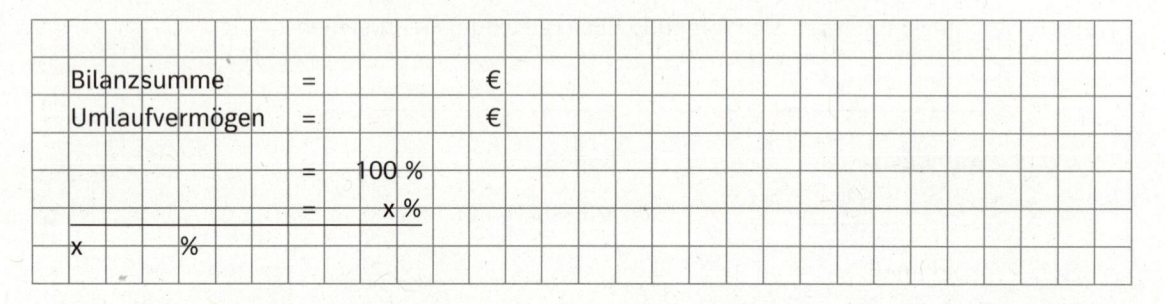

Bilanzsumme	=	€
Umlaufvermögen	=	€
	=	100 %
	=	x %
x	%	

c) Wie viel Prozent beträgt der Eigenkapitalanteil am Gesamtkapital?

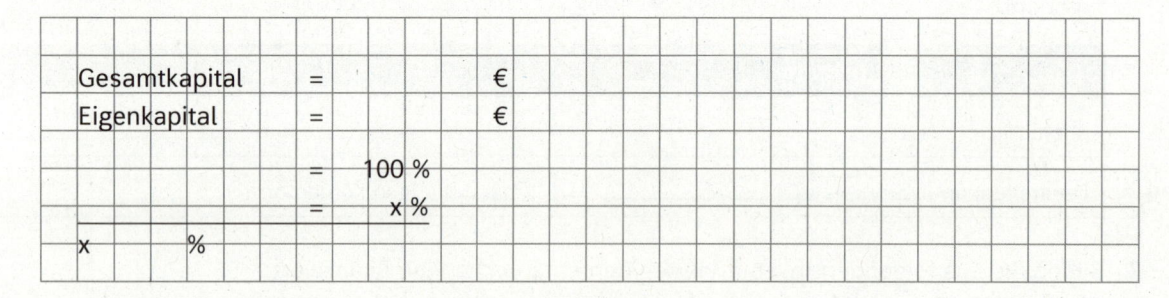

Gesamtkapital	=	€
Eigenkapital	=	€
	=	100 %
	=	x %
x	%	

Arbeitsblatt 5:　Buchen auf Bestandskonten

1. Welche vier Fälle von Bilanzveränderungen lassen sich unterscheiden und wie wirken sich diese auf die Bilanzsumme aus?

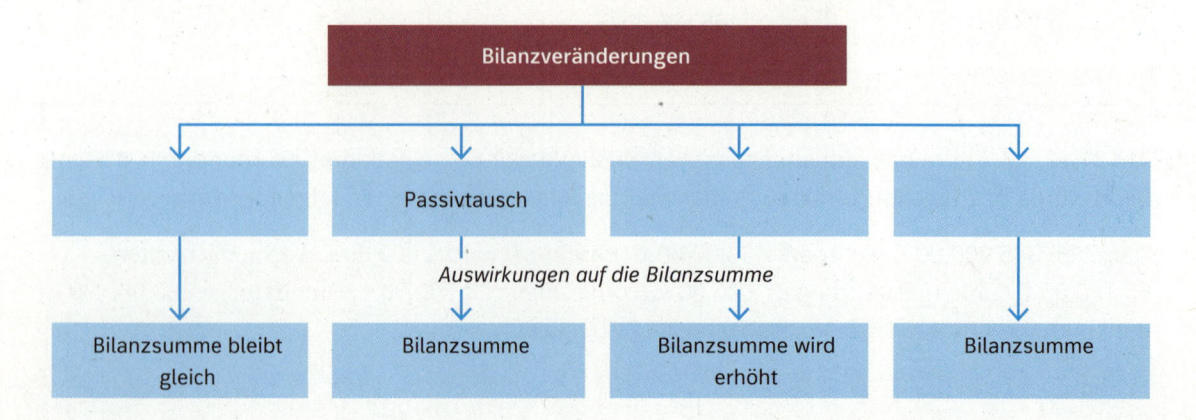

Bilanzveränderungen			
	Passivtausch		

Auswirkungen auf die Bilanzsumme

Bilanzsumme bleibt gleich	Bilanzsumme	Bilanzsumme wird erhöht	Bilanzsumme

2. Ordnen Sie folgenden Geschäftsvorfällen die entsprechende Bilanzveränderung zu.

   (1) Barabhebung von unserem Bankkonto   = _____

   (2) Banküberweisung unserer Liefererrechnung   = _____

   (3) Wareneinkauf bar   = _____

   (4) Kauf eines Lkw auf Ziel   = _____

   (5) Umwandlung einer Verbindlichkeit in ein Darlehen = _____

   (6) Warenverkauf auf Ziel   = _____

3. Ordnen Sie den nachfolgend aufgeführten Aktiv- und den Passivkonten folgende Begriffe zu.

   AB (Anfangsbestand) – EB (Endbestand) – Zugänge; Abgänge

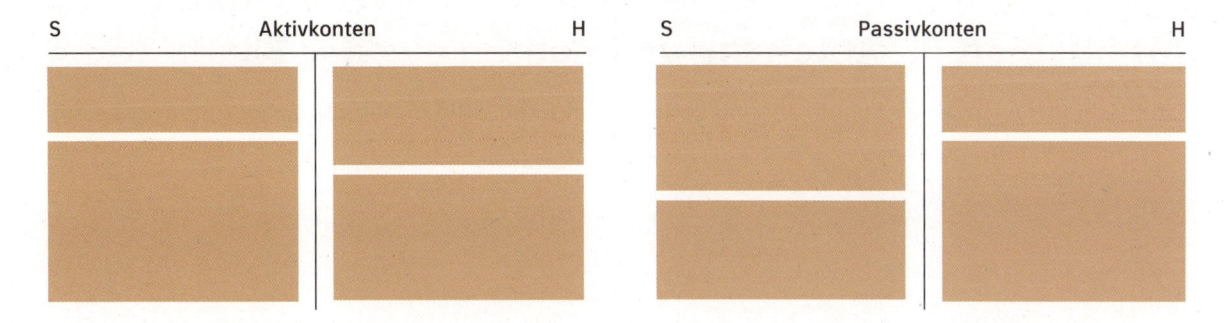

S	Aktivkonten	H	S	Passivkonten	H

4. Vervollständigen Sie nachfolgende Regel.

   Haben – Soll – erhöhen – gleich groß – Haben – Soll – verringern – Endbestand (EB) – Haben – erhöhen (vergrößern) – Soll – verringern – Saldo (Ausgleich) – gleich groß

   Aktivkonten

   Bei Aktivkonen stehen die Anfangsbestände (AB) immer auf der _____-Seite.

   Zugänge (Mehrungen) stehen ebenfalls stets im _____, da sie die Anfangsbestände

   _____. Die Abgänge (Minderungen) werden dagegen im _____ aufgeführt, da

   sie die Bestände _____. Als Saldo (Ausgleich) wird der _____ ermittelt,

   da beide Seiten immer _____ sein müssen.

   Passivkonten

   Bei Passivkonten stehen die Anfangsbestände stets auf der _____ Haben-Seite.

   Zugänge (Mehrungen) stehen ebenfalls immer im _____, da sie die Anfangsbestände

   _____. Die Abgänge (Minderungen) stehen dagegen im _____,

   da sie die Bestände _____. Als _____ wird der Endbestand (EB) ermit-

   telt, da beide Seiten immer _____ sein müssen.

5. Kreuzen Sie bei nachfolgenden Aussagen an, ob die Aussage richtig oder falsch ist.

Nr.	Aussage	richtig	falsch
1	Passivkonten haben ihren Anfangsbestand auf der Aktivseite.		
2	Zugänge werden bei den Aktivkonten immer im Soll gebucht.		
3	Bei Passivkonten stehen die Abgänge immer auf der Sollseite.		
4	Abgänge werden bei den Aktivkonten immer im Soll gebucht.		
5	Als Ausgleich von Soll und Haben wird der Endbestand ermittelt.		
6	Zugänge werden bei Passivkonten immer auf der Habenseite gebucht.		
7	Soll- und Haben-Seite sind immer ausgeglichen.		

Arbeitsblatt 6: Ableitung von Konten aus der Bilanz

Eröffnen Sie die einzelnen Konten anhand vorliegender Bilanz und tragen Sie deren Anfangsbestände entsprechend ein.

S   Grundstucke   H

AB   AB

Arbeitsblatt 7: Der Buchungssatz

1. Vervollständigen Sie die nachfolgende Regel.

Der Buchungssatz ist eine Buchungsanweisung, die angibt, welche Beträge auf welchen Konten gebucht werden sollen. Dabei gilt, dass zunächst das Konto der Sollbuchung und anschließend das Konto der Habenbuchung genannt wird. In Kurzform bedeutet dies:

```
_____
_____
```

Hierbei gilt, dass die Summe der _____ der Summe der _____

entsprechen muss.

2. Bilden Sie die Buchungssätze zu nachfolgenden Geschäftsvorfällen, indem Sie diese in die unten angegebene Tabelle eintragen.

Geschäftsvorfälle

(1) Bareinzahlung auf unser Bankkonto

(2) Warenverkauf gegen Bankscheck

(3) Kauf eines Lkw auf Ziel

(4) Kunde begleicht Rechnung durch Banküberweisung

(5) Wareneinkauf auf Ziel

(6) Wir heben von unserem Bankkonto bar ab

(7) Verkauf eines nicht mehr benötigten Grundstücks gegen Bankscheck

(8) Wir begleichen unsere Liefererschuld bar

Nr.	Betroffene Konten	Zunahme/Abnahme	Ort der Buchung	Buchungssatz
1	Kasse Bank	Abnahme Zunahme	Haben Soll	Bank an Kasse
2				
3				
4				

Lernfeld 12: Kennzahlen ermitteln und auswerten

Nr.	Betroffene Konten	Zunahme/Abnahme	Ort der Buchung	Buchungssatz
5				
6				
7				
8				

3. Vervollständigen Sie den nachfolgenden Lückentext.

   mehr – Buchungssatz – zusammengesetzten – zwei – Aktivseite – Passivseite

   Während beim einfachen _____ lediglich _____ Konten – je eines auf der _____ und je eines auf der _____ – angesprochen wird, werden beim _____ Buchungssatz _____ als zwei Konten genannt.

4. Bilden Sie die Buchungssätze zu den folgenden Geschäftsvorfällen und übertragen Sie diese in die unten aufgeführte Tabelle.

   (1) Wareneinkauf auf Ziel — 5 000,00 €
   (2) Kauf eines Schreibtisches gegen Bankscheck — 2 800,00 €
   (3) Warenverkauf auf Ziel — 7 600,00 €
   (4) Ein Kunde begleicht seine Rechnung durch Banküberweisung — 3 200,00 €
   (5) Wir heben von unserem Konto bar ab — 700,00 €
   (6) Aufnahme eines Darlehens bei unseres Bank — 9 000,00 €
   (7) Kauf eines Lkw gegen:
       Barzahlung — 7 500,00 €
       Bankscheck — 40 000,00 €
       Rest auf Ziel — 5 500,00 €
   (8) Wir begleichen unsere Liefererschuld bar — 1 200,00 €
   (9) Verkauf eines Grundstücks in Höhe von 200 000,00 € gegen:
       Bankscheck — 50 000,00 €
       Rest auf Ziel — ?

Nr.	Buchungssatz	Soll	Haben
1	Waren an Verbindlichkeiten	5 000,00	5 000,00
2			
3			
4			

Nr.	Buchungssatz	Soll	Haben
5			
6			
7			
8			
9			

Arbeitsblatt 8: Die Verbuchung anhand von Belegen

Der Buchhaltung des Lagerhalters Peter Deobald GmbH liegen folgende Beleg vor. Bilden Sie die entsprechenden Buchungssätze.

Beleg 1

Kontoauszug Deutsche Bank Mannheim

BIC: DEUTDESMXXX
Auszugsnr. 51
IBAN: DE40676060606003400214
Kontoauszug vom 24.03.20..

Nr.	Buchungstag	Vorgang	Belastungen	Gutschriften
1.	11.03.	Bareinzahlung		6 000,00 €
2.	14.03	Tilgung Darlehen	8 000,00 €	
3.	22.03	Überweisung Autohaus Mott OHG		2 850,00 €

Lagerhalter
Peter Deobald GmbH
Industriestr. 195
68167 Mannheim

Alter Kontostand: 12 770,00 €

Neuer Kontostand: 13 620,00 €

Nr.	Buchungssatz	Soll	Haben
1			
2			
3			

© Westermann Gruppe

Beleg 2

Quittung
Nr. 15

Betrag:	785,00 €
Betrag in Worten:	Siebenhundertfünfundachtzig
von:	Büroeinrichtungshaus Da Rocha KG
an:	Lagerhalter Peter Deobald GmbH, 68167 Mannheim
für:	Schreibtischstuhl Comfort

Datum: 23.03.20.. Ort: Mannheim

Nr.	Buchungssatz	Soll	Haben
1			

Arbeitsblatt 9: Abschluss eines Kontos

Situation

Für den Abschluss des Kontos „Kasse" liegen folgende Informationen vor:
- Der Anfangsbestand auf dem Kassenkonto beträgt 5 000,00 €
- Anschließend ergeben sich im Tagesverlauf folgende, das Kassenkonto betreffende Geschäftsvorfälle:

Geschäftsvorfälle

1. Warenverkauf gegen Barzahlung in Wert von 420,00 €
2. Kauf eines Schreibtisches für 790,00 €
3. Wareneinkauf in Höhe von 1 700,00 € bar
4. Bareinzahlung auf unser Bankkonto 2 000,00 €

1. Bilden Sie die Buchungssätze.

Nr.	Buchungssatz	Soll	Haben
1			
2			
3			
4			

Arbeitsblatt 9

2. Übertragen Sie sowohl den Anfangsbestand als auch die das Kassenkonto betreffenden Werte in das nachfolgende Kassenkonto. Schließen Sie das Kassenkonto ordnungsgemäß ab und ermitteln Sie den Endbestand.

Soll	Kasse	Haben

Fachrechnen

1. Wirtschaftsrechnen
Teil I

Arbeitsblatt 1: Der allgemeine Dreisatz

1. Welche beiden Ausprägungsformen lassen sich bei der Dreisatzrechnung grundsätzlich unterscheiden?

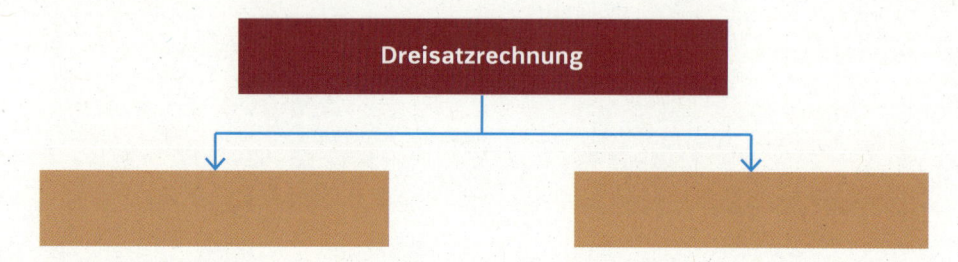

```
        Dreisatzrechnung
         /          \
   [          ]    [          ]
```

2. Geben Sie die drei Schritte zur Lösung von Dreisätzen an.

Die Dreisatzrechnung besteht aus drei Schritten:

1. Schritt: _____

2. Schritt: _____

3. Schritt: _____

> *Schreiben Sie gleiche Größen stets untereinander und setzen Sie die gesuchte Größe stets nach rechts außen!*

3. Um welche Art der Dreisatzrechnung handelt es sich bei folgenden beiden Aufgabenstellungen?

Situation 1	Situation 2
6 Dichtungsringe kosten 8,00 €. Wie viel Euro kosten 12 Dichtungsringe?	Für eine Arbeitsaufgabe benötigen sechs Arbeiter acht Stunden. Wie viele Stunden benötigen 12 Arbeiter für dieselbe Tätigkeit?

= _____   = _____

© Westermann Gruppe

4. Lösen Sie die beiden Aufgaben mithilfe des Dreisatzes.

1.	Satz mit gegebenen Größen	1.
2.	Fragesatz	2.
3.	Schlusssatz	3.

5. Füllen Sie nachfolgenden Lückentext zur möglichen Vorgehensweise bei der Lösung von Dreisätzen aus.

1. Diejenige Zahl, die über dem „x" steht, kommt immer _____ den Bruch.

2. Überlegung, ob das Ergebnis _____ oder _____ als die Zahl über dem „x" werden soll.

3. Soll das Ergebnis größer sein, so kommt die größere der beiden vorderen Zahlen _____ den Bruch. Soll das Ergebnis kleiner werden, so kommt die größere Zahl _____ den Bruch.

6. a) Wie viel Liter Dieseltreibstoff benötigt ein Lkw für die Fahrt von Leipzig nach Hamburg über 320 km, wenn er im Durchschnitt 29,5 Liter Treibstoff auf 100 km verbraucht?

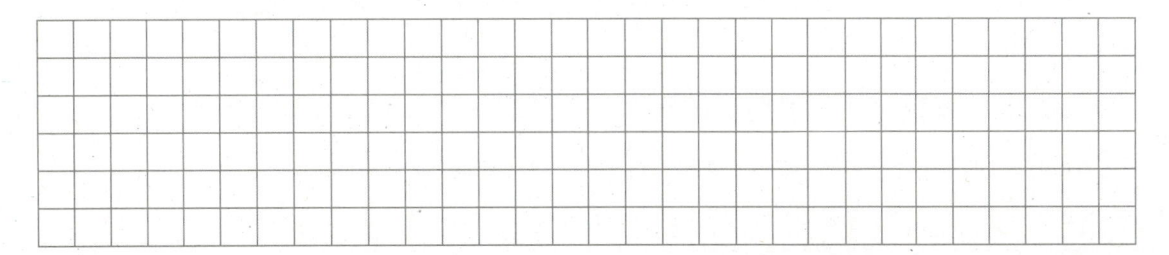

b) Eine Pumpe fördert 4 m³ Wasser in 30 Sekunden.
Wie viele Kubikmeter werden in 3½ Stunden gehoben? (Hinweis: Wandeln Sie die Stunden in Sekunden um.)

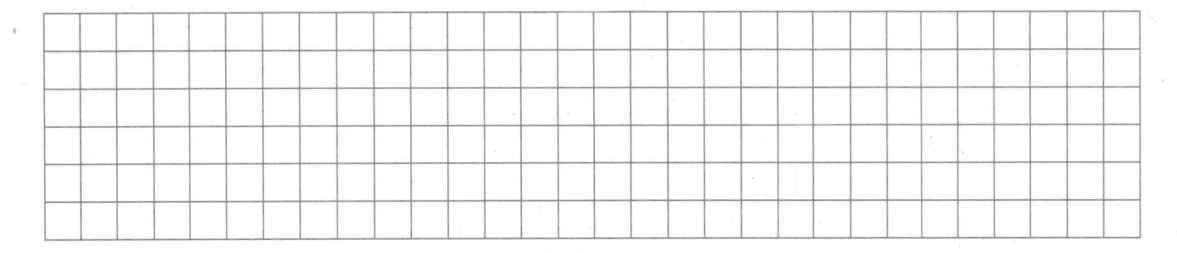

c) Der Vorrat an Dieseltreibstoff reicht für 60 Tage, wenn täglich 120 Liter verbraucht werden. Die gute Konjunkturentwicklung führt dazu, dass täglich durchschnittlich 150 Liter verbraucht werden. Ermitteln Sie, in wie vielen Tagen der Vorrat nun aufgebraucht ist.

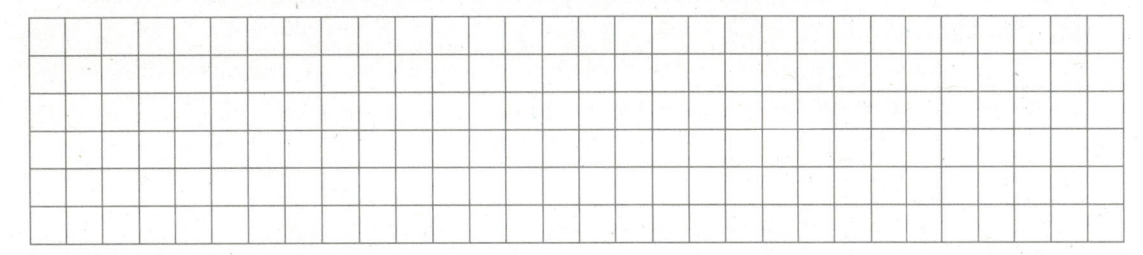

© Westermann Gruppe

d) Für 180 km benötigt ein Lkw 3 Stunden.
Wie lange braucht er, wenn er infolge einer Absperrung 30 km zusätzlich fahren muss und die bisherige Geschwindigkeit beibehält?

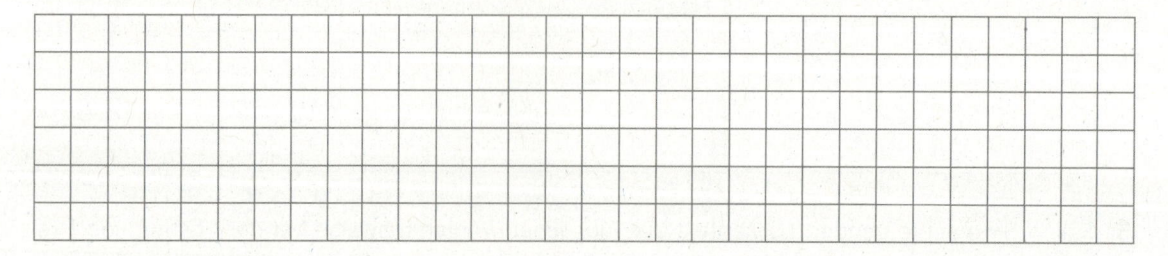

e) Die letztjährige Inventur im Warenlager wurde von sechs Arbeitskräften in vier Tagen durchgeführt. In diesem Jahr beabsichtigt die Geschäftsleitung, die Inventur in drei Tagen zu beenden. Ermitteln Sie, wie viele zusätzliche Arbeitskräfte in diesem Jahr benötigt werden.

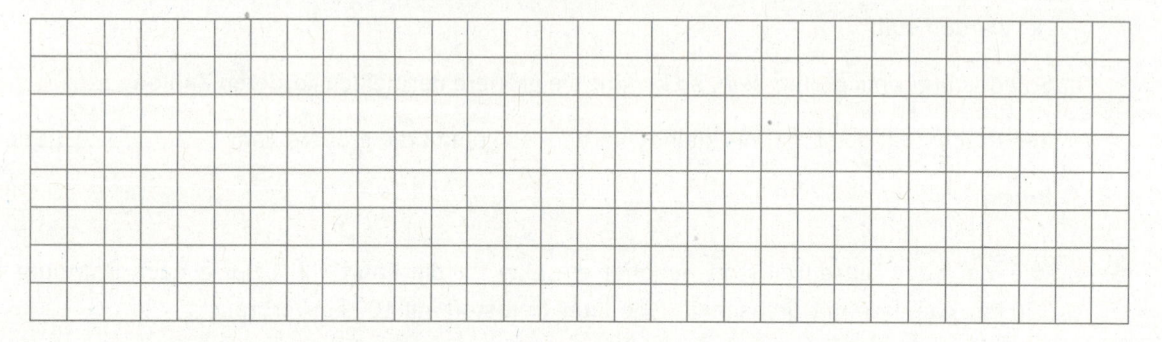

Arbeitsblatt 2: Der zusammengesetzte Dreisatz

1. Wann spricht man von einem zusammengesetzten Dreisatz?

_____
_____
_____

2. Welches Hilfsmittel eignet sich zur Lösung zusammengesetzter Dreisätze und wie wird es angewandt?

_____
_____
_____

3. Lösen Sie nachfolgende Aufgabe mithilfe des zusammengesetzten Dreisatzes.

Wenn zehn Arbeitskräfte täglich acht Stunden arbeiten, wird ein Auftrag normalerweise in 12,5 Tagen erledigt. Aus Terminründen beabsichtigt die Geschäftsleitung, den Auftrag jedoch in fünf Tagen fertigzustellen.
Wie viele Arbeitskräfte müssen zusätzlich eingestellt werden, wenn die tägliche Arbeitszeit von bisher acht Stunden vorübergehend auf zehn Stunden pro Tag verlängert wird?

Satz mit gegebenen Größen:	8 Std.		12,5 Tage		10 Arbeitskräfte
Fragesatz:	10 Std.		5 Tage		x
Schlusssatz:					
Antwortsatz:					

4. Zum Entladen von drei Rheinschiffen mit jeweils 1 200 t Kohle benötigen sechs Arbeiter acht Stunden.
   Wie viele Überstunden sind zu leisten, wenn vier Schiffe à 1 500 t Kohle zu entladen sind und der Lagerleiter zwei zusätzliche Arbeitskräfte zur Entladung eingeteilt hat?

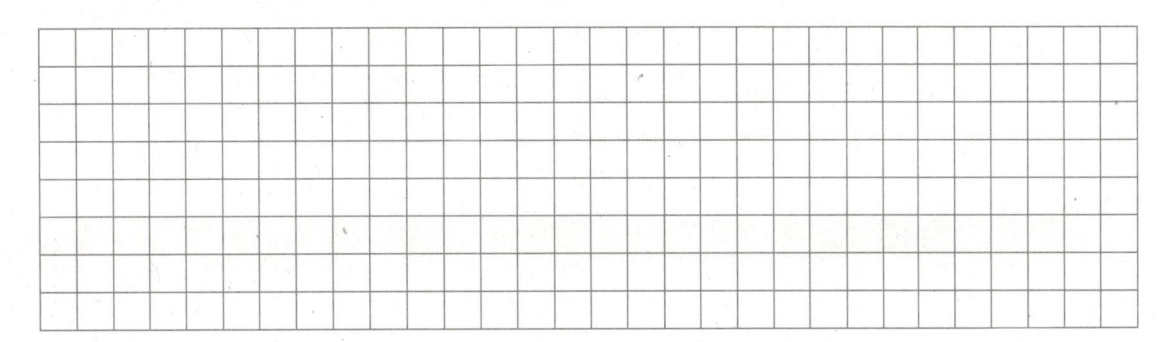

Arbeitsblatt 3: Die Prozentrechnung

1. Füllen Sie die Lücken aus.

   Die Prozentrechnung ist eine Vergleichsrechnung, die zunächst nicht direkt vergleichbare Sachverhalte zur Bezugsgröße _____ in Beziehung setzt und sie somit vergleichbar macht. Das Zeichen für die Prozentrechnung ist _____.

2. Die Prozentrechnung unterscheidet grundsätzlich folgende drei Größen. Ergänzen Sie folgendes Schaubild.

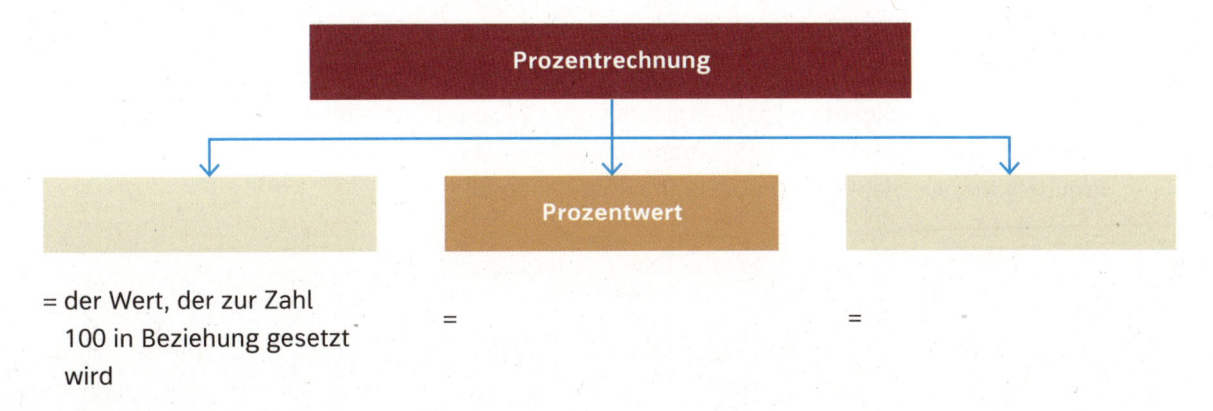

   Prozentrechnung

	Prozentwert	
= der Wert, der zur Zahl 100 in Beziehung gesetzt wird	=	=

3. Wählt man als Vergleichsmaßstab 1 000, so spricht man von der _____.

4. Wir erhalten eine Rechnung über 36 500,00 €, die wir unter Abzug von 3 % Skonto bezahlen können. Wie hoch ist der Skontoabzug?

a) Ordnen Sie der Aufgabe die richtigen Größen der Prozentrechnung zu.

Beispielgrößen	Größen der Prozentrechnung
Rechnungsbetrag von 36 500,00 €	
Skontogewährung 3 %	
Höhe des Skontos in Euro	

b) Zur Lösung der unterschiedlichen Aufgabenstellungen bei der Prozentrechnung kommen zwei Alternativen in Betracht.

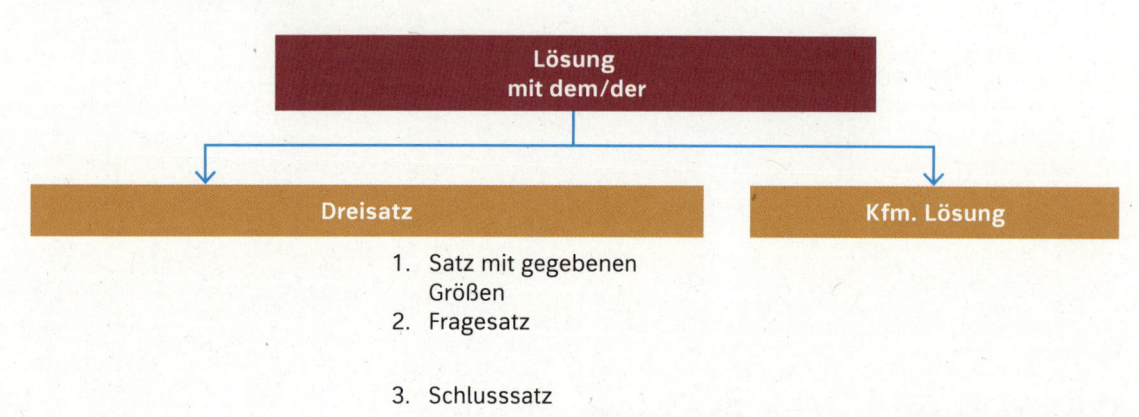

```
            Lösung
          mit dem/der
         /          \
    Dreisatz      Kfm. Lösung
```

1. Satz mit gegebenen Größen
2. Fragesatz
3. Schlusssatz

> *Bei der Prozentrechnung lassen sich alle drei gesuchten Größen mithilfe von Dreisätzen lösen, sodass keine Formeln zu erlernen sind.*

5. Übungsaufgaben

a) Eine Fachkraft für Lagerwirtschaft verdiente bisher 2 250,00 € im Monat. Nach erfolgreichen Tarifverhandlungen erhält sie nun 3,5 % mehr.
Ermitteln Sie, wie viel Euro die Fachkraft nun mehr erhält.

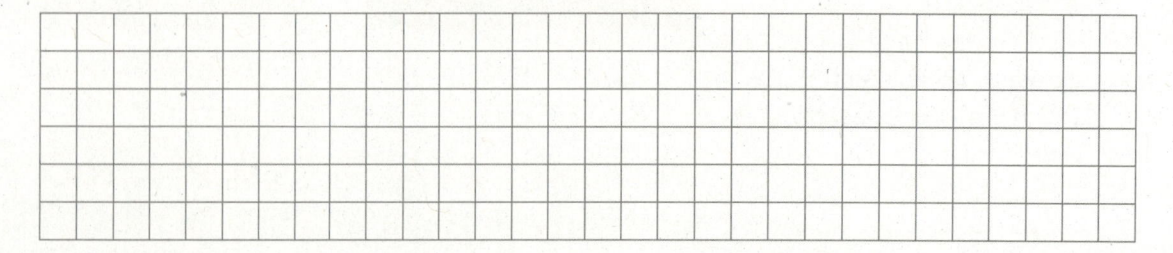

b) In diesem Jahr erhöhte sich die Wohnungsmiete von Waldemar Schulz um 2,5 %. Dies waren genau 20,00 € mehr.
Wie viel Euro betrug die Miete vor der Erhöhung?

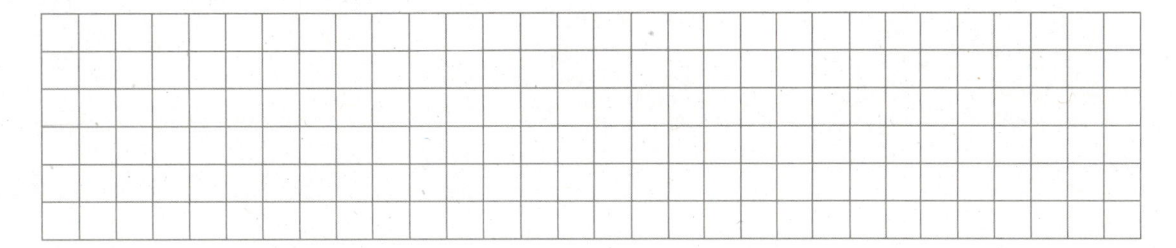

c) Der Preis einer Digitalkamera wurde um 148,50 € gesenkt.
Welchem Prozentsatz entspricht die Senkung, wenn die Kamera bisher für 495,00 € verkauft wurde?

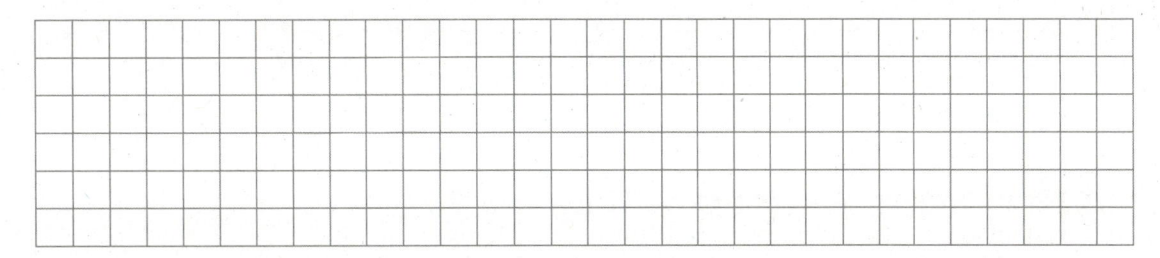

d) Der Umsatz der Spedition Werner Schmidt e.K. betrug im abgelaufenen Jahr 5 800 000,00 €. In diesem Jahr wird eine Umsatzsteigerung von 12 % angestrebt.
Ermitteln Sie, mit welchem Umsatz in diesem Jahr gerechnet wird.

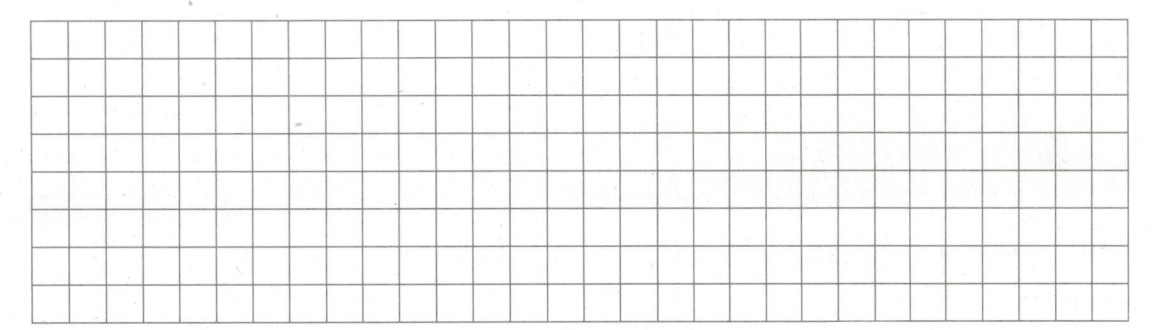

Arbeitsblatt 4: Die Prozentrechnung im und auf Hundert

1. Neben der bereits besprochenen Prozentrechnung von Hundert, d.h. der angegebene Wert = 100 %, gibt es noch zwei weitere Arten. Füllen Sie die Lücken aus.

   Prozentrechnung **im** Hundert = Prozentrechnung vom _____ Grundwert

   Prozentrechnung **auf** Hundert = Prozentrechnung vom _____ Grundwert

2. Ergänzen Sie die leeren Felder in der Tabelle.

betrachteter Wert	= >	Grundwert	⇒	von Hundert im Hundert

3. Nach einer Gehaltserhöhung von 3,2 % erhält die Fachlageristin Aleksandra Burschenko 2 218,80 € pro Monat.
Wie viel Euro verdiente Sie vor der Erhöhung?

a) Ergänzen Sie die fehlenden Größen anhand nachfolgender Grafik.

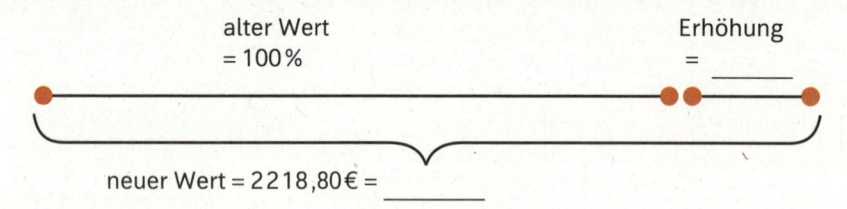

alter Wert = 100%   Erhöhung = _____

neuer Wert = 2 218,80 € = _____

b) Stellen Sie den erforderlichen Dreisatz auf und ermitteln Sie den Verdienst vor der Gehaltserhöhung.

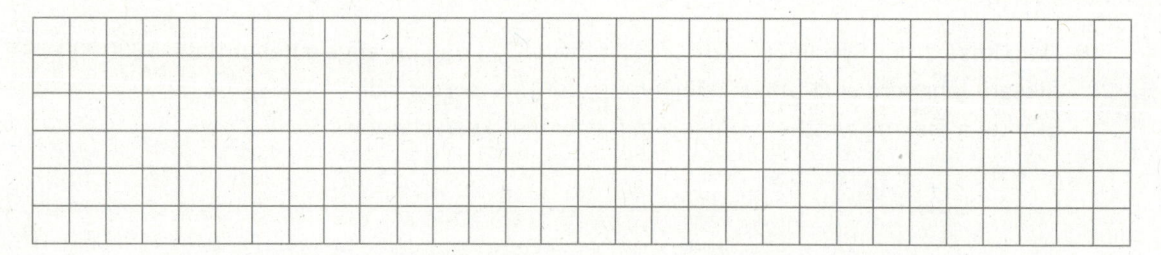

4. Nach einer Preissenkung von 8,5 % kostet ein Festplattenrecorder noch 366,00 €.
Wie viel Euro kostete er vor der Preissenkung?

a) Ergänzen Sie die fehlenden Größen anhand nachfolgender Grafik.

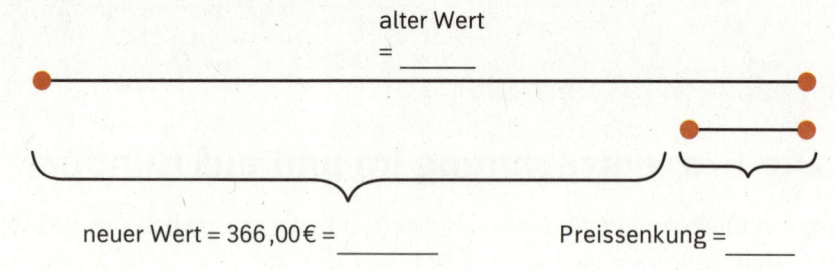

alter Wert = _____

neuer Wert = 366,00 € = _____   Preissenkung = _____

b) Stellen Sie den erforderlichen Dreisatz auf und ermitteln Sie den Verdienst vor der Gehaltserhöhung.

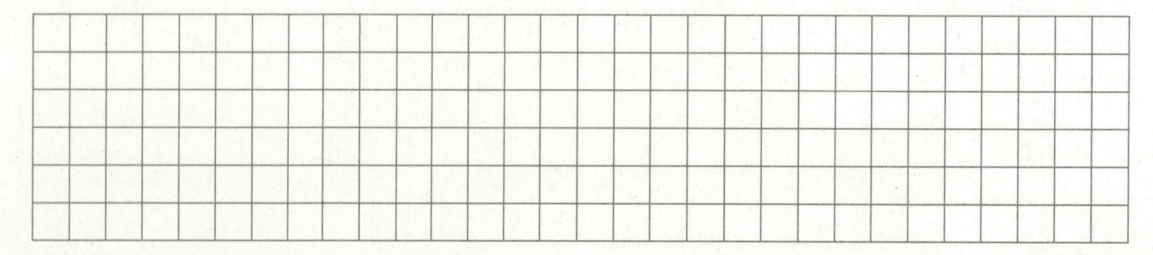

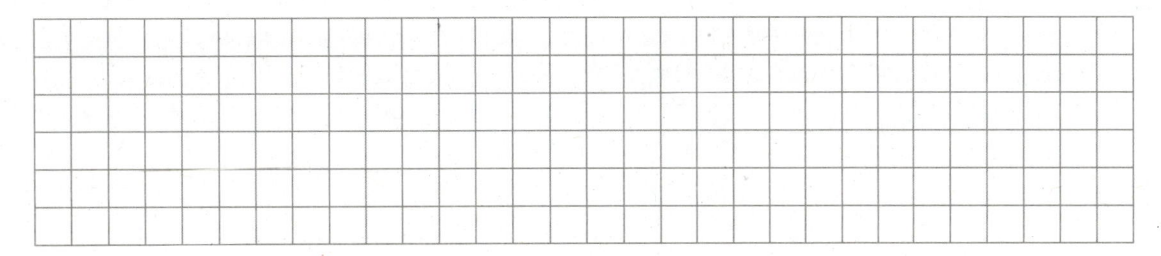

5. a) Der Rechnungsbetrag für einen neuen Elektrostapler beträgt 45 220,00 €.
   Ermitteln Sie den Nettobetrag sowie die im Bruttobetrag enthaltene Umsatzsteuer.

   b) Nach Abzug von 2 % Skonto beträgt der Preis für einen Laptop 490,00 €.
   Zu welchem Preis war der Laptop ausgezeichnet?

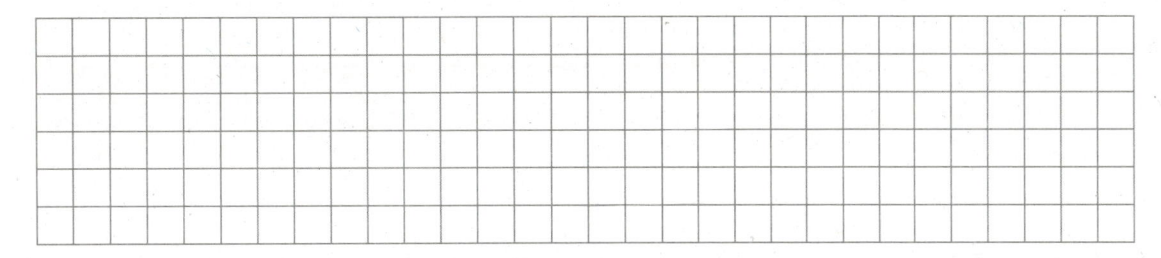

Arbeitsblatt 5: Die Bezugskalkulation

Die Bezugskalkulation ist ein gutes praxisbezogenes Beispiel für die Anwendung der Prozentrechnung. Mit ihrer Hilfe versucht man, den Einstandspreis bzw. Bezugspreis der angebotenen Waren zu ermitteln. Zur Errechnung bedient man sich des Bezugskalkulationsschemas.

1. Vervollständigen Sie das folgende Bezugskalkulationsschema.

   ```
           Einkaufspreis
           ─────────────
           Ziel-Einkaufspreis
           ─────────────

       +   Bezugskosten
   ```

2. Sie sind als Auszubildender zum Fachlageristen im zweiten Ausbildungsjahr beim Elektrofachgeschäft Neptun in Karlsruhe zurzeit im Einkauf beschäftigt.
   Zur Neueröffnung einer Filiale in einem nahe gelegenen Einkaufszentrum plant die Einkaufszentrale, die Kompaktkamera XP 500 in ihr Sortiment aufzunehmen.
   Auf Ihre Anfrage hin erhalten Sie folgende drei Angebote.

Angebotsinhalte	A 1	A 2	A 3
Einkaufspreis	280,00 €/Stück	3 660,00 € je Dutzend	300,00 €/Stück
Rabatt	5 %	8 %	10 %
Skonto	–	3 %	2 %
Bezugskosten	2,50 € je Stück	24,00 € je Karton	frei Haus
Mindestabnahme	5 Stück	keine Angaben	10 Stück, sonst Mindermengenzuschlag von 1,50 €/Stück

© Westermann Gruppe

a) Füllen Sie nachfolgende Vorlage aus und entscheiden Sie, für welchen Lieferanten sich das Elektrofachgeschäft Neptun entscheiden sollte (üblicherweise bestellt die Firma Neptun jeweils 24 Kameras und nutzt immer die Skontogewährung aus).

Zu beschaffende Menge:			
Schema	A 1	A 2	A 3
Einkaufspreis insgesamt			
= Bar-EK			
= Einstandspreis je Stück			
Entscheidung für Angebot Nr.:			

b) Geben Sie drei weitere Kriterien an, von denen Ihre Entscheidung abhängen könnte.

_____

_____

_____

3. Der Motorradzubehöreinzelhändler Peter Zöphel in Mannheim ergänzt sein Sortiment um einen neuen Vollvisierhelm. Die Auszubildende Leila Mahoud erhält den Auftrag, mögliche Lieferanten für Vollvisierhelme zu ermitteln.
Nach eingehender Recherche im Internet kommen zwei Lieferanten in die engere Wahl. Diese unterbreiten ihr folgende Angebote für zwei qualitativ gleichwertige Helme.

Angebot 1		Angebot 2	
Helm Sport:	48,00 €/Stück	Helm Glitzer	41,50 €/Stück
Rabatt:	12 %	Rabatt:	5 %
Verpackungskosten:	1,00 €/Stück	Bezugskosten:	5,00 €/Stück
Transportkostenpauschale:	30,00 €/gesamt		
Zahlungsbedingung: 10 Tage 3 % Skonto; 30 Tage rein netto		Zahlungsbedingung: 8 Tage 2,5 % Skonto; 45 Tage rein netto	

Weisen Sie mithilfe eines Angebotsvergleiches rechnerisch nach, für welches Angebot sich Frau Mahoud entscheiden sollte, wenn wie üblich 20 Helme bestellt werden sollen.

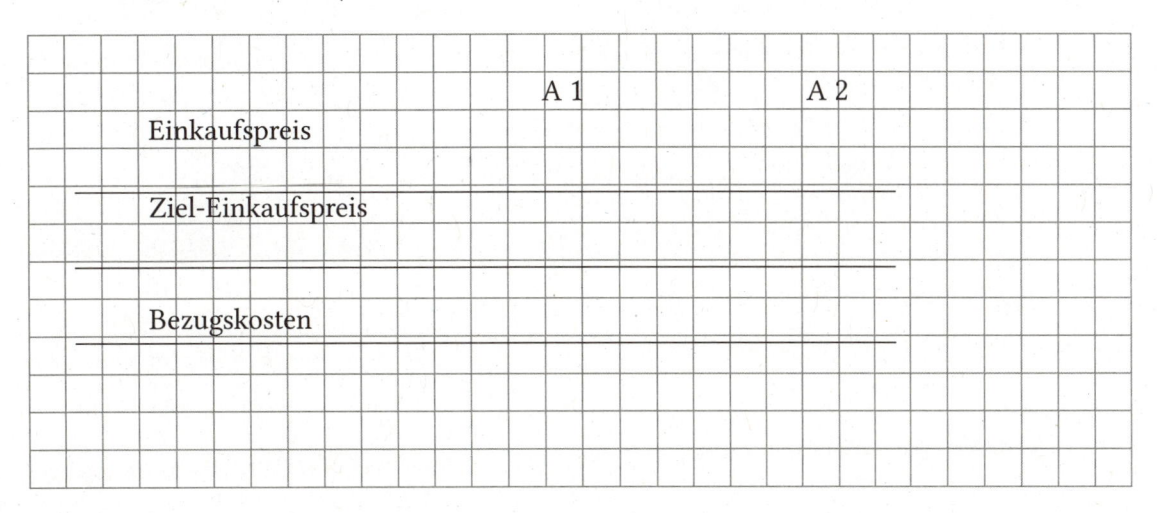

	A 1	A 2
Einkaufspreis		
Ziel-Einkaufspreis		
Bezugskosten		

Arbeitsblatt 6: Flächen-, Körper- und Umfangberechnung

1. Sie sollen in Ihrem Betrieb eine Holzkiste mit nebenstehenden Maßen für den Überseetransport in Ölpapier verpacken.

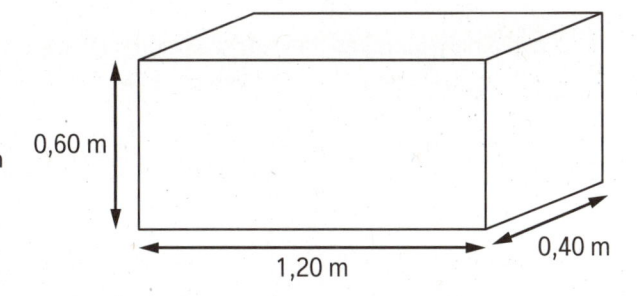

   a) Welche der angeführten Formeln eignet sich zur Ermittlung des benötigten Ölpapiers?

   F = a · b ☐
   O = 2ab + 2ac + 2bc ☐
   V = a · b · c ☐

   b) Ermitteln Sie, wie viele Quadratmeter Ölpapier benötigt werden.

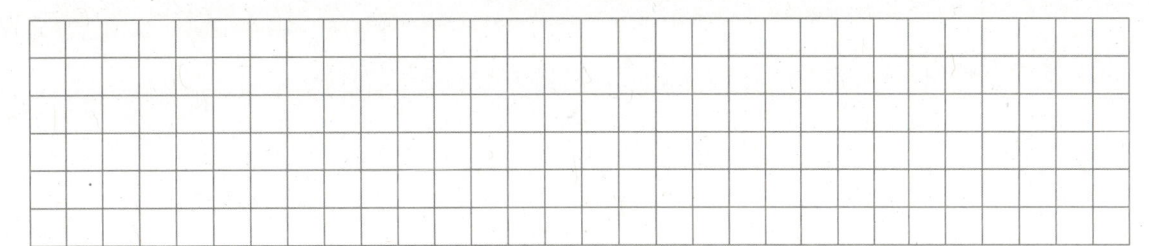

2. Ein dreigeschossiges Lagerhaus hat folgende Grundfläche:

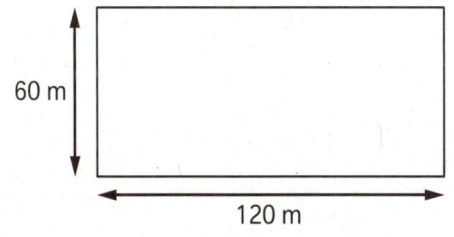

   a) Ermitteln Sie die zur Verfügung stehende Bruttolagerfläche.

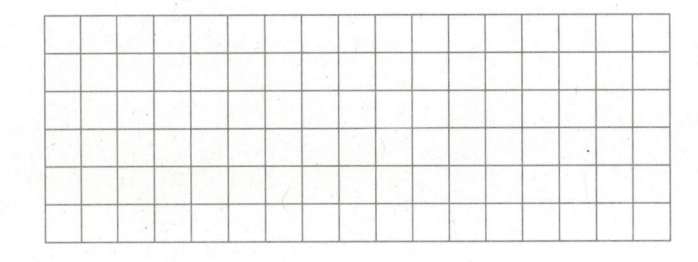

b) Für innerbetriebliche Verkehrsflächen sind 35 % frei zu halten.
   Wie viele Quadratmeter beträgt die Nettolagerfläche?

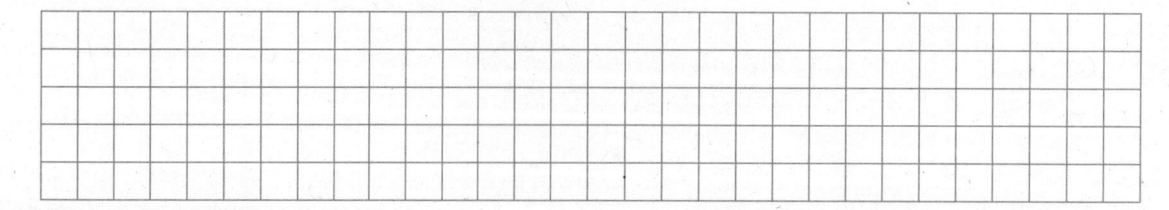

c) Wie viele Europaletten können in dem Lager höchstens gelagert werden, wenn die Paletten in zwei Lagen stapelbar sind?

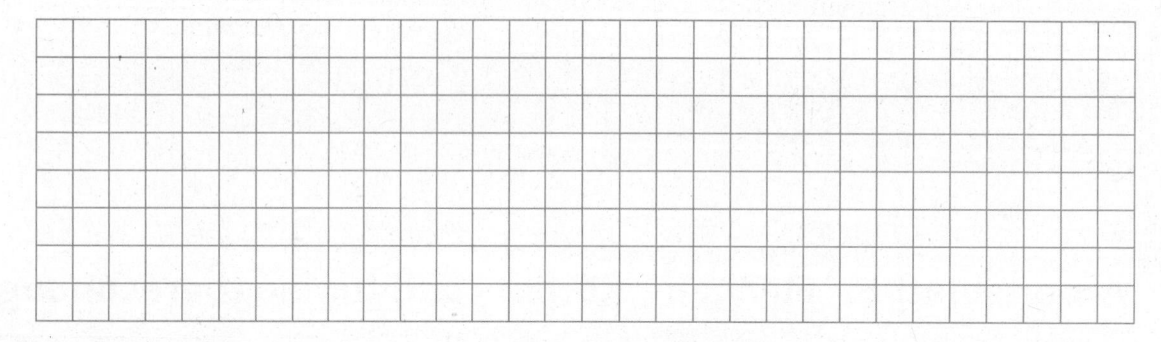

3. Nach einem längeren Planungszeitraum weihte der Logistikdienstleister Pfennig seine neue, 130 000 m² große Lagerhalle ein. Hierin sollen u. a. maximal 50 000 Europalettenstellplätze geschaffen werden.

a) Ermitteln Sie den Flächennutzungsgrad, wenn sämtliche Palettenstellplätze mit nicht stapelbaren Europaletten belegt sind.

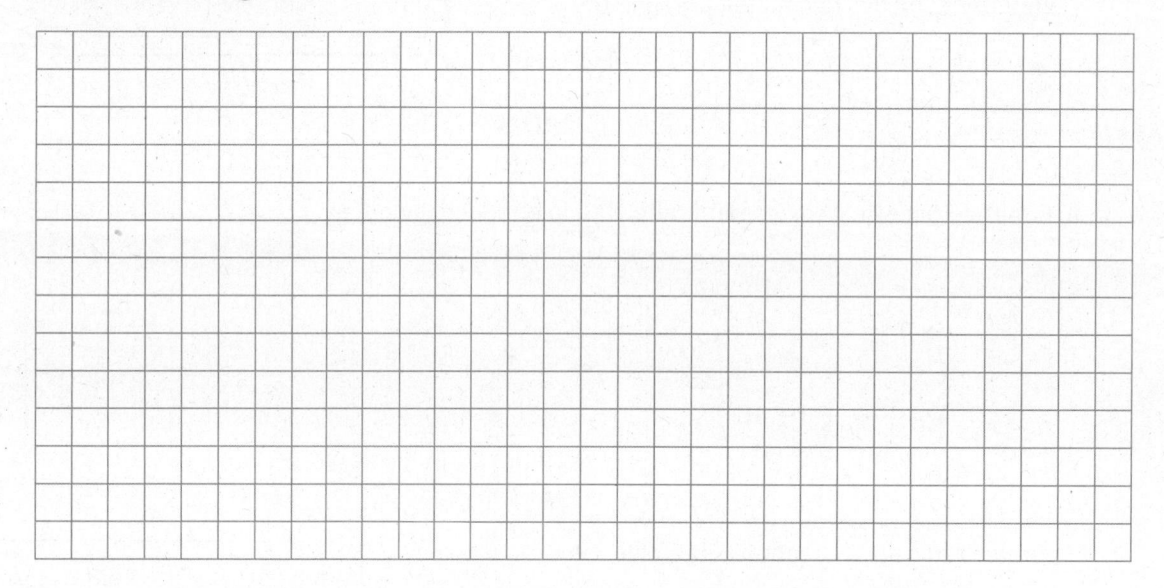

b) Wie viele Quadratmeter stehen nach der Einlagerung der Europaletten noch für die Lagerung neuer Waren zur Verfügung, wenn 30 % an Verkehrsflächen zu berücksichtigen sind?

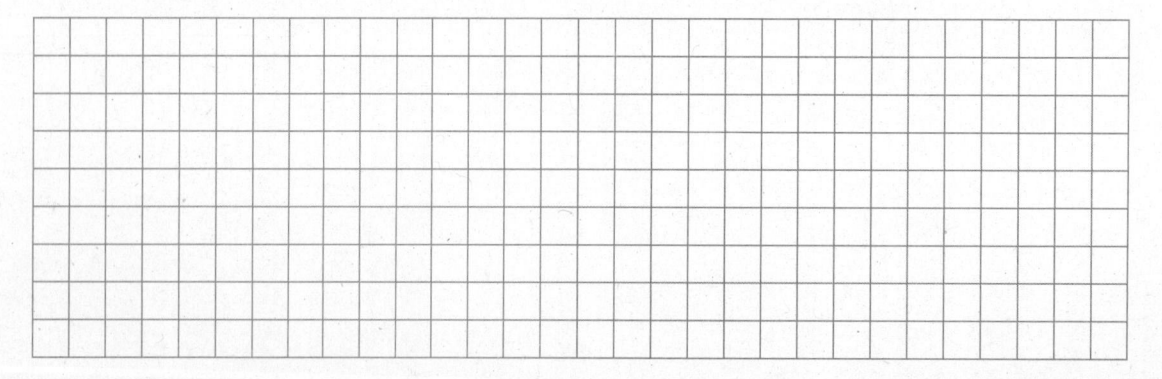

Arbeitsblatt 7: Die Verteilungsrechnung

1. Füllen Sie die Lücke aus.

   Bei der Verteilungsrechnung wird eine Gesamtmenge nach einem vorgegebenen

   _____ in verschiedene Teile zerlegt.

2. Füllen Sie die Lücken aus.

   Im kaufmännischen Rechnen unterscheidet man zwischen der _____

   _____ und der _____.

3. Für eine aus drei Teilen bestehende Warensendung mit einem Gewicht von 36 kg, 96 kg und 24 kg müssen insgesamt 130,00 € an Frachtkosten bezahlt werden.
   Zur Lösung dieser Aufgabe bedient man sich häufig eines Schemas, das folgendermaßen aufgebaut ist:

Positionen	Verteilungsschlüssel	Teile (falls erforderlich)	Anteil

   Entwerfen Sie ein für die Lösung geeignetes Schema und ermitteln Sie die auf die einzelnen Waren entfallenden Bezugskosten.

4. Zum 25-jährigen Betriebsjubiläum sollen die Lagermitarbeiter der Spedition Huber in Bremen eine Prämie im Gesamtwert von 6 000,00 € erhalten. Die Geschäftsleitung beabsichtigt, diese auf Grundlage der Betriebszugehörigkeit an die einzelnen Mitarbeiter zu verteilen.
   Wie viel Euro erhält jeder Mitarbeiter, wenn Mitarbeiter A 22 Jahre, Mitarbeiter B 14 Jahre, Mitarbeiter C 9,5 Jahre und Mitarbeiter D 4,5 Jahre bei der Spedition beschäftigt sind?

© Westermann Gruppe

5. An der Elektrogroßhandlung Emil Neumann KG in Berlin sind neben Herrn Neumann als Vollhafter mit 650 000,00 € noch seine beiden Enkel Marcel und Dominik mit je 175 000,00 € beteiligt.

Der sich am Jahresende ergebende Gewinn in Höhe von 268 000,00 € soll laut Gesellschaftsvertrag so verteilt werden, dass Herr Neumann zunächst 60 000,00 € für die Geschäftsführung erhält. Danach erhalten alle Gesellschafter eine Verzinsung in Höhe von 4 % der Einlage. Ein darüber hinausgehender Restgewinn soll im Verhältnis 8 : 3 : 3 verteilt werden.

Ermitteln Sie den Gewinnanteil eines jeden Gesellschafters mithilfe nachfolgender Tabelle.

	A	B	C	D	E	F	G	H	I
1									
2		Gewinnverteilung bei der Elektrogroßhandlung Emil Neumann KG							
3									
4		Gesellschafter	Anteil	vorweg	4%	Teile	Restgewinn	Gesamtgewinn	
5									
6									
7									
8									
9									
10									
11									

Arbeitsblatt 8: Die Durchschnittsrechnung

1. Ergänzen Sie das nachfolgende Schaubild.

Mithilfe der Durchschnittsrechnung wird aus mehreren Beträgen ein Mittelwert berechnet. Je nachdem, ob bei den vorliegenden Aufgaben Mengengleichheit gegeben oder nicht gegeben ist, unterscheidet man zwischen:

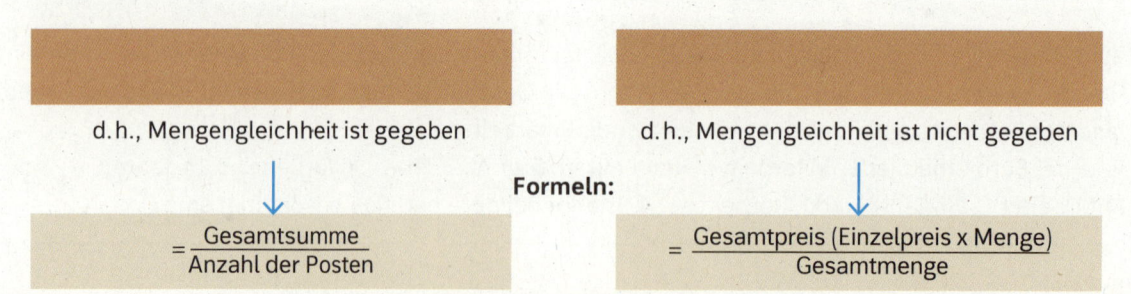

[_____]   [_____]

d. h., Mengengleichheit ist gegeben   d. h., Mengengleichheit ist nicht gegeben

Formeln:

$= \dfrac{\text{Gesamtsumme}}{\text{Anzahl der Posten}}$ $= \dfrac{\text{Gesamtpreis (Einzelpreis} \times \text{Menge)}}{\text{Gesamtmenge}}$

Situation

Sie sind als Fachlagerist beim Reifengroßhändler Mott GmbH in Wertheim beschäftigt. Heute Vormittag fanden Sie folgende Notiz auf Ihrem Arbeitsplatz:

> Hallo,
>
> bitte ermitteln Sie den durchschnittlichen Umsatz für unsere Sommerreifen „Trocken" und „Allwetter" für das vergangene Halbjahr laut unserer Umsatzstatistik und sprechen Sie für das nächste Jahr eine Empfehlung aus, in welchen beiden Monaten keine Mitarbeiter für Schulungen abgestellt werden sollten.

© Westermann Gruppe

2. Leisten Sie den Anweisungen in der Notiz Folge.

Umsatz der Sommerreifen „Trocken" und „Allwetter" in €		
Monat	**„Trocken"**	**„Allwetter"**
Januar	3 700	3 300
Februar	5 700	4 200
März	7 900	8 600
April	9 800	5 800
Mai	6 500	5 300
Juni	5 400	4 600
insgesamt		

Mitteilung: _____

_____

_____

3. Sie sind bei der Bekleidungsfabrik Moss in Ludwigsburg aufgrund Ihrer guten Schulkenntnisse zurzeit als Krankheitsvertretung im Personalbereich eingesetzt. Die Mitarbeiterzahl der Bekleidungsfabrik entwickelte sich in den vergangenen fünf Jahren wie folgt:

a) Ermitteln Sie, wie viele Männer und Frauen im Durchschnitt in den letzten fünf Jahren bei der Bekleidungsfabrik Moss beschäftigt waren.

Jahr	Männer	Frauen	Insgesamt
2009	329		753
2010	305		713
2011	312		722
2012	286		721
2013	268		691

b) Wie hoch ist der durchschnittliche prozentuale Anteil der Frauen an der durchschnittlichen Beschäftigtenzahl?

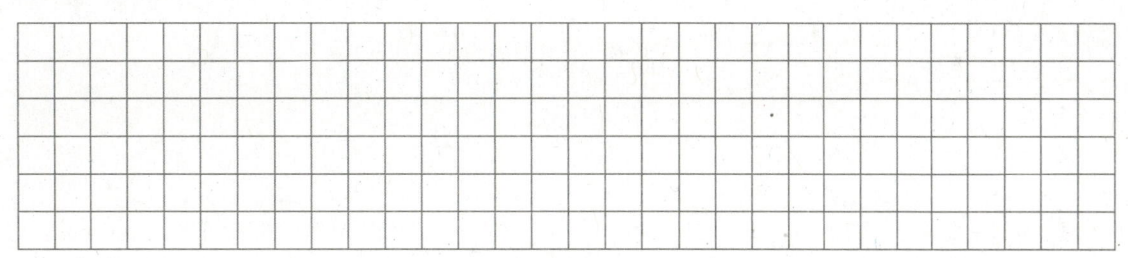

4. Das Warenwirtschaftssystem des Autozulieferers Kleinhans KG zeigt folgende Monatsendbestände für Luftfilter.

Kleinhans KG					Warengruppe LUFTFILTER						Jahres-AB: 500,00 €	
Monat	Jan.	Feb.	Mär.	Apr.	Mai	Juni	Juli	Aug.	Sep.	Okt.	Nov.	Dez.
EB in Euro	420	380	395	455	420	486	398	344	280	390	375	357

Ermitteln Sie den durchschnittlichen Lagerbestand für das gesamte Jahr sowie für das erste und zweite Halbjahr (Hinweis: AB für das zweite Halbjahr = EB vom Juni).

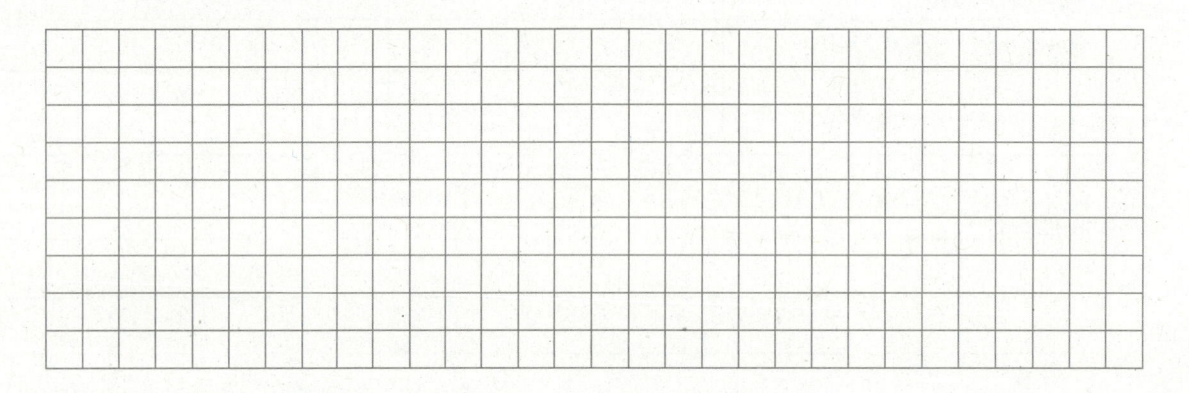

5. Sie sind als Fachlagerist beim Möbelgeschäft FRAU MOBILIA beschäftigt.
Ihr Vorgesetzter Herr Da Rocha erteilt Ihnen den Auftrag, den durchschnittlichen Lagerwert der folgenden Produkte zu errechnen.

Artikelnummer	Stückzahl	Preis je Stück	Gesamtpreis
0007	710	4,10 €	
0287	315	28,75 €	
0342	140	82,00 €	
0765	970	5,80 €	
insgesamt			

Wirtschaftsrechnen
Teil II (nicht für den Beruf des Fachlageristen)
Arbeitsblatt 9: Metrische Maße und Gewichte

1. Das metrische Einheitssystem ist ein System der Maßeinheiten von Länge und Masse. Es ist dezimal unterteilt und baut auf Meter (m) und Kilogramm (kg) auf. Ergänzen Sie folgendes Schaubild.

Metrisches Maßsystem – Basiseinheit Meter (m)

Arten

Längenmaße

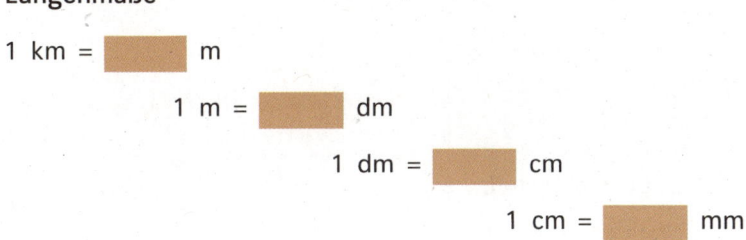

1 km = ____ m
1 m = ____ dm
1 dm = ____ cm
1 cm = ____ mm

Raummaße

1 m³ = ____ dm³
1 dm³ = ____ cm³

Hohlmaße

1 hl = ____ l
1 l = ____ ml

Beachte:

> 1 m³ = ____ l
> ____ dm³ = 1 l

Metrisches Maßsystem – Basiseinheit Kilogramm (kg)

1 t = ____ kg
1 kg = ____ g

2. Ermitteln Sie das Gesamtgewicht folgender Sendung in kg:

- 4 Euro-Paletten   à 1,2 t
- 1 Gitterboxpalette   à 760 kg
- 2 000 Päckchen   à 470 g auf einer Einwegpalette à 12 kg

Anzahl	Einzelgewicht in kg	Gesamtgewicht in kg
	Insgesamt	

3. Ein Ölfass mit einem Fassungsvermögen von 2 hl ist bereits zu 4/5 gefüllt. Errechnen Sie, wie viel Liter noch hinzugefügt werden können.

   2 hl = _____ l; davon 4/5 = _____ l sind bereits verfüllt.

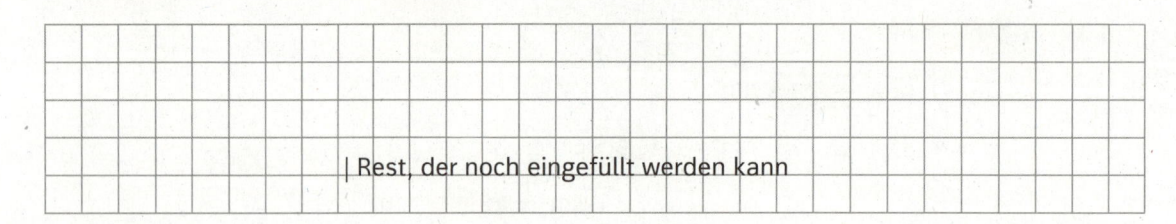

   | Rest, der noch eingefüllt werden kann

Arbeitsblatt 10: Nicht metrische Maße und Gewichte

Dieses hauptsächlich in den USA und Großbritannien angewandte Maß- und Gewichtssystem ist nicht metrisch, d. h. nicht dezimal aufgebaut. Grundlage sind hierbei „foot" (ft) und „pound" (lb).

Nicht metrisches Maßsystem – Basiseinheit „foot" (ft)

Auszug aus dem amerikanischen Maßsystem			
Längenmaße			
Größe	Dezimalzahlen des Yard	Metrische Größe	
		cm	m
1 yard = 3 Feet = 36 inches	1,000 yd	91,44 cm	0,9144 m
1 Foot = 12 inches	0,333 yd	30,48 cm	0,3048 m
1 inch	0,028 yd	2,54 cm	0,0254 m

In der Praxis bedient man sich zur Umrechnung häufig folgender Vereinfachung:

12 yds = 11 m

Nicht metrisches Maßsystem – Basiseinheit „pound" (lb)

Auszug aus dem amerikanischen Gewichtssystem			
Gewichtsmaße			
Größen	Dezimalzahlen des cwt (hundredweight, dt. Zentner)	Metrische Größe (gerundete Werte)	
		g	kg
1 ton = 20 cwts	20,00 cwt	907 200,00 g	907,20000 kg
1 cwts = 4 qrs	1,00 cwt	45 360,00 g	45,36000 kg
1 qr = 25 lbs	0,25 cwt	11 340,00 g	11,34000 kg
1 lb = 16 oz	0,01 cwt	453,60 g	0,45360 kg
1 oz		28,35 g	0,02835 kg

1. Die Mannheimer Kleinmotorenfabrik Helga Matt GmbH möchten für die Produktion neuer Schaltkreise in den USA 200 m Kupferdraht der Stärke 0,6 mm bestellen.

   a) Frau Matt bittet Sie deshalb, die 200 m

      (1) mithilfe der Vereinfachungsformel

      (2) bei genauer Berechnung

      in zu bestellende Yards umzuwandeln.

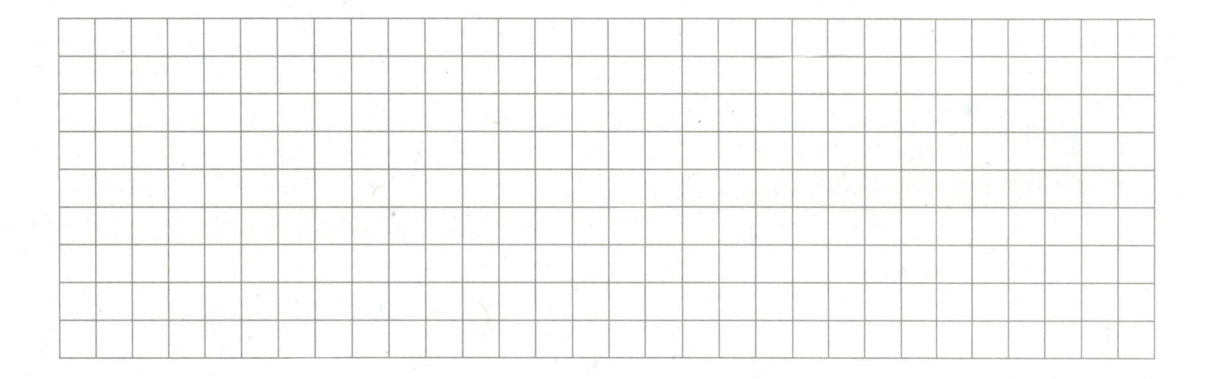

   b) Welche Anzahl Yards müssten Sie für die benötigten 220 m bestellen?

2. Eine Sendung Vitaminpräparate im Gewicht von 1,25 cwt, die von einer Klinik in New Orleans bezogen wird, soll in Tablettenröhrchen zu je 50 g abgepackt werden. Errechnen Sie, für wie viele Tablettenröhrchen diese Menge ausreicht.

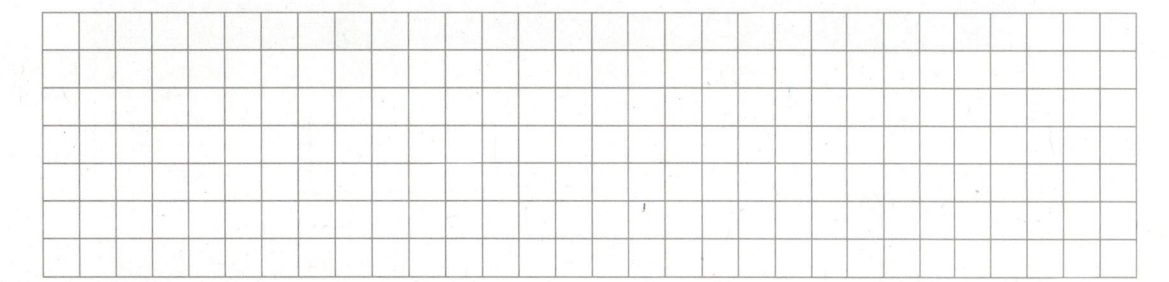

Arbeitsblatt 11: Währungsrechnen

1. Vervollständigen Sie das folgende Schaubild mit den fehlenden Begriffen.

Die Währungsrechnung

Die Währungsrechnung ermöglicht die Umrechnung von inländische in ausländische Währung und umgekehrt. Zentrale Größe ist dabei der ...

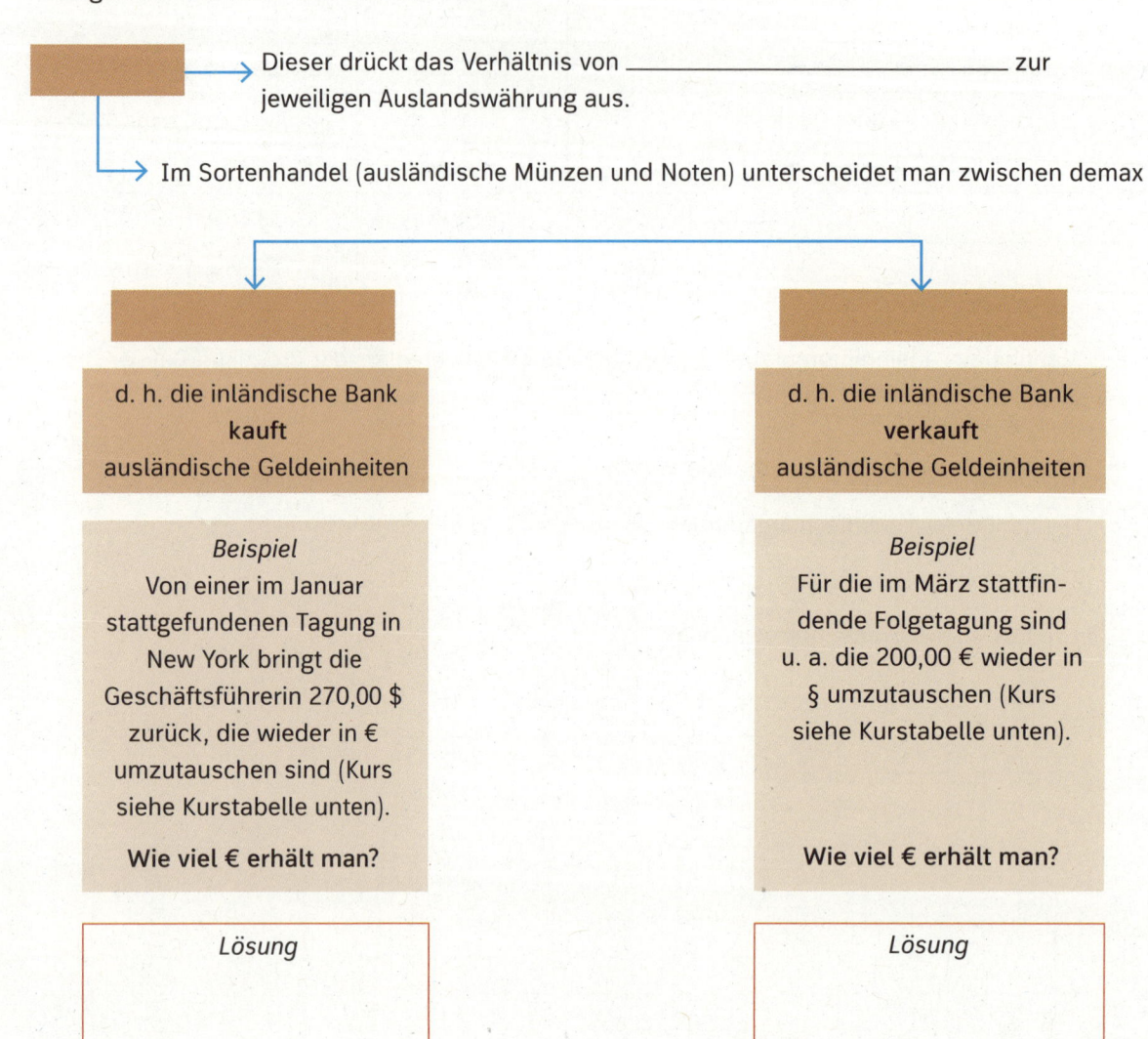

→ Dieser drückt das Verhältnis von _____ zur jeweiligen Auslandswährung aus.

→ Im Sortenhandel (ausländische Münzen und Noten) unterscheidet man zwischen dem max

d. h. die inländische Bank **kauft** ausländische Geldeinheiten	d. h. die inländische Bank **verkauft** ausländische Geldeinheiten
Beispiel Von einer im Januar stattgefundenen Tagung in New York bringt die Geschäftsführerin 270,00 $ zurück, die wieder in € umzutauschen sind (Kurs siehe Kurstabelle unten). **Wie viel € erhält man?**	*Beispiel* Für die im März stattfindende Folgetagung sind u. a. die 200,00 € wieder in $ umzutauschen (Kurs siehe Kurstabelle unten). **Wie viel € erhält man?**
Lösung	*Lösung*

2. Ermitteln Sie, wie viel € der Verlust beträgt, wenn die 270,00 $ in € zurückgetauscht werden, anstatt sie bis zum März aufzubewahren. Worin könnte der Grund hierfür liegen?

Der Verlust beträgt: _____

Grund: _____

Auszug aus der Kurstabelle für Sorten

Land	Währung		Ankaufskurs	Verkaufskurs
USA	USD	$	1,35	1,30
Großbritannien	GBP	£	0,85	0,80
Schweiz	CHF	sfr	1,25	1,20

bezogen auf _____ €

© Westermann Gruppe

Arbeitsblatt 11

Beachte:

(1) Wie aus der Kurstabelle hervorgeht, ist der Ankaufskurs immer _____ als der Verkaufskurs.

(2) An- und Verkaufskurs werden immer aus der Sicht der _____ betrachtet, d. h., man fragt sich stets: „Was macht die Bank mit ausländischen Geldeinheiten (Sorten)?"

    a) Kauft die inländische Bank ausländische Geldeinheiten an, so nimmt man den _____.

    b) Verkauft die inländische Bank ausländische Geldeinheiten, so nimmt man den _____.

3. Lösen Sie folgende Aufgaben.

   a) Für eine Geschäftsreise in die USA wechseln Sie 1 200,00 € in $ um. Errechnen Sie, wie viel $ Ihnen die Bank aushändigt.

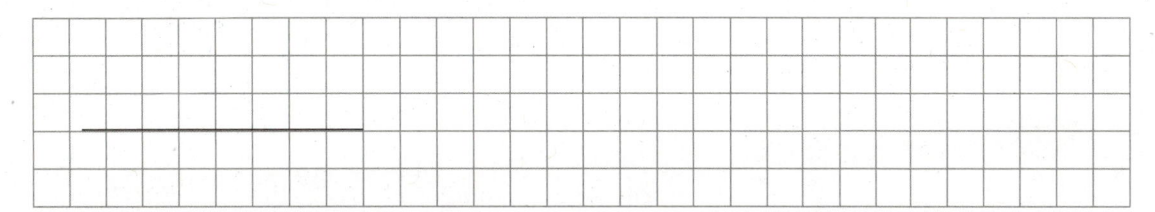

   b) Ein Handelsvertreter bringt von einem Messebesuch in Zürich noch 960,00 sfr zurück, die er in Hamburg sofort wieder in € tauscht. Ermitteln Sie, mit welchem Kurs die Bank gerechnet hat, wenn sie 800,00 € auszahlte?

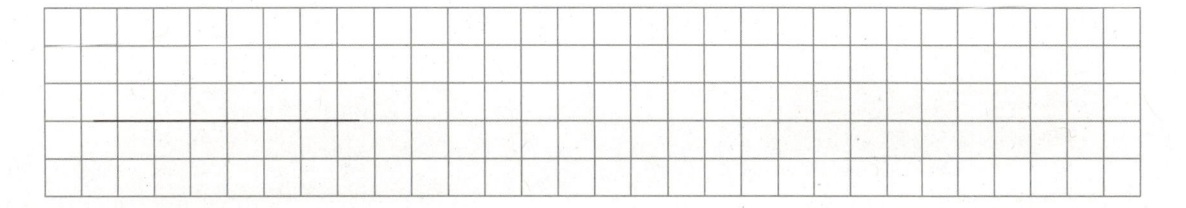

   c) Ein US-Tourist kauft im Frankfurter Flughafen eine Ledertasche, die für 380,00 € ausgezeichnet ist. Da er jedoch noch keine € bei sich hat, berechnete ihm der Verkäufer hierfür 494,00 $. Errechnen Sie, welchen Kurs der Verkäufer ihren Berechnungen zugrunde legt.

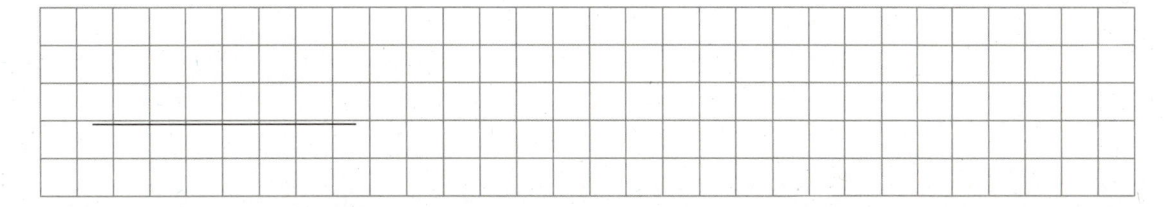

   d) Ihre Vorgesetzte ist von einem Messebesuch aus Denver/Colorado zurückgekehrt. Sie bringt 810,00 $, die sie nicht benötigte, wieder mit zurück. Für eine kurz danach anstehende Geschäftsreise nach Genf rechnet sie mit einem Bargeldbedarf von 1 800,00 CHF. Vor der Reise nach Genf erhalten Sie folgende Aufträge:

    (1) die nicht benötigten $ in € zurückzutauschen,

    (2) anschließend die benötigten sfr zu besorgen und

    (3) zu ermitteln, wie viel € Ihnen Ihre Vorgesetzte zur Erledigung der beiden Aufgaben noch zur Verfügung stellen muss.

© Westermann Gruppe

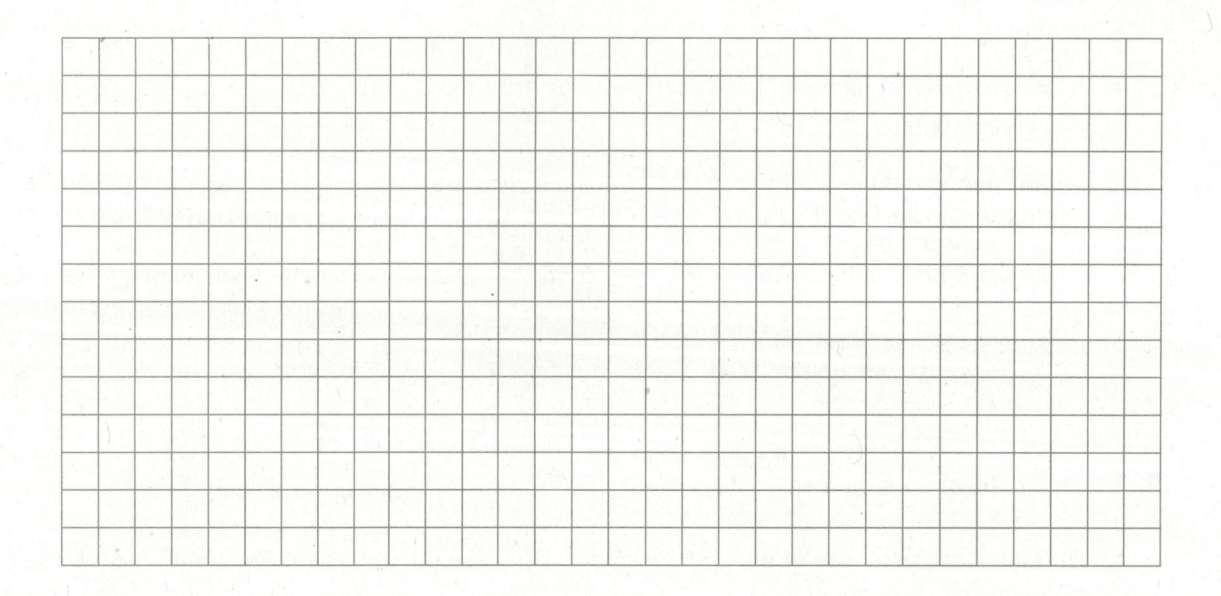

Arbeitsblatt 12: Zinsrechnung

1. Vervollständigen Sie das folgende Schaubild und ergänzen Sie die fehlenden Größen.

Die Zinsrechnung

Bei der Zinsrechnung handelt es sich um eine um den Faktor „Zeit" erweiterte Prozentrechnung, mit deren Hilfe man Geldbeträge, Zinsen oder die Laufzeit von Krediten errechnet. Den Zusammenhang zwischen der Prozentrechnung und der Zinsrechnung verdeutlicht folgende Gegenüberstellung:

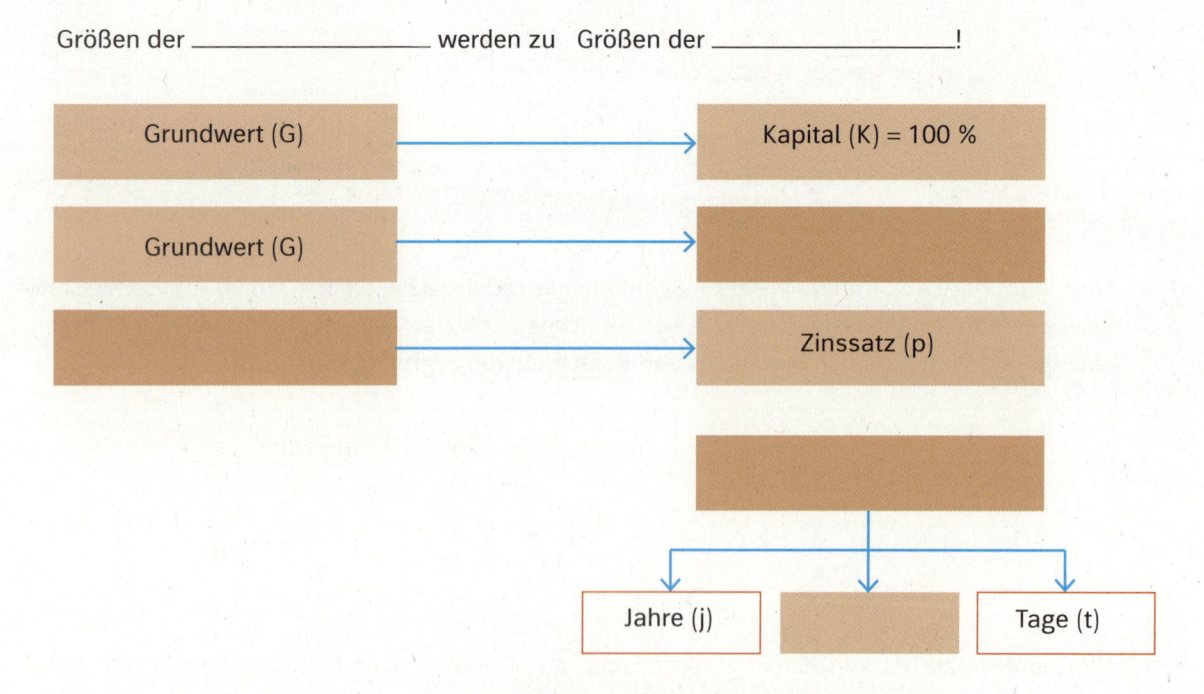

Größen der _____ werden zu Größen der _____!

- Grundwert (G) → Kapital (K) = 100 %
- Grundwert (G) → [ ]
- [ ] → Zinssatz (p)

[ ] → Jahre (j) | [ ] | Tage (t)

Der Unterschied zwischen dem Prozentsatz und dem Zinssatz besteht darin, dass sich der Zinssatz immer auf ein Jahr bezieht, während der Prozentsatz vom jeweiligen Betrachtungszeitraum abhängig ist. Wird als Zeitraum ein Jahr angenommen, so lässt sich die Zinsrechnung ganz einfach mithilfe der Prozentrechnung lösen.

Beispiel

Aufgabe: Wie viele Zinsen erbringt ein Kapital von 10 000,00 €, das zu einem Zinssatz von 3 % für ein Jahr angelegt wird?

Lösung: 100 % – 10 000,00 €
         3 %   – x €
         x = _____

Weicht der Zeitraum von einem Jahr ab, so ermittelt man die Zinsen schnell und einfach mithilfe der allgemeinen Zinsformel. Diese lautet wie folgt:

Allgemeine Zinsformel:

Ausprägungen:

           Tagesformel: **Monatsformel:**   **Jahresformel:**

Beachte: (1) Das Jahr wird mit 360 Tagen und jeder Monat mit 30 Tagen gerechnet.

(2) Zinseszinsen werden nicht berücksichtigt.

2. Lösen Sie folgende Aufgaben.

a) Ein Fachlogistiker legt bei seiner Bank sein bisheriges Guthaben in Höhe von 3 200,00 € für drei Jahre zu einem Zinssatz von 2,5 % fest. Errechnen Sie, welcher Betrag nach drei Jahren von seiner Bank ausgezahlt wird.

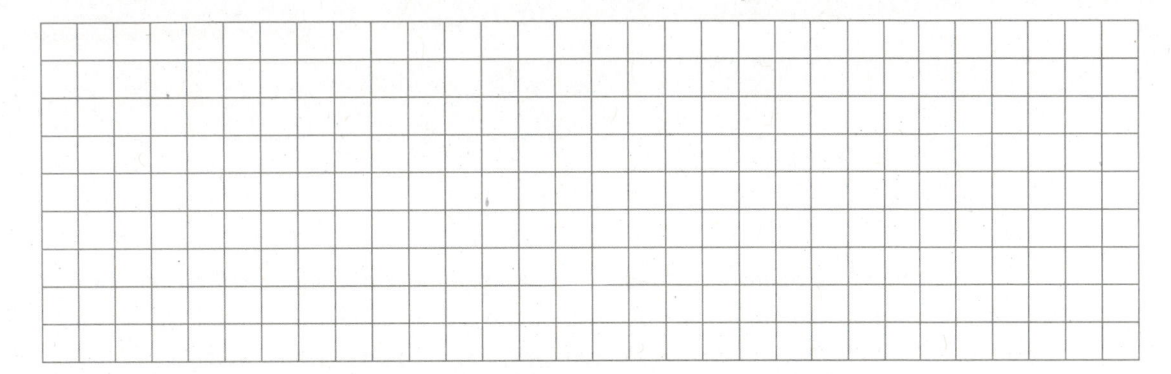

b) Sie sind seit zwei Jahren Auszubildender bei der Spedition GlobalTrans GmbH in Bremen. Ihre Chefin beabsichtigt, einen neuen Elektrostapler zum Preis von 34 500,00 € zu kaufen. Hierfür benötigt sie einen Überbrückungskredit für 3 Monate. Auf die Anfrage der GlobalTrans GmbH bei ihren beiden Hausbanken liegen nunmehr folgende zwei Angebote vor:

(1) Sparkasse Bremen, 10,5 % Zinsen bei 100 % Auszahlung

(2) Vereinsbank Norddeich, 7 % Zinsen sowie eine Bearbeitungsgebühr in Höhe von 1 % der beantragten Kreditsumme

Vergleichen Sie die beiden Angebote und geben eine begründete Empfehlung.

Angebot Sparkasse

Gegeben K = ____ €
         i = ____ Monate
         p = ____ %
Gesucht: z = ?
Verwendete Zinsformel: hier Monatsformel:

Angebot Vereinsbank

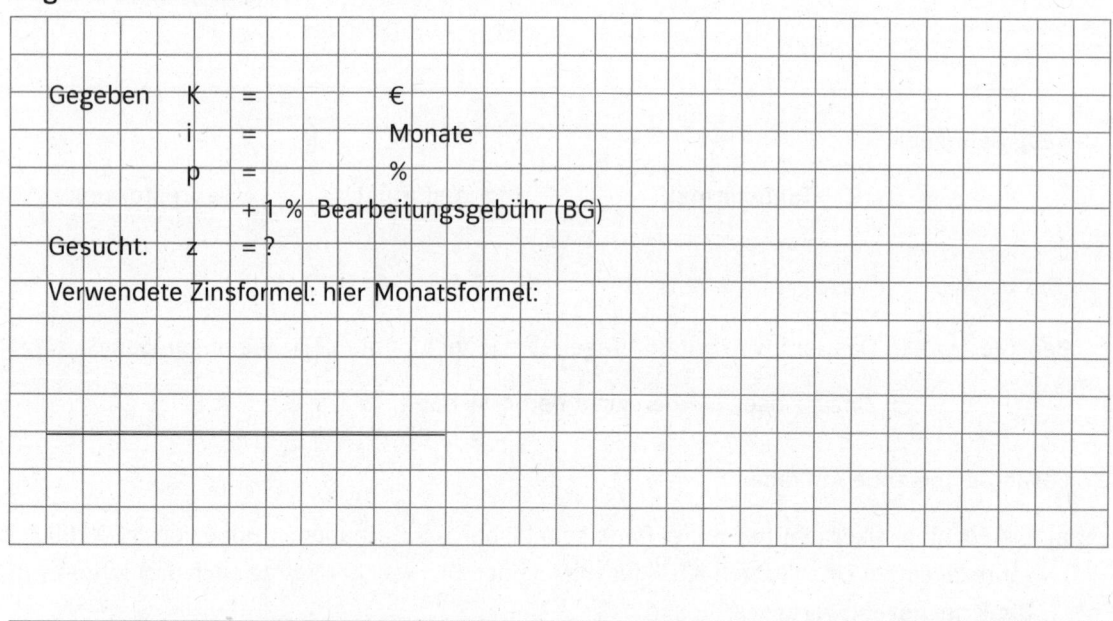

Gegeben K = ____ €
         i = ____ Monate
         p = ____ %
             + 1 % Bearbeitungsgebühr (BG)
Gesucht: z = ?
Verwendete Zinsformel: hier Monatsformel:

_____
_____
_____
_____

c) Julia beabsichtigt, sich zum Abschluss ihrer Ausbildung zur Fachkraft für Lagerlogistik einen Gebrauchtwagen zu kaufen. Nach intensiver Suche hat sie einen geeigneten Wagen für 2 300,00 € gefunden. Da Julia jedoch lediglich 800,00 € auf ihrem Sparbuch hat, muss sie für den Restbetrag einen Bankkredit zu 10,5 % aufnehmen. Sie ist sicher, dass sie diesen Kredit nach 105 Tagen zurückzahlen kann. Errechnen Sie, wie viel € Julia für den Gebrauchtwagen einschließlich Zinsen bezahlen muss.

Gegeben   K =   €
           i = 105   Tage
           p =   %
Gesucht: z = ?
Verwendete Zinsformel: hier Tagesformel:

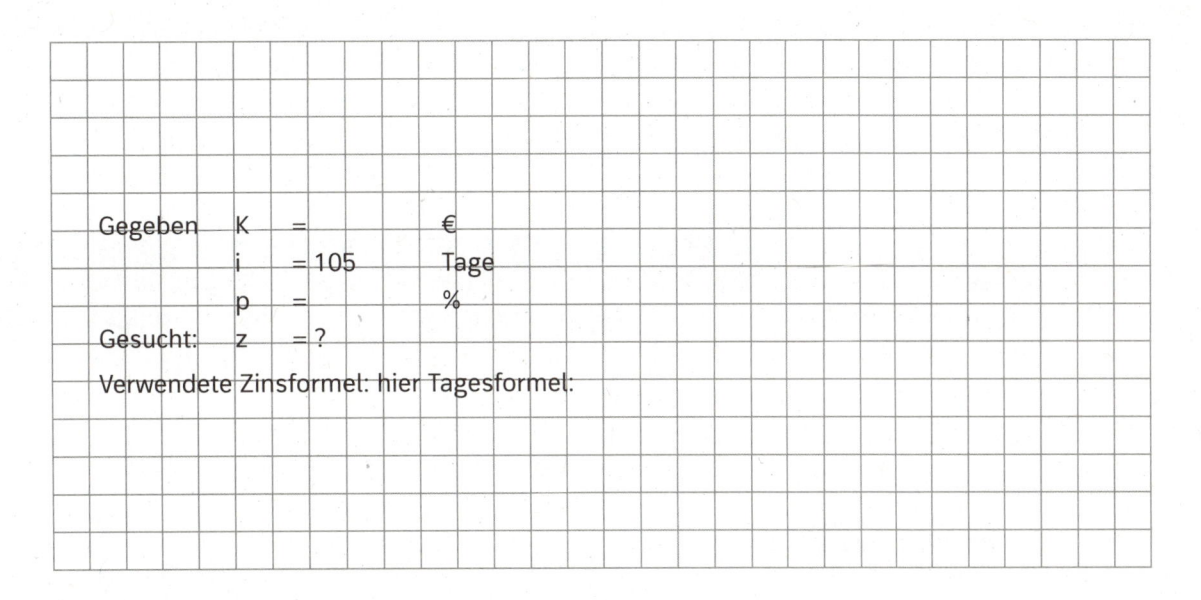

2. Frachtrechnen
Teil I
Arbeitsblatt 13: Güterkraftverkehr

1. Ergänzen Sie das unten stehende Schaubild.
   Beim Frachtrechnen unterscheidet man zwischen folgenden Versandarten:

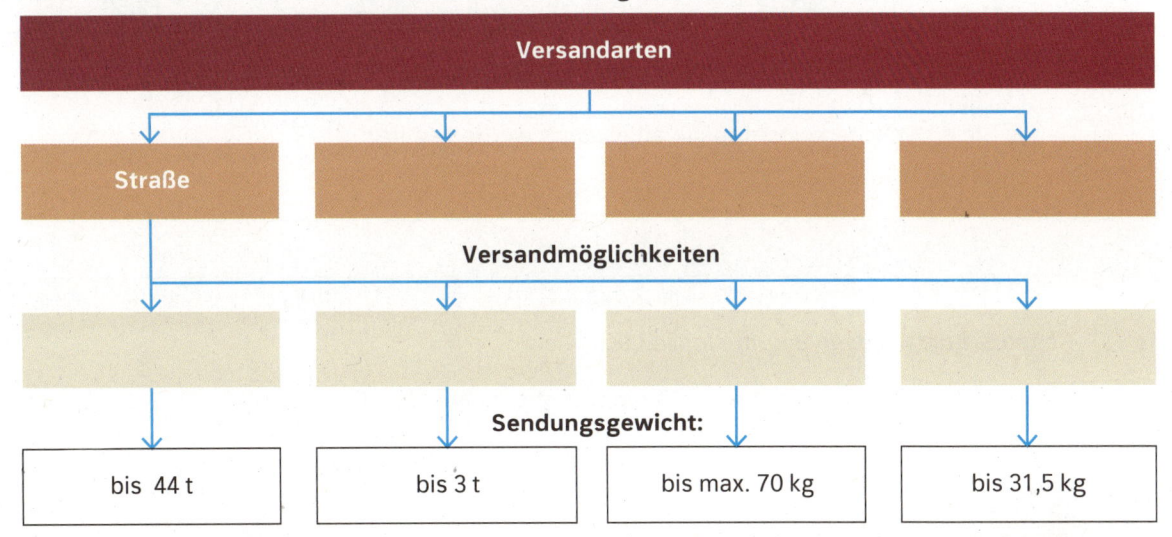

Versandarten

- Straße
-
-
-

Versandmöglichkeiten

Sendungsgewicht:

| bis 44 t | bis 3 t | bis max. 70 kg | bis 31,5 kg |

Situation

Sie sind als Auszubildender im zweiten Ausbildungsjahr in der Frachtabrechnung bei der internationalen Spedition Trans-Global in Mannheim beschäftigt. Nach der Mittagspause finden Sie folgende Notiz auf Ihrem Schreibtisch:

> Hallo,
>
> berechnen Sie bitte umgehend für die beigefügten Aufträge die jeweils zu berechnende Bruttofracht. Die benötigten Unterlagen liegen jedem der Aufträge bei.
>
> Grüße

2. Für den Transport von Maschinenteilen von 68219 Mannheim nach 75018 Karlsruhe wird ein 24-t-Lkw eingesetzt. Die Einsatzzeit beträgt 6 ¾ Stunden.
Abgerechnet wird nach beiliegender Kostentabelle; die Maut ist zu berechnen und in Rechnung zu stellen (aktueller Mautsatz pro km = 0,163 €).

Auszüge aus der Maut-Tabelle

Ausgangsort PLZ 682...			
PLZ	Empfangsort	Gefahrene km	Mautpflichtige km
701..		128	107
750..		71	31
840..		360	328
900..		237	222
922..		274	256

Auszug aus unserer Kostentabelle

Kostentabelle I				Kostentabelle II
Nutzlast in t bis	Tagessatz	1/8 Tages-satz	km-Satz	Std.satz
23	368,03	46,01	0,61	52,09
24	371,12	46,39	0,62	52,58
25	374,30	46,78	0,63	53,06

a) Geben Sie an, welche Kostentabelle angewandt werden sollte.

_____

_____

b) Tragen Sie die richtigen Begriffe in die Lücken ein.

Bei der Kostentabelle I errechnet sich die Nettofracht aus den Teilen _____ +

_____ .

Beachten Sie: Da der Transport zwischen 6 und 8 Std. liegt, wird ein voller Tagessatz berechnet.

c) Ermitteln Sie die angefallene Maut.

d) Über welchen Betrag lautet die Bruttofracht?

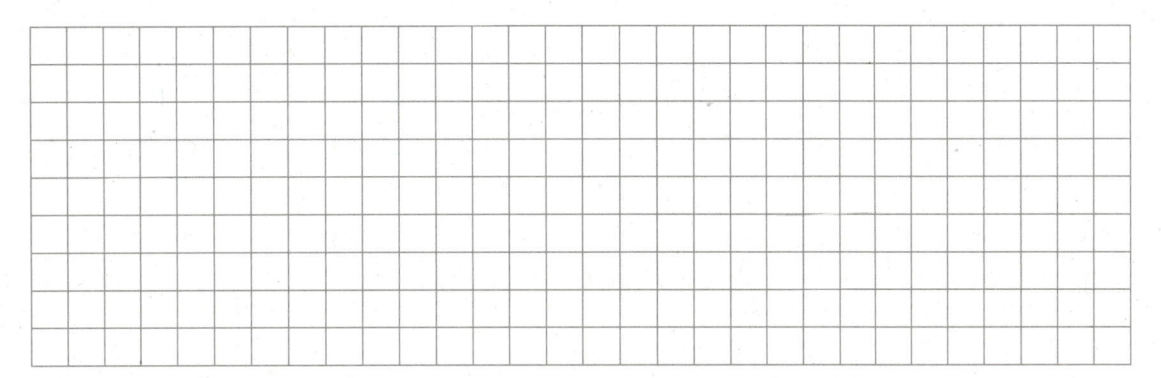

3. Für einen Transport von Mannheim nach Darmstadt über 45 km, der ausschließlich auf nicht mautpflichtigen Straßen erfolgt, ist ein 23-t-Lkw aufgrund langer Standzeiten 7½ Std. unterwegs.

   a) Geben Sie an, welche Kostentabelle angewandt werden sollte.

   b) Über welchen Betrag lautet die Bruttofracht?

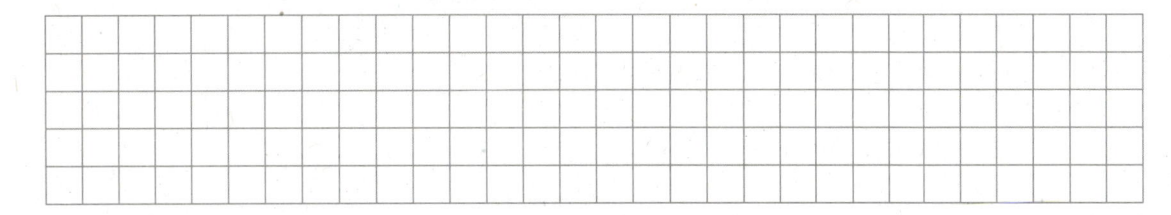

4. Mit einem Sattelkraftfahrzeug werden 32 700 kg Fertigbetonteile von Mannheim nach Hamburg über 570 km befördert. 85 % der Fahrtstrecke werden auf mautpflichtigen Straßen zurückgelegt. Die Abrechnung erfolgt nach KIS, wobei von neun Einsatz- und Fahrerstunden und einem Gewinnzuschlag von 10 % auszugehen ist.

   Exemplarische Auszüge der Kalkulationssätze für Sattelkraftfahrzeuge nach KIS:

Kalkulationssätze in Euro	€
Fahrzeugeinsatzkosten pro Lastkilometer – km-Satz Fahrzeug	0,59
Fahrzeugvorhaltekosten pro Produktivstunde – Stundensatz Fahrzeug –	9,87
Fahrereinsatzkosten pro Produktivstunde	21,90
Ø Fahrerspesen pro Produktivstunde	2,43
Zuschlagssätze in Prozent	**Prozent**
Verwaltungskosten	18,30
kalkulatorische Wagnisse	1,70
kalkulatorische Eigenkapitalverzinsung	2,70

a) Ermitteln Sie die angefallene Maut.

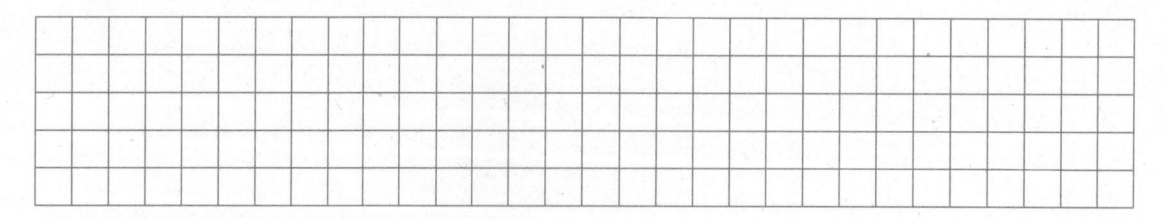

b) Berechnen Sie die Bruttofracht nach folgendem Schema.

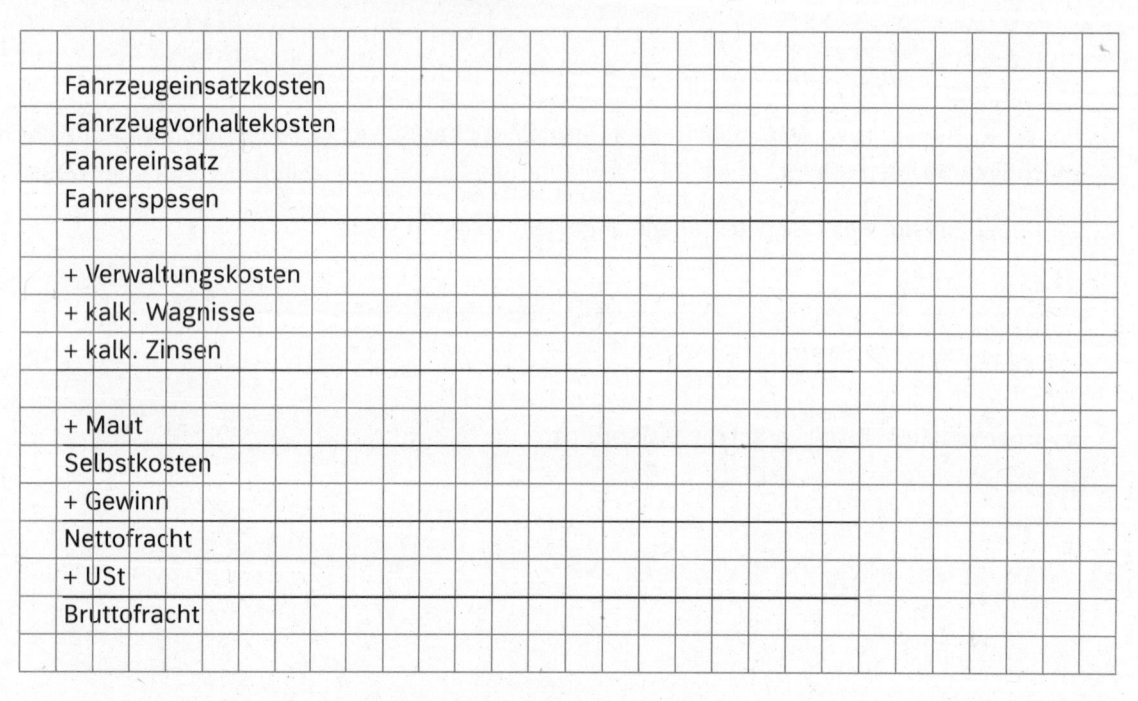

Fahrzeugeinsatzkosten
Fahrzeugvorhaltekosten
Fahrereinsatz
Fahrerspesen
+ Verwaltungskosten
+ kalk. Wagnisse
+ kalk. Zinsen
+ Maut
Selbstkosten
+ Gewinn
Nettofracht
+ USt
Bruttofracht

5. Ein 25-t-Lkw ist von 07:30 Uhr bis 14:15 Uhr unterwegs. Die gefahrene Strecke beträgt 145 km, wovon 80 % auf mautpflichtige Straßen entfallen. Aufgrund der stark verschmutzten Ladung wird ein Margenaufschlag von 5 % vereinbart.

   a) Welche Kostentabelle ist anzuwenden?

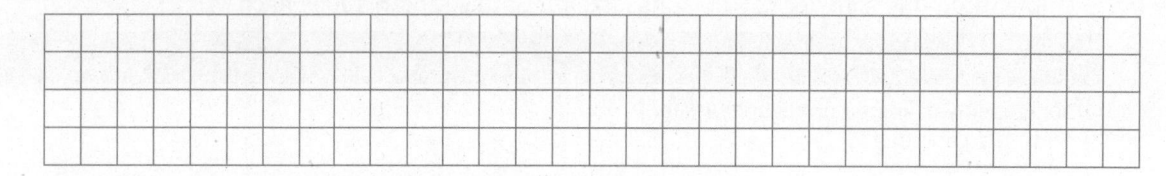

   b) Berechnen Sie die angefallene Maut.

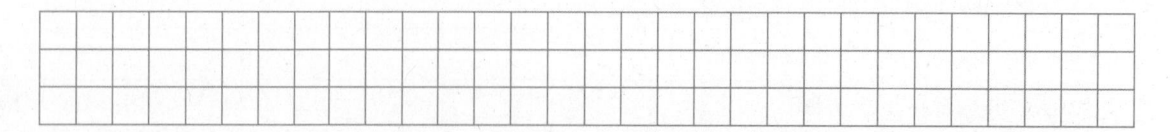

c) Ermitteln Sie die Bruttofracht.

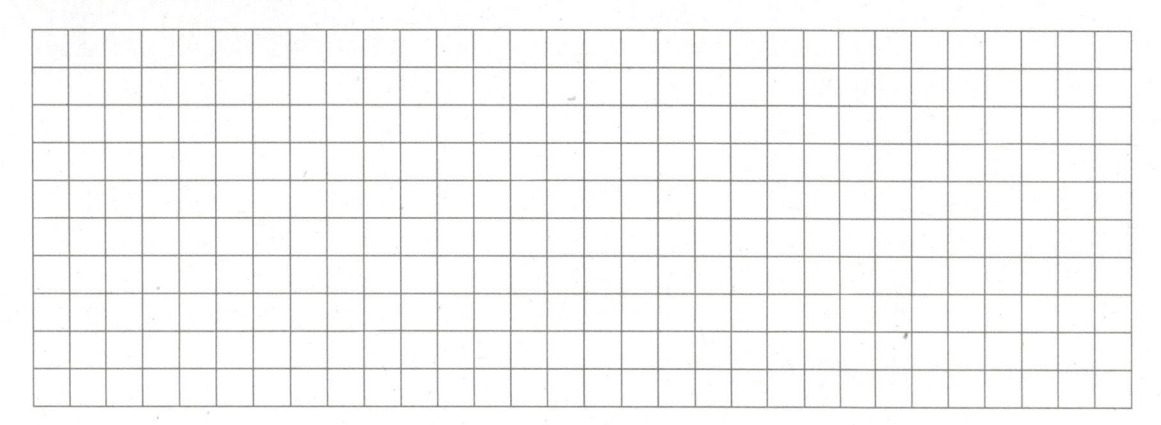

Arbeitsblatt 14: Frachtrechnen – DB AG

1. Vervollständigen Sie das unten stehende Schema.

   Beim Güterverkehr der DB AG unterscheidet man zwischen der Beförderung im Bereich

   ```
   ┌──────────────────┬──────────────────┐
   │                  │   IC-Kurierdienst │
   │  Güterverkehr    │                  │
   └──────────────────┴──────────────────┘
   ```

2. Ergänzen Sie.

   Ausschlaggebend für die Ermittlung der Nettofracht sind:

   - _____
   - _____
   - _____
   - _____ = Wagen mit zwei Achsen,
   - Drehgestellwagen = _____

3. Sie sind Mitarbeiter des chemischen Werkes Nürnberg und versenden täglich an einen Kunden im 235 km entfernten Stuttgart 35 800 kg Kunststoffgranulat mit einem Drehgestellwagen der DB Cargo AG. Zur Ermittlung der Bruttofracht liegt Ihnen folgender Auszug aus der Allgemeinen Frachttabelle für Transporte mit mehr als zwei Achsen von DB Cargo vor.

Sendungsgewicht in t	Bis 34,499	34,500–39,499	39,500–44,499
Entfernung bis km	Wagenpreise in €		
200	1 430	1 586	1 783
220	1 501	1 662	1 872
240	1 591	1 761	1 986
260	1 678	1 862	2 099

a) Ermitteln Sie die Fracht aus der beiliegenden Tabelle.

Entfernung: _____

Gewicht: _____

Wagentyp: _____

Ablesen der Nettofracht aus der Tabelle: _____

b) Stellen Sie eine übersichtliche Abrechnung auf und ermitteln Sie die Bruttofracht, wenn DB Cargo ein Margenabschlag von 25 % gewährt.

	Fracht 235 km / 35,8 t / Drehgestellwagen	=
–	Marge 25 % (440,25 €)	=
	Nettofracht	=
+	USt 19 %	=
	Bruttofracht	=

4. 20 m lange Kunststoffrohre sollen in einem Drehgestellwagen von Leipzig nach Frankfurt/Oder über 250 km befördert werden.
Berechnen Sie die Bruttofracht, wenn das Gewicht der Ladung 33 800 kg beträgt und DB Cargo einen Margenabschlag von 20 % gewährt.

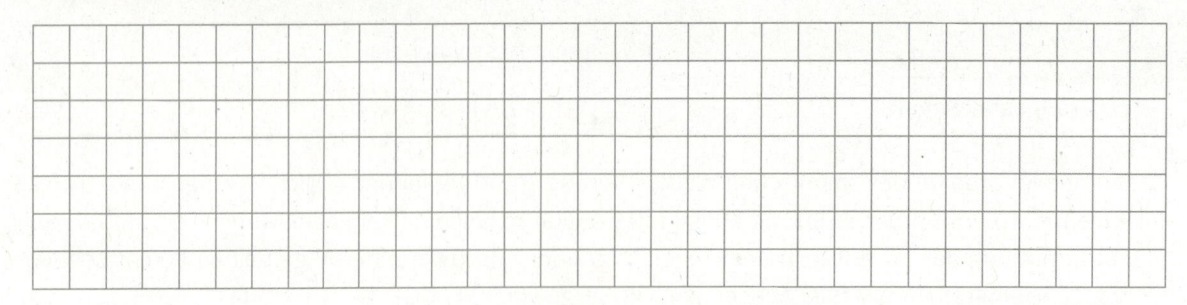

Bildquellenverzeichnis

ADAC e. V., Landsberg a. Lech: 145.2.

Alamy Stock Photo, Abingdon/Oxfordshire: Panther Media GmbH 125.2.

CMR-Frachtbrief, Schwelm: 159.2.

DENIOS AG, Bad Oeynhausen: 94.3.

Deutsche Gesetzliche Unfallversicherung e. V. / DGUV e. V. (Berlin), Berlin: 21.2.

Deutsche Post DHL Group, Bonn: 191.2.

DIN-Deutsches Institut für Normung e. V., Berlin: 111.2, 111.3, 111.4, 111.5, 115.2, 117.2, 117.3, 117.4, 117.5, 117.6, 117.7, 117.8, 117.9, 117.10.

Evelyn Neuss Illustration, Hannover: 15.2, 16.1, 35.2, 54.1, 57.2, 72.1, 78.1, 81.2, 133.2, 141.2, 164.1, 250.2, 254.1, 274.1.

fotolia.com, New York: Bernd_Leitner 20.1; Classen, R. 89.8; contrastwerkstatt 22.2, 23.2; Eisenhans 163.3; fotohansel 89.7; fotohansi 169.2; Guido Grochowski 50.1; Ingo Bartussek 29.2; Johann Müller 95.5; photo 5000 40.1; Photographee.eu 127.2; Space-kraft 80.1; th-photo 163.4; Thaut Images 163.2; topae 124.1; tournee 95.2; Zerbor 88.1.

Galas, Elisabeth, Schwelm: 3.1, 3.2, 3.3, 3.4, 4.1, 4.2, 4.3, 4.4, 5.1, 5.2, 5.3, 5.4, 6.1, 9.1, 11.1, 13.1, 15.1, 17.1, 19.1, 21.1, 22.1, 23.1, 25.1, 27.1, 29.1, 31.1, 33.1, 35.1, 37.1, 39.1, 41.1, 43.1, 45.1, 47.1, 49.1, 51.1, 52.1, 53.1, 55.1, 57.1, 59.1, 61.1, 63.1, 65.1, 67.1, 69.1, 71.1, 73.1, 75.1, 77.1, 79.1, 81.1, 83.1, 85.1, 87.1, 89.1, 91.1, 92.1, 93.1, 95.1, 97.1, 99.1, 100.1, 101.1, 101.2, 103.1, 105.1, 107.1, 109.1, 111.1, 113.1, 115.1, 117.1, 119.1, 121.1, 123.1, 125.1, 127.1, 129.1, 131.1, 133.1, 134.1, 135.1, 137.1, 139.1, 141.1, 143.1, 145.1, 146.1, 147.1, 149.1, 151.1, 151.2, 153.1, 155.1, 157.1, 159.1, 160.1, 161.1, 163.1, 165.1, 167.1, 169.1, 171.1, 173.1, 175.1, 177.1, 179.1, 181.1, 183.1, 185.1, 187.1, 189.1, 191.1, 193.1, 195.1, 197.1, 199.1, 201.1, 203.1, 205.1, 207.1, 208.1, 211.1, 213.1, 215.1, 217.1, 219.1, 221.1, 223.1, 225.1, 227.1, 229.1, 231.1, 233.1, 235.1, 237.1, 239.1, 241.1, 243.1, 245.1, 247.1, 249.1, 250.1, 251.1, 253.1, 255.1, 257.1, 259.1, 261.1, 263.1, 265.1, 267.1, 269.1, 271.1, 273.1, 275.1, 277.1, 279.1.

Generaldirektion Wasserstraßen- und Schifffahrtsverwaltung (WSV), Mainz: 197.2.

Internationales Eisenbahntransportkomitee (CIT), Bern: 194.1.

Microsoft Deutschland GmbH, München: Busker, Werena 60.1, 63.2, 65.2, 68.1, 69.2, 109.2, 262.1.

Picture-Alliance GmbH, Frankfurt/M.: ZB/Wolf, Jens 198.1.

ratioform Verpackungen GmbH, Pliening: 128.1.

stock.adobe.com, Dublin: alexlmx 95.6; Andrei 95.3; benjaminnolte 95.7; bilderzwerg 89.5, 89.6; Connect world Titel; Dron 122.1; Es sarawuth 95.4; fotomek 89.10; hanohiki 89.2, 89.4; M. Schuppich 128.2; markobe 41.2; markus_marb 49.2, 49.3; mipan 129.3; Mixage 116.1; pavlodargmxnet 94.1; pixelfreund 89.3, 89.9; samopauser 130.1, 178.1, 178.2, 179.2, 179.3, 179.4, 179.5, 179.6, 179.7.

tesono, Pulheim: 82.1.

Transport Control International GmbH, Oststeinbek: 129.2.

Wanzl, Leipheim: 94.2.

Wir arbeiten sehr sorgfältig daran, für alle verwendeten Abbildungen die Rechteinhaberinnen und Rechteinhaber zu ermitteln. Sollte uns dies im Einzelfall nicht vollständig gelungen sein, werden berechtigte Ansprüche selbstverständlich im Rahmen der üblichen Vereinbarungen abgegolten.

© Westermann Gruppe